조리기능사 시험을 준비하며 흘린 여러분의 땀방울이 이제 '합격'이라는 결실로 맺어질 때가 왔습니다.

지금까지 배운 모든 내용은 결코 헛되지 않았습니다.
한 페이지 한 페이지 공부하며 다져온 노력은
여러분의 손끝과 머릿속에 그대로 남아 있습니다.

시험장에서는 '떨림'보다 '자신감'을 챙기세요.
틀릴까 두려워하지 말고, 아는 문제부터 차근차근 풀면 됩니다.
조리의 기본은 '순서와 정리'이듯, 문제 풀이도 똑같습니다.

오늘의 여러분은 이미 '합격을 준비한 조리사'입니다.
이제 남은 건 여러분의 노력을 믿는 것뿐!
에듀윌이 언제나 여러분의 합격을 응원합니다.

"조리기능사, 합격의 맛은 달콤하다!"
파이팅! 끝까지 자신 있게!

조리기능사 1위

에듀윌로 합격한
찐! 합격스토리

이○나 합격생

에듀윌 덕분에, 조리기능사 필기가 쉬워졌어요!

저는 실기는 자신 있었는데, 필기가 너무 힘들었어요. 공부할 시간까지 없어서 더 막막했는데 초단기끝장으로 4일 만에 합격했어요! 우선 이 책은 나오는 부분만, 표 위주로 구성되어 있고 테마가 끝난 후에는 바로 문제가 나와서 공부하기 편했어요. 어려운 테마에는 QR코드를 찍으면 나오는 짧은 토막강의가 있는데, 저에게는 이 강의가 정말 도움이 많이 되었어요. 쉽게 외울 수 있는 방법도 알려주시고, 이해가 안 되는 부분은 원리를 잘 설명해 주셔서 토막강의가 있는 테마는 책으로 따로 공부하지 않고 이동하면서 강의만 반복적으로 들었어요. 시험 당일에는 휴대폰으로 모의고사 3회만 계속 보았는데 여기에서 비슷한 문제가 많이 나왔어요! 덕분에 생각지도 못한 고득점으로 합격했네요! 에듀윌에 정말 감사드려요~

이○민 합격생

제과 · 제빵기능사 합격의 지름길, 에듀윌

한 번에, 일주일이라는 단기간에 합격했어요. 시간 여유가 없는 직장인에게는 단기간 합격이 제일 중요하죠! 생소한 단어들도 많고, 양도 많아서 막막했지만 단원마다 정리되어 있는 '핵심 키워드'와 '합격팁'으로 집중적으로 공부할 수 있었습니다. 이해하기 어려운 부분은 에듀윌에서 무료로 제공해 주는 동영상 강의로 해결했어요. 개념 정리뿐만 아니라 기출문제를 통한 복습, 무료특강 그리고 '핵심집중노트'까지, 그 중에 '핵심집중노트'는 시험 보기 전에 꼭 보세요! 핵심집중노트 딱 3번만 정독하시면 무조건 합격이에요. 여러분도 합격의 지름길, 에듀윌로 시작하세요.

김○정 합격생

에듀윌 필기끝장 한 권으로 단기 합격!

조리학과 전공이 아니라서 관련된 지식이 아예 없는 상태였습니다. 제과·제빵 학원을 다니면서도 이론이 어렵고 막막했는데, 에듀윌 강의를 보면서 개념을 정리하고 기출문제를 풀면서 틀린 문제는 오답정리하면서 이해할 수 있었습니다. 책 안에 중간 중간에 있는 인생명언으로 긍정적인 에너지를 얻어 공부에 더 집중할 수 있었습니다. 간편하게 들고 다니기 편한 핵심집중노트로 시험보기 직전에 머릿속 내용들을 정리할 수 있어서 좋은 결과로 합격을 했던 것 같습니다. 일을 다니면서 공부 시간이 많이 부족하고 짧았지만 에듀윌 책은 초보 입문자들도 쉽게 이해하기 편하게 정리가 잘되어 있어서 제과·제빵기능사 필기를 빠르게 합격할 수 있었습니다. 감사합니다! 제과·제빵을 처음 공부하시는 분들께 에듀윌 문제집 강력 추천입니다.^^

다음 합격의 주인공은 당신입니다!

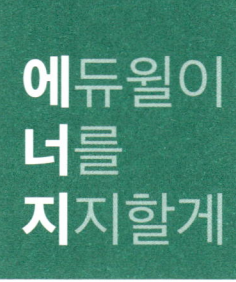

세상을 움직이려면
먼저 나 자신을 움직여야 한다.

– 소크라테스(Socrates)

에듀윌 한식조리기능사

필기 싹쓸이 총정리문제집

머리말

베스트 직업인, 조리기능사가 되는 길!

조리기능사 자격 취득을 위한 첫 관문인 필기시험이 2020년부터 개편되었다. 상호면제 제도 폐지로 5종목 공통으로 시행되던 시험이 한식/양식/중식/일식/복어 5가지 종목의 필기시험으로 각각 시행되면서 각 분야별로 전문성 있는 집중학습이 필요해졌다. 부디 본서가 조리 관련 인력의 전문 자격증 취득에 도움이 되기를 기원한다.

한 번에 가는 합격으로의 지름길

시험 준비를 어떻게 하느냐에 따라 합격으로의 지름길이 다르게 펼쳐진다는 것을 가르쳐 주고 싶다. 조리기능사 필기시험은 기본적으로 문제은행식이기 때문에 유사한 문제들이 출제되는 경향이 있다. 본서에서는 많은 문제가 자세한 해설과 함께 수록되어 있다. 문제 위주의 학습을 통해 최소한의 시간을 들여 합격할 수 있기를 바란다.

사회적 요구를 갖춘 예비 조리기능사들에게

유망 직종이자, 직업 선호도의 상위에 위치하고 있는 조리사를 꿈꾸는 준비생들이 조리기능사 자격시험에 효과적으로 대비할 수 있도록 하기 위해 다년간의 강의 경험을 바탕으로 교재를 구성하였다. 교재의 흐름에 따라 과목별, 회차별로 학습한다면 조리기능사 필기시험에 단번에 합격할 수 있을 것이다.

김선희
- 호서대학교 대학원 융합공학과 공학 박사
- 단국대학교 대학원 식품영양정보학과 이학 석사
- 혜전대학교 호텔조리계열 겸임교수
- 조리기능장, 조리기능사, 조리산업기사 실기 감독위원

김자경
- 세종대학교 대학원 조리·외식경영학과 조리학 박사
- 김자경 외식경영연구소 대표
- 동원대학교 호텔제과제빵과 전임교수
- 조리기능장, 조리기능사, 조리산업기사 실기 감독위원

송은주
- 경기대학교 대학원 외식조리관리학과 관광학 박사
- 백석문화대학교 외식산업학부 겸임교수
- 유한대학교 호텔외식조리학과 겸임교수
- 조리기능장, 조리기능사, 조리산업기사 실기 감독위원

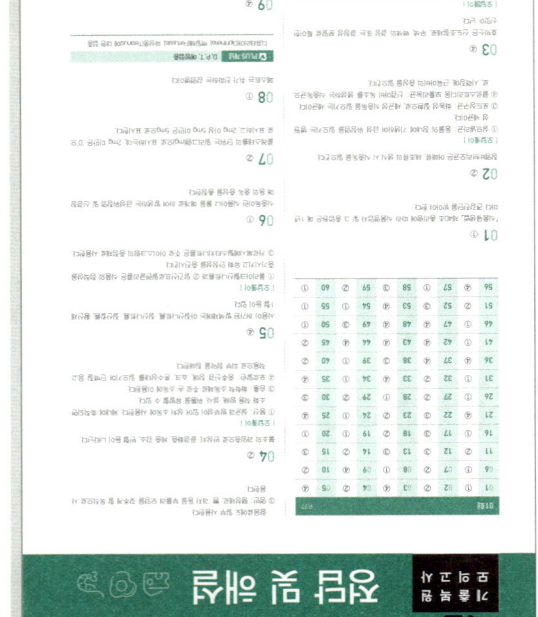

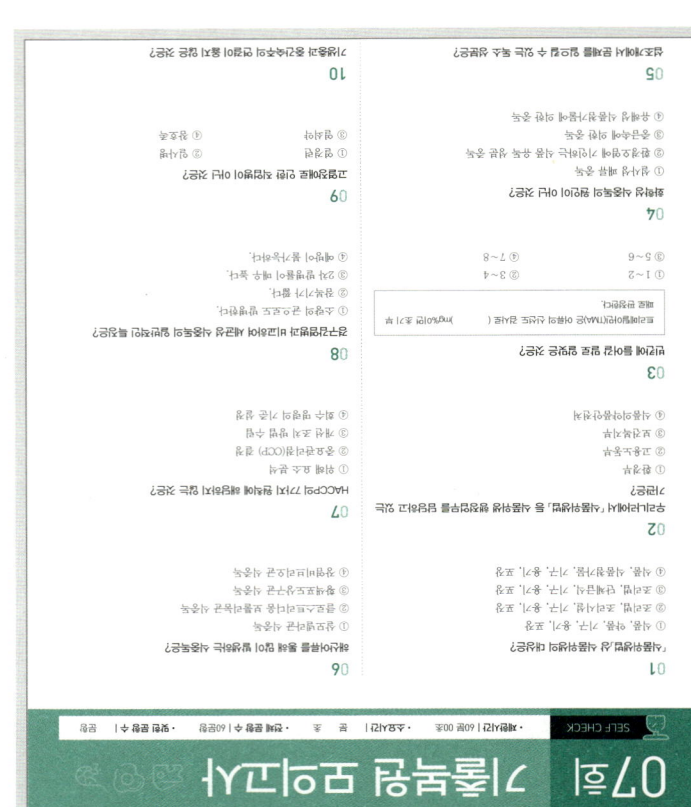
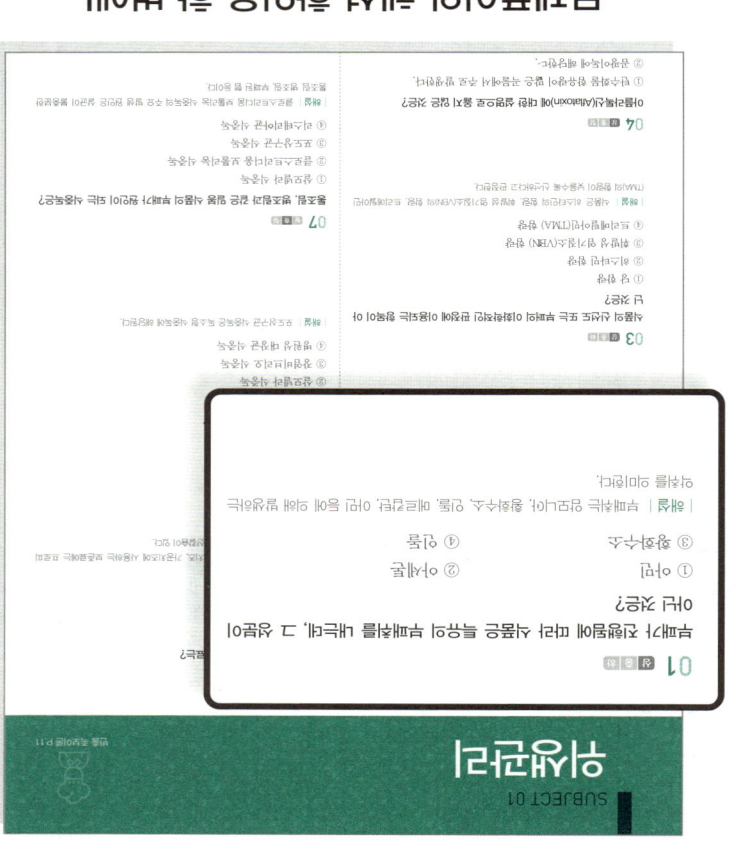
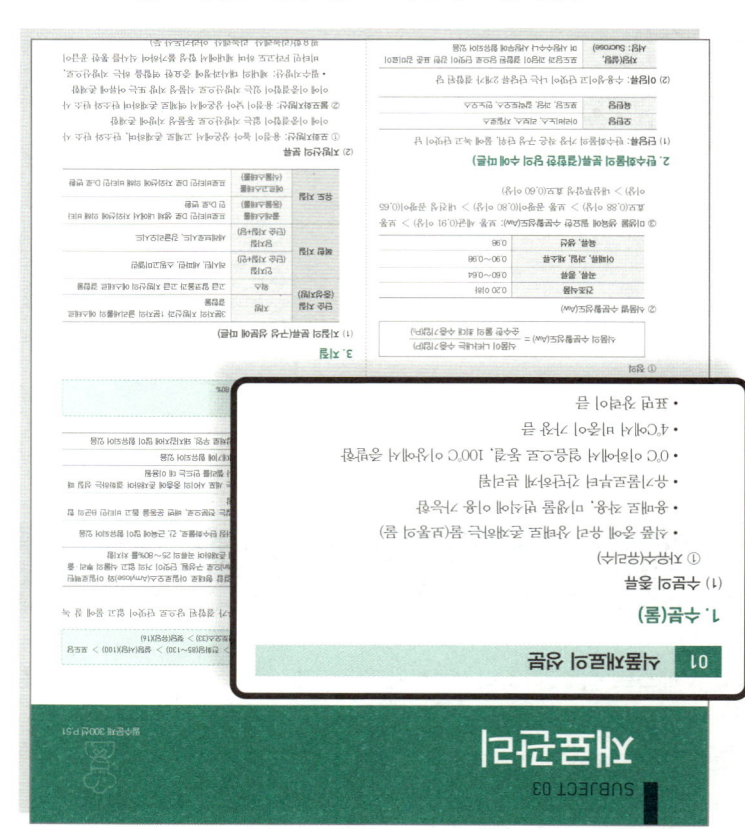

특별제공

CBT 교재풀이 7회분 제공

교재 내 QR코드를 활용하여, 쉽고 빠른 '문제풀이 & 채점 & 분석' 경험을 제공합니다.

STEP 1	QR코드 스캔
STEP 2	로그인 & 회원가입
STEP 3	문제풀이 & 채점 & 분석

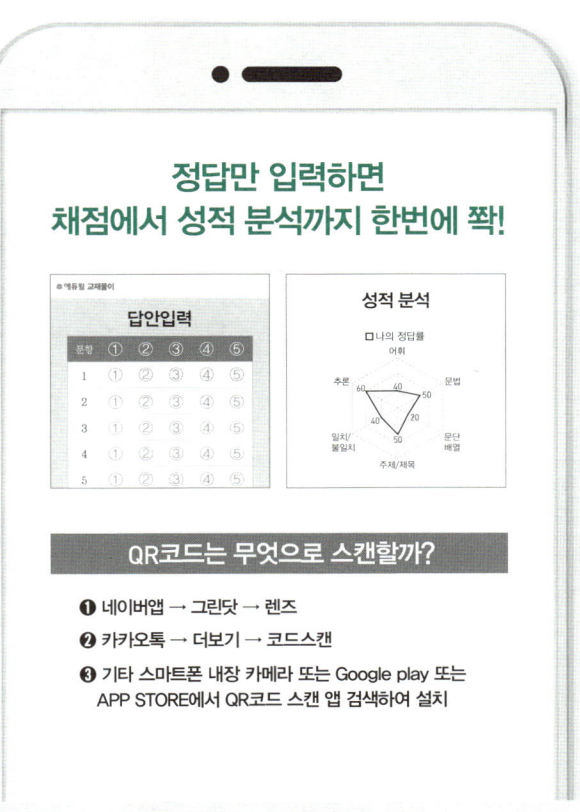

* 한식/양식/중식/일식/복어 공통 출제범위에 해당하는 문제만 제공됩니다.

QR코드

1회
http://eduwill.kr/4fff

2회
http://eduwill.kr/Qfff

3회
http://eduwill.kr/Tfff

4회
http://eduwill.kr/Yfff

5회
http://eduwill.kr/Dfff

6회
http://eduwill.kr/feff

7회
http://eduwill.kr/Mfff

시험 안내

필기

☑ **검정방법**
- 객관식 4지 택일형, 60문항 / 60분

☑ **합격기준**
- 100점 만점에 60점 이상 취득 시(60문항 중 36문항 이상)

☑ **원서접수 및 시행**
- 접수방법: 인터넷 접수(http://q-net.or.kr)
- 접수시간: 회별 원서접수 첫날 10:00부터 마지막 날 18:00까지
- 정해진 회별 접수기간 동안 접수하며 연간 시행계획을 기준으로 자체 실정에 맞게 시행
  ※ 상시시험 원서접수는 정기시험과 같이 공고한 기간에만 접수 가능하며, 선착순 방식이므로 회별 접수기간 종료 전에 마감될 수도 있음
- 합격자 발표: 시험 종료 즉시(CBT 필기시험은 시험 종료 즉시 합격 여부 확인 가능)

☑ **응시료**
- 14,500원

실기

☑ **검정방법**
- 작업형 / 70분 정도

☑ **원서접수 및 시행**
- 접수방법: 인터넷 접수(http://q-net.or.kr)

☑ **응시료**
- 26,900원

☑ **출제경향**
- 요구작업: 지급된 재료를 갖고 요구하는 작품 1인분을 시험 시간 내에 만들어 내는 작업
- 주요 평가내용
  - 위생상태(개인 및 조리과정)
  - 조리의 기술(기구 취급, 동작, 순서, 재료 다듬기 방법)
  - 작품의 평가
  - 정리정돈 및 청소

자주 묻는 Q&A

Q 응시한 필기시험 문제를 알 수 있나요?

A 현재 국가기술자격시험은 문제은행식 출제방식을 택하고 있습니다. 문제 및 답안이 공개될 경우, 문제에 대한 이해력과 응용력에 바탕을 둔 학습보다 주입식, 단순 암기 등 합격 요령으로 자격증을 취득하게 될 가능성이 높으므로 공개가 불가능합니다.

Q 채점 결과가 이상합니다. 재채점 가능한가요?

A 채점 결과 이의신청에 대해서는 한국산업인력공단 직원이 해당 답안지를 재검토하지만 개별 수험자의 민원에 따라 재채점을 하지는 않습니다. 재채점은 출제오류 및 사법기관의 판단에 의하여 채점에 중대한 오류가 있는 경우 해당 종목의 전체 응시자에 대해 다시 채점위원을 위촉하여 실시합니다.

Q CBT 방식이 무엇인가요?

A 컴퓨터를 이용하여 시험을 시행하는 방식으로 기존의 PBT 방식보다 답안 수정이 용이하고, 시험 종료 후 즉시 합격 여부를 알 수 있습니다.

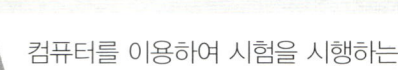
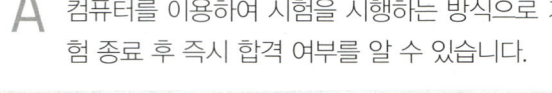

차례

빈출 족보이론

SUBJECT 01	위생관리	11
SUBJECT 02	안전관리	18
SUBJECT 03	재료관리	19
SUBJECT 04	구매관리	23
SUBJECT 05	기초조리실무	24
SUBJECT 06	한식	26

STEP 1 과목별 마스터
- 1DAY
- 2DAY
- 3DAY

필수문제 300선

SUBJECT 01	위생관리	33
SUBJECT 02	안전관리	49
SUBJECT 03	재료관리	51
SUBJECT 04	구매관리	57
SUBJECT 05	기초조리실무	60
SUBJECT 06	한식	66

- 4DAY
- 5DAY

기출복원 모의고사

		문제	정답 및 해설
01회	기출복원 모의고사	77	2
02회	기출복원 모의고사	82	6
03회	기출복원 모의고사	87	9
04회	기출복원 모의고사	93	13
05회	기출복원 모의고사	99	18
06회	기출복원 모의고사	105	22
07회	기출복원 모의고사	110	25
08회	기출복원 모의고사	116	29
09회	기출복원 모의고사	123	34
10회	기출복원 모의고사	129	37

STEP 2 회차별 마스터
- 6DAY
- 7DAY
- 8DAY
- 9DAY
- 10DAY

10일 합격

빈출 족보이론

SUBJECT 01	위생관리	11
SUBJECT 02	안전관리	18
SUBJECT 03	재료관리	19
SUBJECT 04	구매관리	23
SUBJECT 05	기초조리실무	24
SUBJECT 06	한식	26

SUBJECT 01
위생관리

필수문제 300선 P.33

01 개인위생관리

1. 위생관리의 정의 및 필요성

(1) 위생관리의 정의
음료수 처리, 쓰레기, 분뇨, 하수와 폐기물 처리, 공중위생, 위생용품의 위생관리, 조리, 식품 및 식품첨가물과 이에 관련된 기구·용기 및 포장의 제조와 가공에 관한 위생 관련 업무

(2) 위생관리의 필요성
① 식중독 위생사고 예방
② 「식품위생법」 및 행정처분 강화
③ 안전한 먹거리로 상품의 가치 상승
④ 점포의 이미지 개선(청결한 이미지)
⑤ 고객 만족과 대외적 브랜드 이미지 관리
⑥ 매출 증진

2. 개인위생관리

(1) 일을 하면 안 되는 경우
① 음식물을 통해 전염 가능한 병원균 보균자인 경우
② 설사, 구토, 황달, 기침, 콧물, 가래, 오한, 발열 등의 증상이 있는 경우
③ 콜레라, 장티푸스, 파라티푸스, 세균성 이질, 장출혈성대장균감염증, A형간염, 결핵(비감염성인 경우 제외)에 걸린 경우

(2) 개인위생수칙
① 작업장에 들어가기 전에 보호구(모자, 작업복, 앞치마, 신발, 장갑, 마스크 등)의 청결 상태를 확인한 후 착용할 것
② 손톱은 짧게 깎고, 매니큐어 및 짙은 화장은 피할 것
③ 작업장에서 사용하는 모든 설비 및 도구는 항상 청결하게 유지할 것
④ 작업장 내에서는 흡연, 껌 씹기, 음식물 먹기 등의 행위를 하지 말 것
⑤ 작업장의 출입은 반드시 지정된 출입구를 이용할 것

(3) 손을 반드시 씻어야 하는 경우
① 음식 조리하기 전, 식품 취급 전
② 화장실 이용 및 외출 후
③ 귀, 입, 코, 머리 등 신체의 일부를 만졌을 때
④ 애완동물이나 휴대전화, 쓰레기, 오물을 만졌을 때
⑤ 담배를 피운 후

(4) 식품취급자의 손 씻기 방법
① 손 씻기만 철저히 해도 질병의 60% 정도는 예방할 수 있음
② 손을 씻기 위해 충분한 양의 비누를 사용(이때 식품취급자는 비누로 세척한 후 역성비누를 사용)

> **필수 Keyword**
> - **비누** | 살균이 아닌 물에 씻어 흘려 없애고, 더러운 먼지와 같은 것을 제거하는 작용을 함
> - **역성비누** | 약한 살균 작용이 있으며, 냄새가 없고 독성이 적으나 세척력이 약함

02 식품위생관리

1. 식품위생의 의의

(1) 식품위생의 정의
① 세계보건기구(WHO)의 정의: 식품의 생육, 생산, 제조로부터 유통 과정을 거쳐 최종적으로 사람이 섭취하기까지의 모든 수단에 대한 위생
② 우리나라 「식품위생법」상의 정의: 식품, 식품첨가물, 기구 또는 용기·포장을 대상으로 하는 음식에 관한 위생

(2) 식품위생의 대상
식품, 식품첨가물, 기구 또는 용기·포장 등 음식에 관한 전반적인 것

(3) 식품위생의 목적
① 식품으로 인하여 생기는 위생상의 위해 방지(식품의 안전성 확보)
② 식품에 관한 올바른 정보 제공
③ 식품영양의 질적 향상 도모
④ 국민보건의 증진에 이바지

2. 미생물의 종류와 특성

(1) 미생물 생육의 조건
① 미생물 증식의 3대 조건: 영양소, 수분, 온도
② 미생물 생육에 필요한 최저 수분활성도(Aw): 세균(0.90~0.95) > 효모(0.88) > 곰팡이(0.65~0.80)

(2) 미생물에 의한 식품 변질의 종류
① 부패: 단백질 식품이 미생물의 작용에 의해 분해되어 악취가 나고 인체에 유해한 물질이 생성되는 현상
② 후란: 단백질 식품이 호기성 세균에 의해 변질되는 현상
③ 변패: 탄수화물, 지방 식품이 미생물에 의해 분해되어 변질되는 현상
④ 산패: 유지 성분이 공기 중에 오래 방치되었을 때 산화가 되어 불쾌한 냄새를 형성하며 변질되는 현상
⑤ 발효: 탄수화물이 미생물의 분해 작용으로 각종 유기산, 알코올을 생성하는 현상

> **필수 Keyword**
> - **부패취** | 암모니아, 황화수소, 인돌, 메르캅탄, 아민 등으로 생성되어 발생하는 악취

(3) 미생물의 종류와 특성

곰팡이	포자법으로 증식, 건조한 상태에서도 증식 가능
효모	출아법으로 증식, 곰팡이와 세균의 중간 크기
스피로헤타	감염균으로 매독균, 회귀열 존재, 나선형 형태
세균	2분법으로 증식
리케차	세균과 바이러스의 중간 크기, 살아있는 세포 속에서만 증식
바이러스	미생물 중 가장 크기가 작음, 살아있는 세포에만 증식

> **필수 Keyword**
> - **미생물의 크기** | 곰팡이 > 효모 > 스피로헤타 > 세균 > 리케차 > 바이러스

(4) 위생지표 세균 – 대장균
① 식품이나 수질의 분변오염지표
② 그람음성의 무포자 간균
③ 유당을 분해하여 산과 가스 생산
④ 병원성 대장균의 경우 식중독을 일으킴

3. 식품과 기생충병

(1) **채소류에서 감염되는 기생충**: 중간숙주 없이 채소류가 매개체
① 회충: 우리나라에서 감염률이 가장 높음(경구감염)
② 요충: 항문 주위에 산란(경구감염, 집단감염)
③ 구충(십이지장충): 회충보다 건강장애가 심함(경피감염, 경구감염)
④ 편충, 동양모양선충: 자각 증상 없음(경구감염)

(2) **어패류에서 감염되는 기생충**: 중간숙주 2개(제1중간숙주 → 제2중간숙주 → 종말숙주 순)
① 간흡충(간디스토마): 왜우렁이 → 민물고기(붕어, 잉어, 모래무지) → 사람, 개, 고양이
② 폐흡충(폐디스토마): 다슬기류 → 가재, 민물게 → 사람, 개, 고양이
③ 고래회충(아니사키스충): 해산갑각류(크릴새우) → 해산어류, 오징어, 문어 → 해산포유류(고래, 돌고래, 바다표범)
④ 요코가와흡충(횡천흡충): 다슬기류 → 민물고기(은어, 붕어, 잉어) → 사람, 개, 고양이, 돼지
⑤ 광절열두조충(긴촌충): 물벼룩 → 민물고기(송어, 연어, 숭어, 농어) → 사람, 개, 고양이, 여우
⑥ 유극악구충: 물벼룩 → 가물치, 메기, 뱀장어, 양서류, 파충류, 조류, 갑각류, 포유동물 → 돼지, 고양이, 개, 야생동물

(3) **육류에서 감염되는 기생충**: 중간숙주 1개

기생충명	중간숙주
무구조충(민촌충)	소
유구조충(갈고리촌충)	돼지
선모충	돼지, 개
톡소플라즈마	돼지, 개, 고양이

4. 식품과 위생동물

(1) **위생동물별 질병**

위생동물	질병
파리, 바퀴벌레	세균성 소화기계 감염증(장티푸스, 파라티푸스, 세균성 이질, 세균성 식중독, 소아마비, 결핵, 콜레라)
쥐	세균성 식중독, 페스트, 유행성 출혈열, 쯔쯔가무시증, 와일씨병
진드기	유행성 출혈열, 재귀열, 양충병
벼룩	페스트, 발진열, 재귀열
모기	말라리아, 일본뇌염, 황열, 사상충증(토고숲모기), 뎅기열

(2) **위생동물의 예방 대책**
① 서식처 및 발생 원인 제거(가장 효과적인 대책)
② 발생 초기에 구충, 구서하여 개체의 확산 방지
③ 위생동물과 해충의 서식 습성에 따라 동시에 광범위하게 구제법 실시

5. 경구감염병(소화기계 감염병)

(1) **경구감염병의 의의**: 손, 음료수, 식기 등에 의해 입, 호흡기, 피부 등을 통해 감염되는 전염병

(2) **경구감염병의 발생 요인**
① 감염원
• 병원체: 세균, 스피로헤타, 바이러스, 리케차, 진균(곰팡이), 기생충 등
• 병원소: 환자, 보균자, 매개 동물이나 곤충, 오염 토양, 오염 식품, 식기구, 생활용구 등
② 감염 경로
• 환자·보균자의 손, 배설물, 침구, 식품, 옷 등이 병원균에 오염되는 경우: 가족, 간호인에게 이행(직접감염)됨
• 환자·보균자의 배설물 처리가 철저하지 못한 경우: 병원균이 침입한 하천이나 우물물을 먹을 때 수인성 전염병이 발생(간접감염)함
③ 감수성 숙주: 숙주가 병원체를 받아들이는 감수성에 따라 전염병이 발생함

6. 법정감염병의 종류

(1) **제1급 감염병(18종)**: 에볼라바이러스병, 마버그열, 라싸열, 크리미안콩고출혈열, 남아메리카출혈열, 리프트밸리열, 두창, 페스트, 탄저, 보툴리눔독소증, 야토병, 신종감염병증후군, 중증급성호흡기증후군(SARS), 중동호흡기증후군(MERS), 동물인플루엔자인체감염증, 신종인플루엔자, 디프테리아, 니파바이러스

(2) **제2급 감염병(21종)**: 결핵, 수두, 홍역, 콜레라, 장티푸스, 파라티푸스, 세균성 이질, 장출혈성 대장균감염증, A형간염, 백일해, 유행성 이하선염, 풍진(선천성, 후천성), 폴리오, 수막구균감염증, b형헤모필루스인플루엔자, 폐렴구균감염증, 한센병, 성홍열, 반코마이신내성황색포도알균(VRSA)감염증, 카바페넴내성장내세균속균목(CRE)감염증, E형간염

(3) **제3급 감염병(28종)**: 파상풍, B형간염, 일본뇌염, C형간염, 말라리아, 레지오넬라증, 비브리오패혈증, 발진티푸스, 발진열, 쯔쯔가무시증, 렙토스피라증, 브루셀라증, 공수병, 신증후군출혈열, 후천성 면역결핍증(AIDS), 크로이츠펠트–야콥병(CJD) 및 변종크로이츠펠트–야콥병(vCJD), 황열, 뎅기열, 큐열, 웨스트나일열, 라임병, 진드기매개뇌염, 유비저, 치쿤구니야열, 중증열성혈소판감소증후군(SFTS), 지카바이러스감염증, 엠폭스(Mpox), 매독(1기, 2기, 3기, 선천성, 잠복)

(4) **제4급 감염병(23종)**: 인플루엔자, 회충증, 편충증, 요충증, 간흡충증, 폐흡충증, 장흡충증, 수족구병, 임질, 클라미디아감염증, 연성하감, 성기단순포진, 첨규콘딜롬, 반코마이신내성장알균(VRE)감염증, 메티실린내성황색포도알균(MRSA)감염증, 다제내성녹농균(MRPA)감염증, 다제내성아시네토박터바우마니균(MRAB)감염증, 장관감염증, 급성호흡기감염증, 해외유입기생충감염증, 엔테로바이러스감염증, 사람유두종바이러스감염증, 코로나바이러스감염증–19

위 자료는 2025년 9월 기준이므로
최신 정보는 왼쪽 QR코드로 확인하세요.

7. 감염병의 분류(병원체에 따른)

구분	바이러스	세균
호흡기계 침입	홍역, 유행성 이하선염, 인플루엔자	디프테리아, 백일해, 결핵, 한센병(나병), 성홍열, 폐렴
소화기계 침입	유행성 간염, 폴리오(소아마비)	콜레라, 장티푸스, 파라티푸스, 세균성 이질
피부점막 침입	일본뇌염, 광견병(공수병), 후천성 면역결핍증(AIDS)	파상풍, 페스트

8. 인수공통감염병

(1) 인수공통감염병의 분류(병원체의 종류에 따른)

세균	탄저, 브루셀라증, 결핵, 돈단독
바이러스	일본뇌염, 광견병, 동물인플루엔자, 후천성 면역결핍증(AIDS)

(2) 주요 인수공통감염병의 종류와 이환가축

종류	이환가축
탄저	소, 말, 양, 염소, 낙타
결핵	소, 산양
야토병	산토끼, 쥐, 다람쥐
브루셀라증	소, 돼지, 양, 말, 산토끼, 개, 닭
돈단독(돼지단독)	돼지가 대표적
렙토스피라증	쥐
큐열	쥐, 소, 양
구제역	소, 돼지, 양, 염소
조류인플루엔자	닭, 칠면조, 야생조류
광우병	소

9. 면역 및 질병의 대책

(1) 면역의 종류

선천적 면역		• 체내에 자연적으로 형성된 면역 • 종속면역, 인종면역, 개인면역 등
후천적 면역	능동면역	• 자연능동(자연감염): 질병 감염 후 획득한 면역 • 인공능동: 사람이 백신(예방접종)으로 획득한 면역
	수동면역	• 자연수동: 모체로부터 항체를 받은 면역 • 인공수동: 면역이 생긴 혈청 등을 접종하여 면역성을 부여

(2) 예방접종(인공능동면역)

구분	시기	종류
기본접종	생후 4주 이내	B. C. G.(결핵 예방접종)
	생후 2, 4, 6개월	경구용 소아마비, D. P. T.
	15개월	M. M. R.(홍역, 볼거리, 풍진), 수두
	3~15세	일본뇌염
추가접종	18개월, 4~6세, 11~13세	경구용 소아마비, D. P. T.(디프테리아, 백일해, 파상풍)
	매년	유행 전 접종(독감)

> **필수 Keyword**
> • **M.M.R.** | 홍역(Measles), 볼거리(Mumps), 풍진(Rubella)을 예방하기 위한 백신
> • **D.P.T.** | 디프테리아(Diphtheria), 백일해(Pertussis), 파상풍(Tetanus)을 예방하기 위한 백신

10. 살균·소독

(1) 살균·소독 등의 정의

살균	미생물(세균, 효모, 곰팡이)에 물리적·화학적 자극을 가하여 미생물의 세포를 사멸시키는 것
소독	병원성 미생물의 생활을 파괴하여 감염력을 약화시키는 것
방부	미생물의 증식을 억제하고 식품의 부패나 발효를 방지하는 것
멸균	비병원균, 병원균 등의 미생물을 아포까지 사멸시켜 무균 상태로 만드는 것

> **필수 Keyword**
> • **소독력의 크기** | 멸균 > 살균 > 소독 > 방부

(2) 물리적 살균·소독법

① 비열 처리법(무가열 처리법)

자외선멸균법 (자외선조사)	• 일광소독(실외소독)이자 자외선소독(실내소독) 방법 • 파장 2,500~2,800Å에서 살균력이 높음
방사선살균법 (방사선조사)	^{60}Co(코발트 60), ^{137}Cs(세슘 137) 등에서 발생하는 방사선을 방출하여 살균하는 방법

② 가열 처리법

자비소독법 (열탕소독법)	• 끓는 물(100℃)에서 15~30분간 처리하는 방법 • 식기류 및 행주 등의 소독에 이용 • 포자는 완전사멸되지 않음
저온살균법 (LTLT법)	• 61~65℃에서 30분간 가열하는 방법 • 영양소 손실이 적고 고온처리가 부적합한 유제품·건조과실 등의 소독에 사용
고온단시간살균법 (HTST법)	• 70~75℃에서 15~30초간 살균하는 방법 • 우유 등의 소독에 이용
초고온순간살균법 (UHT법)	• 130~140℃에서 1~2초간 살균하는 방법 • 영양 손실이 적고 거의 완전멸균이 가능한 방법 • 우유의 소독에 이용

(3) 화학적 소독법

① 석탄산(3%)
- 변소(분뇨), 하수도, 진개 등의 오물 소독에 사용
- 살균력이 안전하고 유기물에도 소독력이 약화되지 않음
- 독성이 강하고 냄새가 독함
- 금속 부식성이 있으며, 피부 점막에 강한 자극을 줌
- 석탄산 계수: 소독약의 살균력을 나타내는 지표(소독제의 희석배수 ÷ 석탄산의 희석배수)

② 염소, 차아염소산나트륨: 채소, 과일, 음료수, 식기 등의 소독에 사용

③ 역성비누(양성비누)
- 과일, 야채는 0.01~0.1%, 식기 및 손 소독은 10%로 사용
- 보통비누와 동시에 사용하거나 유기물 존재 시 살균 효과가 감소되므로 세제로 씻은 후 사용

④ 크레졸비누액(3%)
- 변소, 하수도 등의 오물 소독, 손 소독에 사용
- 석탄산보다 피부 자극은 약하지만 소독력이 2배 강함

⑤ 생석회: 습기가 있는 변소(분변), 하수도, 진개 등의 오물 소독과 우물의 소독에 사용

⑥ 에탄올(70%): 손, 금속 등 광범위한 소독에 이용, 유기물과 공존 시 살균력 감소

11. 식품첨가물의 종류

(1) 식품의 변질 및 부패를 방지하는 식품첨가물
① 보존료(방부제): 미생물 증식을 억제하여 식품의 영양가와 신선도를 보존하기 위해 사용
② 살균제(소독제): 식품 내 부패 원인균을 단시간에 사멸시키기 위해 사용
③ 산화방지제(항산화제): 식품 속의 지방 성분과 산소가 결합되어 생기는 변색, 이미, 이취, 퇴색의 방지와 지연의 목적으로 사용

(2) 기호성 향상과 관능을 만족시키는 식품첨가물
① 조미료: 식품 본래의 맛을 더욱 강화하거나 개인의 기호도에 맞게 조절하는 용도로 식품첨가물 중 가장 많이 사용
② 산미료: 식품에 신맛(산미)을 부여하기 위해 사용
③ 감미료: 식품에 단맛(감미)을 부여하기 위해 사용
④ 발색제: 발색제 자체에는 색이 없으나 식품 중의 색소 단백질과 반응하여 식품의 색을 안정시키고 선명하게 함
⑤ 표백제: 식품 제조 중 식품의 갈변, 착색의 변화를 억제하기 위해 사용
⑥ 착향료: 식품에 향을 부여하거나 식품 본래의 냄새 강화, 제거 등 변화를 부여하기 위해 사용

> **필수 Keyword**
> • 사용이 허가된 발색제 | 아질산나트륨, 질산나트륨, 질산칼륨, 황산제1철

(3) 식품 제조 및 가공을 위한 식품첨가물
① 팽창제: 빵, 과자 제조 시 식품을 부풀게 하여 조직을 연하게 하고 기호성을 향상시키기 위해 사용
② 소포제: 식품 제조 시 거품 생성을 방지하기(감소시키기) 위해 사용
③ 껌 기초제: 껌의 탄력성과 점성을 부여

12. 중금속유해물질

(1) 납(Pb)
① 중독 경로: 도료, 제련, 납땜(통조림), 도자기나 법랑 용기의 유약, 낡은 수도관
② 중독 증상: 빈혈, 안면창백, 구토, 구역질, 복통, 사지마비, 피로, 지각상실, 시력장애, 연연(鉛緣), 말초신경염

(2) 수은(Hg)
① 중독 경로: 공장폐수에 오염된 어패류, 농약, 보존료 등으로 처리한 음식의 섭취
② 중독 증상: 미나마타병(지각이상, 언어장애, 보행곤란)

(3) 카드뮴(Cd)
① 중독 경로: 광산·공장폐수의 오염에 중독된 어패류 및 농작물의 섭취, 도자기나 법랑 용기의 유약
② 중독 증상: 이타이이타이병(골연화증, 골다공증, 단백뇨)

(4) 비소(As)
① 중독 경로: 농약(비소제), 도자기나 법랑 용기의 유약, 순도 낮은 식품첨가물에 혼입된 불순물
② 중독 증상: 위장장애, 설사, 구토, 피부 이상, 신경계통마비, 전신경련

(5) 주석(Sn)
① 중독 경로: 통조림관의 도금재료
② 중독 증상: 구토, 설사, 복통, 메스꺼움

(6) 구리(Cu)
① 중독 경로: 구리로 만든 조리기구의 부식, 식기에 생긴 녹청의 유출, 구리합금에 의해 산성에서 쉽게 용출, 착색제 및 농약에 함유
② 중독 증상: 위통, 오심, 구토, 현기증, 호흡곤란, 잔열감

(7) 크롬(Cr)
① 중독 경로: 작업장 등에서의 분진
② 중독 증상: 궤양, 피부염, 알레르기성 습진, 비염

13. 조리 및 가공에서 생기는 유해물질

메탄올(메틸알코올)	주류(포도주, 사과주) 발효 과정 중에 생성되는 물질
엔-니트로사민	육가공품의 발색제 사용으로 인한 아질산과 아민의 결합 반응 생성물
다환방향족 탄화수소	유기물을 고온으로 가열할 때 생성되는 단백질이나 지방의 분해 생성물
아크릴아미드	전분 식품을 가열할 때 아미노산과 당의 열에 의한 결합 반응 생성물
헤테로고리아민	육류나 생선을 고온으로 조리할 때 육류나 생선에 존재하는 아미노산과 크레아틴이라는 물질이 반응하여 고리 형태로 생성되는 물질

03 주방위생관리

1. 방충·방서 및 소독

물리적 방역	• 해충의 서식지를 제거하거나 해충이 발생하지 않도록 물리적 환경을 조성함 • 배수구, 출입구, 화장실 등에 방서 설비를 함
화학적 방역	• 약제를 살포하여 해충을 구제하는 방법으로 단시간에 효과적이고 경제적임 • 독성이 강하기 때문에 관리에 주의해야 함
생물학적 방역	천적생물을 이용하는 방법으로 해충의 서식지를 제거함

2. HACCP의 7원칙 12절차

(1) **준비단계 5절차**: HACCP 팀 구성 → 제품설명서 작성 → 제품의 용도 확인 → 공정 흐름도 작성 → 공정 흐름도 현장 확인

(2) **기본단계 7원칙**: 위해 요소 분석 → 중요관리점(CCP) 결정 → 중요관리점에 대한 한계 기준 설정 → 중요관리점 모니터링 체계 확립 → 개선 조치 방법 수립 → 검증 절차 및 방법 수립 → 문서화, 기록 유지 방법 설정

04 식중독관리

1. 감염형 세균성 식중독

(1) 살모넬라(Salmonella) 식중독
  ① 잠복기: 12~24시간(평균 18시간)
  ② 원인 식품: 육류·조육·난류·어패류 및 그 가공품, 우유 및 유제품, 채소 샐러드 등
  ③ 예방 대책: 쥐, 바퀴벌레, 파리, 가축, 조류에 의한 식품의 오염 방지, 냉장·냉동 보관(10℃ 이하에서는 발육하지 않으므로 저온 보관), 가열 조리 후 섭취(60℃에서 20~30분간 처리 시 사멸) 등

(2) 장염비브리오(Vibrio) 식중독
  ① 잠복기: 10~18시간(평균 12시간)
  ② 원인 식품: 어패류(주로 하절기), 해조류 및 그 가공품
  ③ 예방 대책: 생식 금지, 가열 조리 후 섭취(60℃에서 5분간 처리 시 사멸), 2차 오염 방지를 위한 조리도구의 소독 및 살균, 냉장 보관 등

(3) 병원성 대장균 식중독
  ① 잠복기: 10~30시간(평균 13시간)
  ② 원인 식품: 우유, 햄, 치즈, 소시지, 가정에서 제조한 마요네즈
  ③ 예방 대책: 분변의 오염 방지, 분변의 비료화 억제 등 청결한 위생상태 유지

(4) 클로스트리디움 퍼프린젠스 식중독[이전에는 웰치균(Welchii) 식중독이라 불림]
  ① 잠복기: 8~22시간(평균 12시간)
  ② 원인 식품: 육류, 어패류 및 그 가공품, 튀김두부
  ③ 예방 대책: 분변의 오염 방지, 조리된 식품은 저온·냉동 보관, 재가열 섭취

2. 독소형 세균성 식중독

(1) (황색)포도상구균 식중독
  ① 원인 독소: 엔테로톡신(Enterotoxin, 장독소)
  ② 잠복기: 1~6시간(평균 3시간, 잠복기가 가장 짧음)
  ③ 감염 경로: 식품취급자의 화농성 질환
  ④ 원인 식품: 균에 오염된 유가공품(우유, 버터, 치즈, 크림, 과자), 김밥, 전분질 식품(도시락, 떡, 빵)
  ⑤ 예방 대책: 식기, 식품의 멸균과 오염 방지, 식품의 저온·냉장 보관, 화농소가 있는 사람의 식품 취급 금지

> **필수 Keyword**
> • 엔테로톡신(장독소) | 100℃에서 30분간 처리해도 파괴되지 않으므로 균이 발생하는 것을 사전에 예방하는 것이 중요함

(2) 클로스트리디움 보툴리늄(Clostridium Botulinum) 식중독
  ① 원인 독소: 뉴로톡신(Neurotoxin)
  ② 잠복기: 12~36시간(잠복기가 가장 긺)
  ③ 증상: 신경마비 증상(사시, 동공확대), 운동장애, 언어장애, 세균성 식중독 중 가장 높은 치사율(40%)
  ④ 원인 식품: 살균이 불충분한 통조림, 병조림, 부패된 햄, 소시지
  ⑤ 예방 대책: 음식물의 가열처리(80℃에서 30분간 처리 시 사멸), 통조림 및 소시지 등의 위생적 가공 및 저온 보관 등

3. 자연독 식중독

(1) 동물성 식중독
  ① 복어: 테트로도톡신
  ② 조개류
  • 모시조개, 바지락, 굴: 베네루핀
  • 섭조개(홍합), 대합: 삭시톡신(신경마비 증상)

(2) 식물성 식중독
  ① 독버섯: 무스카린, 뉴린, 콜린, 무스카리딘, 팔린, 아마니타톡신
  ② 감자: 솔라닌(녹색 및 발아 부위), 셉신(썩은 감자에서 생성)
  ③ 청매(덜 익은 매실), 살구씨, 복숭아씨: 아미그달린
  ④ 독미나리: 시큐톡신
  ⑤ 피마자: 리신
  ⑥ 독보리(독맥): 테무린
  ⑦ 목화씨: 고시폴
  ⑧ 미치광이풀: 아트로핀
  ⑨ 대두: 사포닌
  ⑩ 시금치: 옥살산

4. 화학적 식중독

(1) 알레르기성 식중독
  ① 원인 독소: 히스타민(Histamine)
  ② 원인균: 프로테우스 모르가니(모르가넬라 모르가니)
  ③ 원인 식품: 꽁치, 고등어와 같은 붉은살 어류 및 그 가공품

(2) 기타 유해물질
  ① 메탄올: 에탄올과 냄새·맛이 같은 액체로, 인체에 흡수 시 포름알데히드로 변환되어 치명적인 영향을 미침
  ② 벤조에이피렌: 석탄, 목재, 식품(훈제육이나 태운 고기) 등을 태울 때 불완전 연소로 생성되며 발암성이 매우 강함

5. 곰팡이독

(1) 간장독
  ① 종류: 아플라톡신, 루브라톡신, 오크라톡신, 이슬란디톡신, 에르고톡신
  ② 증상: 간세포의 괴사, 간경변, 간암 유발

(2) 신장독
  ① 종류: 시트리닌
  ② 증상: 신장에 급성, 만성 장애 유발

(3) 신경독
  ① 종류: 파툴린, 시트레오비리딘, 말토리진
  ② 증상: 뇌와 중추신경 장애 유발

(4) 피부염물질
  ① 종류: 스포리데스민
  ② 증상: 햇빛에 노출 시 과민하게 피부염 유발

05　식품위생법 및 관계법규

1. 「식품위생법」상의 용어 정의(법 제2조)

식품	모든 음식물(의약으로 섭취하는 것은 제외)
식품첨가물	식품을 제조·가공·조리 또는 보존하는 과정에서 감미, 착색, 표백 또는 산화 방지 등을 목적으로 식품에 사용되는 물질(기구·용기·포장을 살균·소독하는 데 사용되어 간접적으로 식품으로 옮아갈 수 있는 물질을 포함)
공유주방	식품의 제조·가공·조리·저장·소분·운반에 필요한 시설 또는 기계·기구 등을 여러 영업자가 함께 사용하거나 동일한 영업자가 여러 종류의 영업에 사용할 수 있는 시설 또는 기계·기구 등이 갖춰진 장소
식품위생	식품, 식품첨가물, 기구 또는 용기·포장을 대상으로 하는 음식에 관한 위생
식중독	식품 섭취로 인하여 인체에 유해한 미생물 또는 유독물질에 의하여 발생하였거나 발생한 것으로 판단되는 감염성 질환 또는 독소형 질환

2. 위해식품 등의 판매 등 금지(법 제4조)

누구든지 다음에 해당하는 식품 등을 판매하거나 판매할 목적으로 채취·제조·수입·가공·사용·조리·저장·소분·운반 또는 진열하여서는 아니 된다.

① 썩거나 상하거나 설익어서 인체의 건강을 해칠 우려가 있는 것
② 유독·유해물질이 들어 있거나 묻어 있는 것 또는 그러할 염려가 있는 것(다만, 식품의약품안전처장이 인체의 건강을 해칠 우려가 없다고 인정하는 것은 제외)
③ 병을 일으키는 미생물에 오염되었거나 그러할 염려가 있어 인체의 건강을 해칠 우려가 있는 것
④ 불결하거나 다른 물질이 섞이거나 첨가된 것 또는 그 밖의 사유로 인체의 건강을 해칠 우려가 있는 것
⑤ 안전성 심사 대상인 농·축·수산물 등 가운데 안전성 심사를 받지 아니하였거나 안전성 심사에서 식용으로 부적합하다고 인정된 것
⑥ 수입이 금지된 것 또는 「수입식품안전관리 특별법」 제20조 제1항에 따른 수입신고를 하지 아니하고 수입한 것
⑦ 영업자가 아닌 자가 제조·가공·소분한 것

3. 건강진단(법 제40조)

영업자 및 그 종업원은 건강진단을 받아야 한다. 다만, 다른 법령에 따라 같은 내용의 건강진단을 받은 경우에는 이 법에 따른 건강진단을 받은 것으로 본다.

4. 식품위생교육 시간(법 제41조, 시행규칙 제52조 제2항)

구분	교육 시간
식품제조·가공업, 식품첨가물제조업, 공유주방 운영업	8시간
식품운반업, 식품소분·판매업, 식품보존업, 용기·포장류제조업	4시간
즉석판매제조·가공업, 식품접객업	6시간

5. 벌칙

(1) 조리사의 행정처분(법 제80조)
　① 정신질환자(전문의가 조리사로서 적합하다고 인정하는 자는 제외), 감염병환자(B형간염환자 제외), 마약이나 그 밖의 약물 중독자, 조리사 면허의 취소처분을 받고 그 취소된 날부터 1년이 지나지 아니한 경우: 1차 위반 시 면허취소
　② 조리사와 영양사가 법 규정에 따른 교육(식품위생 수준 및 자질의 향상을 위함)을 받지 아니한 경우
　　• 1차 위반: 시정명령
　　• 2차 위반: 업무정지 15일
　　• 3차 위반: 업무정지 1개월
　③ 식중독이나 그 밖에 위생과 관련한 중대한 사고 발생에 직무상의 책임이 있는 경우
　　• 1차 위반: 업무정지 1개월
　　• 2차 위반: 업무정지 2개월
　　• 3차 위반: 면허취소
　④ 면허를 타인에게 대여하여 사용하게 한 경우
　　• 1차 위반: 업무정지 2개월
　　• 2차 위반: 업무정지 3개월
　　• 3차 위반: 면허취소
　⑤ 업무정지기간 중에 조리사의 업무를 하는 경우: 1차 위반 시 면허취소

(2) 3년 이상의 징역(법 제93조)
소해면상뇌증(狂牛病, 광우병), 탄저병, 가금 인플루엔자 중 어느 하나에 해당하는 질병에 걸린 동물을 사용하여 판매할 목적으로 식품 또는 식품첨가물을 제조·가공·수입 또는 조리한 자

06　공중보건

1. 공중보건의 개념

(1) 건강의 정의: 단순히 질병이나 신체장애가 없을 뿐 아니라, 육체적·정신적·사회적으로 완전히 안녕한 상태(1948년 세계보건기구의 헌장)

(2) 윈슬로우(C.E.A Winslow)의 공중보건학 정의: 조직적인 지역사회의 공동 노력을 통하여 질병을 예방하고 생명을 연장시키며 신체적·정신적 효율을 증진시키는 기술이자 과학

> **필수 Keyword**
> • **공중보건의 3대 목적** | 질병 예방, 수명 연장, 건강 증진

2. 공중보건 수준의 평가지표

(1) **평균수명(기대수명)**: 인간의 생존 기대 기간

(2) **조사망률(보통사망률)**: 연간 사망자 수 ÷ 그해 인구 수 × 1,000

(3) **비례사망지수**
  ① 연간 전체 사망자 수에 대한 50세 이상의 사망자 수의 구성비
  ② 지수가 낮으면 건강 수준이 낮음을 의미함
  ③ 비례사망지수 = 50세 이상의 사망자 수 ÷ 연간 총 사망자 수 × 100

(4) **영아사망률**
  ① 생후 1년 미만인 영아의 사망률
  ② 한 국가의 보건 수준을 나타내는 대표적인 지표
  ③ 영아사망률 = 연간 영아 사망 수 ÷ 연간 출생아 수 × 1,000

(5) **모성사망비**
  ① 임신·분만·산욕(분만 후 자궁 등이 임신 전의 상태로 돌아가는 기간)과 연관된 질병 또는 이로 인한 합병증 때문에 발생하는 사망률
  ② 모성사망비 = 연간 모성 사망 수 ÷ 연간 출생아 수 × 100,000

3. 환경위생 및 환경오염 관리

(1) **일광**

자외선	• 1,000~4,000Å 사이의 파장 • 2,500~2,800Å 범위의 파장은 살균력이 가장 강해 소독에 이용됨 • 도르노선(생명선, 2,800~3,200Å)은 건강선이라고도 함
가시광선	• 3,800~7,800Å 사이의 파장 • 사람의 눈에 보이는 범위의 파장 • 눈의 망막을 자극하여 색채와 명암을 구분하게 함
적외선(열선)	• 7,800Å(=780nm) 이상의 파장 • 온실효과 유발

> **필수 Keyword**
> • **파장의 단파순** | 자외선 → 가시광선 → 적외선

(2) **온열 요인**
  ① 감각온도 3요소: 기온(온도), 기습(습도), 기류(공기의 흐름)
  ② 기온역전현상: 대기권에서 고도가 상승할수록 기온도 상승하여 상부 기온이 하부기온보다 높아지는 때에 대기가 안정화되고 공기의 수직 확산이 일어나지 않게 되는 현상

(3) **공기 및 대기오염**
  ① 정상 공기의 화학적 조성(0℃, 1기압, 건조상태): 질소(N_2) 78% > 산소(O_2) 21% > 아르곤(Ar) 0.9% > 기타 원소 0.07% > 이산화탄소(CO_2) 0.03%
  ② 대기오염 물질
  • 가스상 물질: 일산화탄소(CO), 아황산가스(SO_2), 황화수소, 불화수소 등
  • 1·2차 오염물질

1차 오염물질	분진, 매연, 검댕, 황산화물, 질소산화물 등
2차 오염물질	오존, PAN, 알데히드, 스모그 등

(4) **군집독**
  ① 정의: 많은 사람이 밀집된 실내에서 공기가 물리적·화학적 조성의 변화를 일으키는 현상
  ② 원인: 산소(O_2) 감소, 이산화탄소(CO_2) 증가, 고온·고습의 상태에서 유해가스 및 취기·구취·체취 등으로 인하여 공기의 조성이 변하기 때문에 발생함

4. 수인성 감염병

(1) **종류**: 장티푸스, 파라티푸스, 세균성 이질, 콜레라, 아메바성 이질, 유행성 간염

(2) **특징**
  ① 음료수 사용 지역과 유행 지역이 동일함
  ② 비교적 잠복기가 짧고 치사율이 낮으며, 2차 감염환자의 발생이 거의 없음
  ③ 환자가 집단적, 폭발적으로 발생함
  ④ 계절에 관계없이 발생하며 주로 여름에 많이 발생함
  ⑤ 성별, 연령, 직업의 차이가 없이 발생함

(3) **증상**: 우치(충치)/반상치, 청색증, 설사 등

5. 역학 및 산업보건

(1) **역학의 목적**
  ① 질병의 예방을 위하여 질병 발생의 병인 또는 그 발생을 결정하는 요인 규명
  ② 질병의 측정과 유행 발생의 감시 역할
  ③ 질병의 자연사 연구
  ④ 보건의료의 기획과 평가를 위한 자료 제공
  ⑤ 임상 연구에서의 활용

(2) **원인별 직업병**

이상온도	• 고열환경(이상고온): 열중증(열경련, 열허탈증, 열사병) • 저온환경(이상저온): 참호족염, 동상, 동창
이상기압	• 고압환경(이상고기압): 잠함병(잠수병) • 저압환경(이상저기압): 고산병
분진	진폐증(먼지), 규폐증(유리규산), 석면폐증(석면), 활석폐증(활석)
소음	직업성 난청(방지 방법: 귀마개 사용, 방음벽 설치, 작업방법 개선), 두통, 불면증
조명 불량	안정피로, 근시, 안구진탕증
진동	레이노드병(손가락의 말초혈관 운동장애)
방사선	조혈기능장애, 백혈병, 피부점막의 궤양과 암 형성, 생식기 장애, 백내장
자외선 및 적외선	피부 및 눈의 장애, 시력 저하
금속 중독	• 납(Pb) 중독: 연연(鉛緣), 권태, 체중 감소, 염기성 과립 적혈구 수의 증가, 요독증 증세 • 수은(Hg, 미나마타병의 원인 물질) 중독: 피로감, 언어장애, 기억력 감퇴, 지각이상, 보행곤란 증세 • 크롬(Cr) 중독: 비염, 인두염, 기관지염, 비중격천공 • 카드뮴(Cd, 이타이이타이병의 원인 물질) 중독: 폐기종, 신장기능장애, 골연화, 단백뇨의 증세

SUBJECT 02
안전관리

필수문제 300선 P.49

01 개인안전관리

1. 개인안전사고 예방 및 사후조치

(1) 위험도 경감의 원칙

① 목적: 사고 발생의 예방, 피해 심각도 억제

② 핵심 요소: 위험요인 제거, 위험 발생 경감, 사고 피해 경감

③ 고려 사항: 사람, 절차, 장비의 3가지 시스템 구성 요소

(2) 재난 원인별 점검 내용

① 사람(Man)

심리적 원인	망각, 걱정, 무의식적인 행동, 위험감각, 생략행위 등
생리적 원인	피로, 수면 부족, 신체기능, 알코올, 질병, 노화 등
작업환경적 원인	직장 내 인간관계, 리더십, 팀워크, 커뮤니케이션 등

② 기계(Machine): 기계설비의 설계상 결함, 방호장치의 불량, 안전의식의 부족(인간공학적 배려에 대한 이해 부족), 표준화의 부족, 점검 장비의 부족

③ 매체(Media): 작업 자세, 작업 동작의 결함, 부적절한 작업 정보 및 방법, 작업 공간 및 환경의 불량

④ 관리(Management): 관리 조직의 결함, 불명확 또는 불철저한 규정·매뉴얼, 안전관리 계획의 불량, 교육 훈련의 부족, 부하에 대한 지도 및 감독 부족, 불충분한 적성 배치, 건강 관리 불량

2. 작업안전관리

(1) 주방 내 재해 유형

① 절단, 찔림과 베임(가장 많이 발생함)

② 화상과 데임

③ 미끄러짐

④ 끼임

⑤ 전기감전 및 누전

⑥ 유해화합물로 인한 피부질환

(2) 주방 내 안전사고 요인

① 인적 요인

정서적 요인	과격한 기질 및 신경질, 시력 또는 청력의 결함, 근골박약, 지식 및 기능의 부족, 중독증 등 각종 질환
행동적 요인	독단적 행동, 불완전한 동작과 자세, 미숙한 작업 방법, 안전장치 등의 소홀한 점검, 결함이 있는 기계 및 기구의 사용
생리적 요인	피로로 인한 심적 태도의 교란, 신체 동작의 통제 불능

② 물적 요인: 자재의 불량·결함, 안정장치 또는 시설의 미비, 시설물의 노후화 등

③ 환경적 요인: 건축물·공작물의 부적절한 설계, 협소한 통로, 불안전한 복장 등

02 장비·도구 안전작업

1. 조리장비·도구의 안전점검

(1) 일상점검

① 주방관리자가 매일 육안으로 점검함

② 주방 내 조리기구, 전기, 가스 등의 이상 여부를 확인하고 그 결과를 기록·유지함

(2) 정기점검

① 안전관리책임자가 매년 1회 이상 정기적으로 점검함

② 주방 내 조리기구, 전기, 가스 등의 성능 유지 여부를 확인하고 그 결과를 기록·유지함

(3) 긴급점검: 관리 주체가 필요하다고 판단될 때 실시(손상점검, 특별점검)

03 작업환경 안전관리

1. 작업장 환경관리

(1) 작업장 안전교육의 필요성

① 안전교육은 위험에 관한 인식을 넓혀줌

② 직업병과 산업재해의 원인에 대한 지식을 확산시킴

③ 효과적인 예방책을 증진함

(2) 작업환경관리

적정 온도	• 겨울: 18~21℃ • 여름: 25~26℃
적정 습도	50%
권장 조도	• 조리실: 50Lux 이상 • 전처리실 및 조리작업대: 220Lux 이상 • 식재료 및 물품 검수 장소: 540Lux 이상

2. 작업장 내 안전수칙

(1) 조리장비 사용 시 안전수칙

① 전기장비 사용 시 조리작업자의 손에 물기가 없을 것

② 가스레인지 및 오븐은 사용 전후 전원 상태를 확인할 것

③ 냉장, 냉동시설의 잠금장치를 확인할 것

④ 조리장비의 사용 방법을 철저히 익힐 것

(2) 조리작업자의 안전수칙

① 안전한 자세로 조리할 것

② 규정된 조리복장을 착용할 것

③ 짐을 옮길 때 너무 무리하지 않으며 주변의 충돌을 감지할 것

④ 뜨거운 것을 만질 때는 장갑을 착용할 것

SUBJECT 03
재료관리

필수문제 300선 P.51

01 식품재료의 성분

1. 수분(물)

(1) 수분의 종류

① 자유수(유리수)
- 식품 중에 유리 상태로 존재하는 물(보통의 물)
- 용매로 작용, 미생물 번식에 이용 가능함
- 유기물로부터 간단하게 분리됨
- 0℃ 이하에서 얼음으로 동결, 100℃ 이상에서 증발함
- 4℃에서 비중이 가장 큼
- 표면 장력이 큼

② 결합수
- 식품 중의 탄수화물이나 단백질 분자의 일부분을 형성하는 물
- 용매로 작용 불가능, 미생물 번식에 이용 불가능
- 유기물로부터 분리 불가능
- 0℃ 이하에서 얼음으로 동결되지 않음
- 자유수보다 밀도가 큼

(2) 수분활성도(Aw)

① 정의

$$\text{식품의 수분활성도(Aw)} = \frac{\text{식품이 나타내는 수증기압(P)}}{\text{순수한 물의 최대 수증기압}(P_0)}$$

② 식품별 수분활성도(Aw)

건조식품	0.20 이하
곡류, 콩류	0.60~0.64
어패류, 과일, 채소류	0.90~0.98
육류, 생선	0.98

③ 미생물 생육에 필요한 수분활성도(Aw): 보통 세균(0.91 이상) > 보통 효모(0.88 이상) > 보통 곰팡이(0.80 이상) > 내건성 곰팡이(0.65 이상) > 내삼투압성 효모(0.60 이상)

2. 탄수화물의 분류(결합한 당의 수에 따른)

(1) 단당류: 탄수화물의 가장 작은 구성 단위, 물에 녹고 단맛이 남

오탄당	아라비노스, 리보스, 자일로스
육탄당	포도당, 과당, 갈락토오스, 만노오스

(2) 이당류: 수용성이고 단맛이 나는 단당류 2개가 결합된 당

자당(설탕, 서당: Sucrose)	포도당과 과당이 결합된 당으로 단맛이 강한 표준 감미료이며 사탕수수나 사탕무에 함유되어 있음
맥아당 (엿당: Maltose)	포도당 두 분자가 결합된 당으로 물엿의 주성분이며 소화·흡수가 빠름
젖당 (유당: Lactose)	포도당과 갈락토오스가 결합된 당으로 칼슘과 인의 흡수를 도움

> **필수 Keyword**
> - **당질의 감미도** | 과당(120~180) > 전화당(85~130) > 설탕(서당)(100) > 포도당(70~74) > 맥아당(엿당)(60) > 갈락토오스(33) > 젖당(유당)(16)

(3) 다당류: 여러 종류의 단당류가 결합된 당으로 단맛이 없고 물에 잘 녹지 않음

전분 (녹말, Starch)	포도당의 결합 형태로 아밀로오스(Amylose)와 아밀로펙틴(Amylopectin)으로 구성됨, 단맛이 거의 없고 식물의 뿌리·줄기·잎 등에 존재하며 곡류의 25~80%를 차지함
글리코젠 (Glycogen)	동물체의 저장 탄수화물로, 간, 근육에 많이 함유되어 있음
섬유소 (Cellulose)	소화되지 않는 전분으로, 배변 운동을 돕고 비타민 B군의 합성을 촉진함
펙틴(Pectin)	세포벽 또는 세포 사이의 중층에 존재하며 겔화하는 성질 때문에 잼이나 젤리를 만드는 데 이용됨
키틴(Chitin)	새우, 게 껍데기에 함유되어 있음
이눌린(Inulin)	과당의 결합체로 우엉, 돼지감자에 많이 함유되어 있음

> **필수 Keyword**
> - **찹쌀** | 아밀로펙틴 100%
> - **멥쌀** | 아밀로오스 20%, 아밀로펙틴 80%

3. 지질

(1) 지질의 분류(구성 성분에 따른)

단순 지질 (중성지방)	지방	3분자의 지방산과 1분자의 글리세롤의 에스테르 결합물
	왁스	고급 알코올과 고급 지방산의 에스테르 결합물
복합 지질	인지질 (단순 지질+인)	레시틴, 세파린, 스핑고미엘린
	당지질 (단순 지질+당)	세레브로시드, 강글리오시드
유도 지질	콜레스테롤 (동물스테롤)	프로비타민 D로 생체 내에서 자외선에 의해 비타민 D_3로 변환
	에르고스테롤 (식물스테롤)	프로비타민 D로 자외선에 의해 비타민 D_2로 변환

(2) 지방산의 분류

① 포화지방산: 융점이 높아 상온에서 고체로 존재하며, 탄소와 탄소 사이에 이중결합이 없는 지방산으로 동물성 지방에 존재함

② 불포화지방산: 융점이 낮아 상온에서 액체로 존재하며 탄소와 탄소 사이에 이중결합이 있는 지방산으로 식물성 지방 또는 어류에 존재함
- 필수지방산: 체내의 대사과정에 중요한 역할을 하는 지방산으로, 비타민 F라고도 하며 체내에서 합성 불가하여 식사를 통한 공급이 필요함(리놀레산, 리놀렌산, 아라키돈산 등)
- 트랜스지방산: 불포화지방산인 식물성 기름을 가공식품으로 만들 때 산패를 억제하기 위해 수소를 첨가하는 과정에서 생기는 지방산

(3) 지질의 기능적 성질

① 유화(에멀전화)

수중유적형(O/W)	물에 기름이 분산된 형태(우유, 생크림, 마요네즈 등)
유중수적형(W/O)	기름에 물이 분산된 형태(버터, 마가린 등)

② 수소화(경화): 액체 상태의 기름에 수소(H_2)를 첨가하고 니켈(Ni)과 백금(Pt)을 넣어 고체형의 기름으로 만든 것(마가린, 쇼트닝 등)

③ 연화 작용: 밀가루 반죽에 유지를 첨가하면 반죽 내에서 지방을 형성하여 전분과 글루텐의 결합을 방해하는 것

④ 가소성: 외부 조건에 의해 유지의 상태가 변했다가 외부 조건을 복구해도 유지의 변형 상태가 유지되는 성질

(4) 지질의 이화학적 성질

① 검화가(비누화가): 유지 1g을 검화(비누화)하는 데 소요되는 수산화칼륨(KOH)의 mg 수로 저급 지방산이 많을수록 비누화가 잘 됨

② 산가: 유지 1g에 함유되어 있는 유리지방산을 중화하는 데 필요한 수산화칼륨(KOH)의 mg 수로, 유지의 산패도를 알아내는 방법

③ 과산화물가: 유지의 자동산화에 의하여 생성되는 하이드로퍼옥시드 등의 과산화물 함유량을 나타내며 유지의 산패 진행을 판정하는 척도임

④ 아이오딘가(요오드가): 유지 100g 중에 첨가되는 아이오딘의 g 수로, 아이오딘가가 높다는 것은 유지를 구성하는 지방산 중 불포화지방산이 많다는 것을 의미함

4. 단백질의 분류(필수아미노산 함량에 따른 영양학적 분류)

(1) 필수아미노산: 체내에서 합성이 불가능하여 반드시 식사를 통해 공급받아야 하는 아미노산

① 성인에게 필요한 필수아미노산 8가지: 트레오닌, 발린, 트립토판, 아이소류신, 류신, 라이신, 페닐알라닌, 메티오닌

② 성장기 어린이나 회복기 환자 등에게 필요한 필수아미노산 10가지: 성인에게 필요한 필수아미노산 8가지 + 아르기닌 + 히스티딘

(2) 완전 단백질: 필수아미노산이 골고루 들어 있는 단백질(달걀 흰자 – 알부민, 우유 – 카세인)

(3) 부분적 불완전 단백질: 필수아미노산을 모두 함유하고 있으나 그중 하나 또는 그 이상의 아미노산 함량이 부족한 단백질(쌀 – 오리제닌, 보리 – 호르데인), 부족한 아미노산을 다른 식품을 통해 보충함으로써 완전 단백질로 영양가를 높일 수 있음(콩밥 – 리신이 부족한 쌀에 콩을 넣어 밥을 함으로써 완전한 단백질을 공급)

(4) 불완전 단백질: 하나 또는 그 이상의 필수아미노산이 결여된 단백질로, 불완전 단백질 섭취만으로는 동물의 성장과 생명 유지가 어려움(젤라틴, 옥수수 – 제인)

5. 무기질

(1) 특성

① 우리 몸을 구성하는 중요 성분으로 인체의 약 4~5%를 차지함

② 체내에서 필요로 하는 양에 따라 다량원소와 미량원소로 구분함

③ 체내에서 체액의 pH와 삼투압을 조절함

④ 신경의 자극 전달, 근육 수축, 혈액 응고 등에 관여함

필수 Keyword

- **다량원소** | 하루에 100mg 이상 필요(칼슘, 인, 칼륨, 황, 나트륨, 염소, 마그네슘 등)
- **미량원소** | 하루에 100mg 미만 또는 체중의 0.05% 미만 필요(철, 아연, 구리, 망간, 아이오딘(요오드), 코발트, 불소 등)

(2) 종류별 결핍증

칼슘(Ca)	골다공증, 구루병, 골격·치아의 발육 불량, 골연화증, 혈액 응고 불량, 근육의 경련
인(P)	골격·치아의 발육 불량, 성장 정지, 골연화증, 구루병
철분(Fe)	철분 결핍성 빈혈(영양 결핍성 빈혈), 식욕 부진
마그네슘(Mg)	신경 및 근육 경련, 간의 장애, 골연화증, 구토, 설사
나트륨(Na)·칼륨(K)·염소(Cl)	근육 경련, 식욕 감퇴, 저혈압
황(S)	손톱·발톱·모발의 발육 부진
불소(플루오린, F)	우치(충치)
아이오딘(요오드, I)	갑상선종, 크레틴병(발육 정지)
코발트(Co)	악성 빈혈
아연(Zn)	면역 기능 저하, 상처 회복 지연, 성장 부진
구리(Cu)	빈혈

6. 비타민

(1) 비타민의 기능 및 특성

① 대사 작용 조절 물질로 보조 효소의 역할을 함

② 에너지원이나 신체 구성 물질로 사용되지 않음

③ 인체에 반드시 필요한 물질이지만 미량만 필요로 함

④ 대부분 체내에서 합성되지 않아 음식물을 통해서 공급해야 함

(2) 비타민의 종류별 결핍증

① 지용성 비타민

비타민 A(레티놀)	야맹증, 점막장애, 안구건조증
비타민 D(칼시페롤)	구루병, 골다공증
비타민 E(토코페롤)	용혈 작용, 노화 촉진, 불임증, 근육위축증
비타민 K(필로퀴논)	혈액 응고 지연, 잦은 출혈
비타민 F(필수지방산)	피부건조증, 피부염

② 수용성 비타민

비타민 B_1(티아민)	각기병, 다발성 신경염
비타민 B_2(리보플라빈)	피부염, 구순구각염, 설염, 야맹증
비타민 B_3(나이아신 / 니코틴산)	펠라그라(설사, 피부병, 우울증)
비타민 B_6(피리독신)	피부염
비타민 B_9(엽산)	빈혈
비타민 B_{12}(코발라민)	악성 빈혈
비타민 C(아스코르브산)	괴혈병, 간염
비타민 P	피하 출혈

필수 Keyword

- **아스코르비나아제(Ascorbinase)** | 비타민 C를 파괴하는 효소

7. 식품의 냄새-헤닝(Henning)의 냄새 프리즘

구분	종류
과일향(Ethereal)	사과, 레몬 등
꽃향기(Fragrant)	장미, 매화, 백합 등
수지향(Resinous)	테르펜유, 송정유 등
매운향(Spicy)	마늘, 생강, 후추 등
부패한 냄새(Putrid)	부패육 등
탄 냄새(Burnt)	캐러멜류, 커피, 타르 등

> **필수 Keyword**
> • 어류 비린내와 관련된 냄새 성분 | 트리메틸아민, 암모니아, 피페리딘

8. 식품의 갈변

(1) 효소에 의한 갈변
① 폴리페놀 옥시다아제: 채소류나 과일류를 자르거나 껍질을 벗길 때, 홍차 갈변
② 티로시나아제: 감자 갈변
③ 효소에 의한 갈변 방지법: 효소의 활성 억제(산 이용, 온도 조절, 당 또는 염류 추가), 산소 제거, 기질 제거

(2) 비효소에 의한 갈변
① 마이야르 반응(아미노카르보닐 반응)
  • 아미노기(단백질)와 카르보닐기(당류)가 공존할 때 일어나는 반응으로 멜라노이딘을 생성함
  • 에너지 공급 없이도 자연적으로 발생함
② 캐러멜화 반응: 당류를 고온(180~200℃)으로 가열할 때 산화 및 분해 산물에 의한 중합, 축합으로 갈색 물질을 생성함
③ 아스코르브산의 산화 반응: 비가역적으로 산화된 아스코르브산이 항산화제로의 기능을 상실하고 갈색화 반응을 수반함

9. 식품의 맛

(1) 기본적인 맛(헤닝의 4원미+감칠맛)
① 단맛: 소량의 소금으로 단맛이 증가되고, 쓴맛, 신맛으로 단맛이 감소됨
② 짠맛: 신맛이 더해지면 강해지고 단맛이 더해지면 약해짐
③ 신맛
  • 산이 해리되어 만들어진 수소이온에 의한 맛으로 식욕 증진, 방부 효과 및 살균 효과가 있음
  • 유기산이 포함된 식품: 젖산(요구르트, 김치류), 사과산(사과, 배), 초산(식초, 김치류), 구연산(감귤류, 딸기, 살구), 호박산(청주, 조개류, 김치류), 주석산(포도)
④ 쓴맛
  • 소량의 쓴맛은 식욕을 촉진시키고 맛에 변화와 힘을 줄 수 있음
  • 종류: 후물론(맥주), 나린진(밀감, 자몽), 테오브로민(코코아, 초콜릿), 카페인(커피, 초콜릿), 쿠쿠르비타신(오이의 꼭지 부분), 테인(차류), 케르세틴(양파 껍질)
⑤ 감칠맛(맛난맛)
  • 음식물이 입에 당기는 맛
  • 종류: 글루타민산(김, 된장, 간장, 다시마), 아미노산(소고기), 이노신산(가다랑어 말린 것, 멸치), 타우린(오징어, 문어, 조개류), 구아닐산(표고버섯, 송이버섯, 느타리버섯), 베타인(새우, 오징어)

> **필수 Keyword**
> • 맛을 느끼는 속도 | 짠맛 → 단맛 → 신맛 → 쓴맛
> • 미맹 | 정상적인 사람이 느낄 수 있는 맛을 다르게 느끼거나 전혀 느끼지 못하는 현상으로, 미맹인 사람은 0.13%의 PTC 용액에 대하여 쓴맛을 느끼지 못함

(2) 기타 보조적인 맛
① 매운맛: 캡사이신(고추), 피페린·차비신(후추), 쇼가올·진저론·진저롤(생강), 시니그린(겨자), 알리신(마늘, 양파), 커큐민(강황), 신남알데히드(계피), 유황화합물(양파)
② 떫은맛: 탄닌(미숙한 과일에 포함된 떫은맛의 폴리페놀 성분)
③ 아린맛: 떫은맛과 쓴맛이 섞인 것 같은 맛, 죽순, 토란, 가지 등에 들어 있으며 사용하기 하루 전에 물에 담가 아린맛 제거 가능

(3) 맛의 변화
① 온도에 따른 맛의 변화
  • 혀의 미각은 30℃ 전후에서 가장 예민함
  • 단맛, 짠맛, 쓴맛은 온도가 낮을수록, 매운맛은 온도가 높을수록 맛이 증가하며 신맛은 온도에 크게 영향을 받지 않음
② 기타 맛의 변화

맛의 대비 현상(강화)	주된 맛 성분에 소량의 다른 맛 성분을 넣어 주된 맛이 강해지는 현상
맛의 상승 현상	같은 맛 성분을 혼합하여 원래의 맛보다 더 강한 맛이 나게 되는 현상
맛의 억제 현상(손실)	서로 다른 맛 성분의 혼합 시 주된 맛이 약화되는 현상
맛의 변조 현상	한 가지 맛 성분을 먹은 직후 다른 맛 성분을 먹으면 원래 식품의 맛이 다르게 느껴지는 현상
맛의 상쇄 현상	서로 다른 맛 성분이 혼합되었을 때 각각의 고유한 맛을 내지 못하고 약해지거나 없어지는 현상
맛의 피로 현상	같은 맛을 계속 섭취하면 미각이 둔해져 그 맛을 알 수 없게 되거나 다르게 느끼는 현상

02 효소

1. 효소 반응에 영향을 미치는 인자

(1) 온도: 효소의 최적 온도는 30~40℃이고, 일부 내열성 효소는 70℃에서 활성이 유지됨

(2) 수소이온농도(pH): 효소의 최적 pH는 완충액의 종류, 기질 및 효소의 농도, 작용 온도 등에 따라 변함

효소	최적 pH
펩신	pH 1~2
트립신	pH 7~8

(3) 효소 농도: 효소 농도가 낮을 경우 반응 속도와 효소 농도가 직선적으로 비례함

(4) **기질 농도**

① 효소 농도가 일정할 때 기질 농도가 낮으면 기질 농도와 반응 속도는 정비례하고, 기질 농도가 일정치를 넘으면 반응 속도는 일정해짐

② 기질이 증가하지 않으면 반응 속도는 증가하지 않음

(5) **저해제**: 은(Ag), 수은(Hg), 납(Pb)과 같은 중금속 이온이나, 황화물, 시안화물, 계면활성제 및 금속 이온을 요구하는 효소에 대한 킬레이트 시약 등이 있음

2. 에너지원별 소화 효소

(1) **탄수화물**

① 구성 성분: 탄소(C), 수소(H), 산소(O)

② 1g당 열량: 4kcal

③ 에너지 적정 비율: 65%

④ 소화 효소: 아밀레이스(아밀라아제), 말테이스(말타아제), 락테이스(락타아제), 수크레이스(수크라아제)

⑤ 분해 산물: 포도당

(2) **지질**

① 구성 성분: 탄소(C), 수소(H), 산소(O)

② 1g당 열량: 9kcal

③ 에너지 적정 비율: 20%

④ 소화 효소: 라이페이스(리파아제), 스테압신

⑤ 분해 산물: 지방산, 글리세롤

(3) **단백질**

① 구성 성분: 탄소(C), 수소(H), 산소(O), 질소(N)

② 1g당 열량: 4kcal

③ 에너지 적정 비율: 15%

④ 소화 효소: 펩신, 트립신, 에렙신

⑤ 분해 산물: 아미노산

03 식품과 영양

1. 영양소의 기능에 따른 분류

3대 열량 영양소	• 생명 유지와 활동에 필요한 에너지를 공급 • 탄수화물(4kcal), 지질(9kcal), 단백질(4kcal)
구성 영양소	• 인체를 구성하는 영양소 • 단백질, 무기질, 물
조절 영양소	• 생리 기능을 조절하는 영양소 • 단백질, 비타민, 무기질, 물

2. 기초 식품군

곡류 및 전분류	탄수화물의 급원식품
채소 및 과일류	비타민 및 무기질의 급원식품
고기, 생선, 계란, 콩류	단백질의 급원식품
우유 및 유제품	칼슘과 각종 무기질, 단백질의 급원식품
유지 및 당류	지방과 당질의 급원식품

3. 영양 섭취 기준

(1) **정의**: 질병이 없는 대다수의 사람들이 최적의 건강 상태를 유지하고, 질병을 예방하는 데 필요한 영양소의 섭취 기준

(2) **한국인 영양 섭취 기준**

평균 필요량	집단을 구성하는 건강한 사람들의 절반에 해당되는 사람들의 일일 필요량을 충족하는 섭취 수준
권장 섭취량	대부분의 사람들(97~98%)의 필요량을 충족시키는 수준
충분 섭취량	영양소 필요량에 대한 자료가 부족한 경우 건강한 사람들에게 부족할 확률이 낮은 영양소의 섭취 수준
상한 섭취량	건강에 유해한 영향이 나타나지 않는 최대 영양소 섭취 수준

04 저장관리

1. 냉동·냉장 저장

(1) **냉동 저장**: 미생물의 번식을 억제하고 품질의 저하를 방지할 수 있도록 식품의 종류와 특성에 따라 −23~−18℃ 범위 내의 온도로 저장

(2) **냉장 저장**: 냉장(0~10℃) 보관이 가능한 식품을 단기간 보관

2. 창고 저장

(1) **창고 저장이 가능한 식품**: 대부분 실온(20±5℃)에서 보관 가능한 곡류, 근채류, 건조식품류와 캔류

(2) **저장 환경**

① 직사광선이 없고 통풍이 잘 되어야 하며, 온도(15~25℃)와 습도(50~60%) 관리가 중요함

② 벽 상단과 창고 하단에 환기구 설치가 필요함

③ 물품은 통풍이 잘 되는 그물형 선반에 적재하는 것이 좋음

④ 창고는 업체의 상황에 따라 일반 창고, 식재료 창고, 음료 창고 등으로 구분함

3. 품질관리

(1) **선입선출관리**

① 선입선출법: 출고관리 방법 중 하나로 먼저 입고되었던 식재료부터 순서대로 출고하는 방법

② 자재분류−자재분류의 원칙: 데이터 코드화, 분류 집계의 체계화, 해독성과 편이성, 전산 처리화

(2) **바코드**: 제품의 가격·종류·제조회사를 알 수 있고, 제조업체나 유통회사에서는 판매량과 재고량까지도 확인 가능함

SUBJECT 04
구매관리

필수문제 300선 P.57

01 시장조사 및 구매관리

1. 시장조사

(1) **시장조사 내용**: 품목, 품질, 수량, 가격, 구매 시기, 구매 거래처, 거래 조건

(2) **시장조사의 원칙**: 비용 경제성의 원칙, 조사 적시성의 원칙, 조사 탄력성의 원칙, 조사 계획성의 원칙, 조사 정확성의 원칙

2. 식품구매의 절차

품목의 종류 및 수량 결정 → 용도에 맞는 제품 선택 → 식품명세서 작성 → 공급자 선정 및 가격 결정 → 발주 → 납품 → 검수 → 대금 지불 및 물품 입고 → 보관

3. 재고관리

(1) **목적**: 물품의 수요가 발생했을 때 신속히 대처하여 경제적으로 대응할 수 있도록 재고의 수준을 최적 상태로 유지·관리하는 것

(2) **적정 재고 수준의 원칙(계속 공급의 원칙, 경제성 확보의 원칙)**
  ① 일정 기간 동안 사용된 평균 수요량 산정
  ② 품목에 따라 발주 및 배송 기간 등 유동적인 부분 고려
  ③ 저장 시설의 용량, 재고회전율과 재고의 균형을 유지

4. 재고자산 평가 방법

(1) **선입선출법(FIFO)**: 먼저 구입한 재료부터 먼저 소비하는 것

(2) **후입선출법(LIFO)**: 나중에 구입한 재료부터 먼저 사용하는 것

(3) **개별법**: 구입 단가별로 재료에 가격표를 붙여서 보관하다가 출고할 때 그 가격표에 붙여 있는 구입 단가를 재료의 소비 가격으로 하는 방법

(4) **평균법**
  ① 단순평균법: 일정 기간 동안 구입 단가를 구입 횟수로 나눈 구입 단가의 평균을 재료의 소비 단가로 하는 방법
  ② 이동평균법: 구입 단가가 다른 재료를 구입할 때마다 재고량과의 가중 평균가를 산출하여 이를 소비 재료의 가격으로 하는 방법

02 검수관리

1. 식품검수관리

(1) **검수 절차**: 납품 물품과 발주처·납품서 대조 → 품질 검사 → 물품의 인수 또는 반품 → 인수 물품 입고 → 검수 기록 및 문서 정리

(2) **식품 종류별 검수 순서**: 냉장식품 → 냉동식품 → 신선식품(과일, 채소) → 공산품

> **필수 Keyword**
> - **전수 검사법** | 납품된 물품(식자재)을 하나하나 전부 검사하는 방법으로 품목이 다양하거나 고가의 품목에 사용하는 방법
> - **발췌 검사법(샘플링법)** | 납품된 물품(식자재) 중에서 일부 품목을 뽑아 검사하고 그 결과를 판정기준과 대조하여 적합 여부를 결정하는 방법

2. 검수용 온도계

(1) **적외선 온도계**: 식품검수 시 가장 많이 사용하며, 비접촉식이므로 제품이 손상되지 않는다는 장점이 있지만, 표면 온도만 측정이 가능함

(2) **탐침 심부 온도계**: 식품 내부 온도 측정이 가능함

03 원가

1. 원가의 종류 및 원가 계산

(1) **원가 계산의 목적**: 가격 결정, 원가 관리, 예산 편성, 재무제표 작성

(2) **원가의 종류**
  ① 원가의 3요소: 재료비, 노무비, 경비
  ② 원가의 분류(제품 생산 관련성에 따른)
    - 직접비: 특정 제품에 직접 부담시킬 수 있는 비용
    - 간접비: 여러 제품에 공통 또는 간접적으로 소비되는 비용

(3) **원가 계산식**
  ① 직접원가 = 직접재료비 + 직접노무비 + 직접경비
  ② 제조간접비 = 간접재료비 + 간접노무비 + 간접경비
  ③ 제조원가 = 직접원가 + 제조간접비
  ④ 총원가 = 제조원가 + 판매관리비
  ⑤ 판매가격 = 총원가 + 이익

(4) **원가 계산의 원칙**
  ① 진실성의 원칙
  ② 발생기준의 원칙
  ③ 계산 경제성(중요성)의 원칙
  ④ 확실성의 원칙
  ⑤ 정상성의 원칙
  ⑥ 비교성의 원칙
  ⑦ 상호관리의 원칙
  ⑧ 객관성의 원칙
  ⑨ 일관성의 원칙

(5) **손익분기점**: 이익도 손실도 발생하지 않으며, 한 기간의 매출액이 당해 기간의 총비용(고정비+변동비)과 일치하는 기점

(6) **감가상각**: 시간이 지나면서 감소하는 자산의 가치를 내용연수에 따라 일정한 비율로 할당하여 비용화하는 것을 말하며, 이때 감가된 비용을 감가상각비라고 함

SUBJECT 05
기초조리실무

필수문제 300선 P.60

01 조리 준비

1. 조리의 정의 및 기본 조리 조작

(1) **조리의 목적**: 영양성, 기호성, 안전성, 저장성

(2) **조리 방법**

물리적 조리	저울에 달기, 씻기, 담그기, 썰기, 갈기, 다지기, 치대기, 무치기, 담기
생식 조리	가열하지 않고 생으로 먹는 방법
가열 조리	• 습열 조리: 데치기, 끓이기, 은근히 끓이기, 찌기, 삶기 • 건열 조리: 굽기, 볶기, 튀기기, 지지기 • 복합 조리: 습열 조리 + 건열 조리 • 초단파 조리: 전자레인지에 의한 조리
화학적 조리	효소(분해 작용), 알칼리(연화·표백 작용), 알코올(탈취·방부 작용), 금속염(응고 작용) 등

2. 식재료 계량 방법

액체 식품(물, 우유 등)	투명한 계량컵이나 스푼에 흘러넘치지 않을 정도로 담고, 눈높이를 비켜 눈금의 밑선과 동일하게 하여 계량
입상 식품(쌀, 소금, 백설탕 등)	덩어리가 없는 상태에서 가볍게 수북이 담은 후 평면으로 깎아 계량
분상 식품(밀가루, 설탕 파우더 등)	체를 쳐서 계량컵이나 계량스푼에 가볍게 수북이 담은 후 (담으면서 흔들어서는 안 됨) 평면으로 깎아 계량
지방(버터, 마가린, 쇼트닝)	저울로 계량하는 것이 바람직하나, 컵이나 스푼으로 계량할 경우 실온에서 반고체 상태로 컵에 빈 공간이 없도록 꾹꾹 눌러 수평으로 깎아 계량
황설탕, 흑설탕	모양이 유지될 정도로 계량컵에 꾹꾹 눌러 담아 컵의 위를 평면으로 깎아 계량

3. 조리장의 시설 및 설비관리

(1) **조리장의 3원칙**: 위생성, 능률성, 경제성

(2) **작업대**
  ① 효율적인 작업대의 높이: 신장의 52%가량(80~85cm)
  ② 효율적인 작업대의 너비: 55~60cm
  ③ 작업대와 뒤 선반의 간격: 최소 150cm 이상
  ④ 작업(동선) 순서에 따른 기기 배치: 준비대 → 개수대 → 조리대 → 가열대 → 배선대

(3) **벽, 창문**: 창 면적은 바닥의 20% 정도가 적당하며 해충의 침입을 방어하기 위해 30메시 이상의 방충망을 설치

(4) **조명 시설**: 객석은 30Lux(유흥음식점은 10Lux), 단란주점은 30Lux, 조리실은 50Lux 이상

02 식품의 조리 원리

1. 농산물의 조리 및 가공·저장

(1) **전분의 특징**
  ① 전분의 호화(전분의 α화): 전분에 물을 넣고 가열하면 점성이 생기고 부풀어 오르는 현상
    • 호화의 3단계: 수화 단계 → 팽윤 단계 → 콜로이드 상태
    • 전분의 호화에 영향을 주는 요인: 전분의 종류, 전분 입자의 크기, 수침 시간, 가열 온도, 수소이온농도(pH), 젓기 정도, 당, 단백질, 지방, 염류
  ② 전분의 노화(전분의 β화)
    • 호화된 전분을 공기 중에 방치하면 분자구조가 다시 규칙적으로 정렬되어 생전분의 구조와 같은 물질로 변하는 현상
    • 노화 방지법: 수분 함량 15% 이하 또는 60% 이상, 온도 0℃ 이하 또는 60℃ 이상으로 유지, 설탕 또는 지방이나 유화제의 첨가
  ③ 전분의 호정화(덱스트린화): 전분을 160~170℃의 건열로 가열하면 용해성이 생기고 점성이 낮아지며 맛이 구수해지고 색이 갈색으로 변하는 현상으로 미숫가루, 누룽지, 빵 등에 활용
  ④ 전분의 당화: 전분을 당화효소나 산을 이용해 가수분해하여 단당류, 이당류 또는 올리고당으로 만들어 감미를 얻는 과정으로 조청, 물엿, 식혜 등에 활용
  ⑤ 전분의 겔화: 전분을 가열하여 호화한 후 냉각시키면서 굳어지는 과정으로 도토리묵, 청포묵, 메밀묵, 앵두편 등에 활용

(2) **전분의 조리**
  ① 쌀의 조리－밥맛에 영향을 주는 요인: 쌀의 건조 상태, 밥물의 pH, 소금 첨가, 아밀로펙틴의 함량, 밥 짓는 용구
  ② 밀의 조리－밀가루의 분류 및 용도

구분	글루텐 함량	용도
강력분	13% 이상	식빵, 하드롤, 파스타, 피자, 마카로니
중력분	10% 초과 13% 미만	소면·우동 등의 면류, 크래커
박력분	10% 이하	케이크, 과자, 튀김옷

필수 Keyword
• **글루텐 형성에 도움을 주는 요인** | 달걀, 우유, 소금, 물 등
• **글루텐 형성을 방해하는 요인** | 지방, 설탕

(3) **채소류**
  ① 섭취하는 부위에 따른 분류

엽채류	배추, 양배추, 상추, 시금치, 깻잎, 쑥갓 등
경채류	인경채류(양파, 마늘), 셀러리, 아스파라거스, 죽순, 두릅 등
근채류	무, 당근, 우엉, 연근, 생강 등
과채류	가지, 호박, 오이, 토마토, 고추 등
화채류	브로콜리, 콜리플라워, 아티초크 등

빈출 족보이론 **24** SUBJECT 05 기초조리실무

② 채소의 갈변 방지법: 효소의 불활성화, 산소의 제거, 항산화제(아스코르브산)의 사용

(4) 과일류

① 과일의 갈변 방지법: 설탕 용액에 담가 둠, 산 처리
② 과일류의 젤리화 조건: 펙틴 1.0~1.5%, pH 2.8~3.4, 당 60~65%의 조건에서 최적의 겔이 형성됨

2. 축산물의 조리 및 가공·저장

(1) 육류

① 육류의 사후경직과 숙성: 사후경직은 도살 직후 동물의 근육이 단단해지는 현상으로, 이후 최대 강직 상태를 지나 체내의 효소에 의해 자가소화 현상(숙성)이 일어나면서 육질이 연해지고 풍미가 향상되며 소화가 잘 됨(숙성에 의해 육류의 품질 향상)
② 육류의 연화법 - 단백질 분해 효소 첨가: 파파야(파파인), 배(프로테이스), 파인애플(브로멜린), 키위(액티니딘), 무화과(피신) 등

(2) 달걀

① 달걀의 특성: 응고성, 녹변 현상, 기포성, 유화성
② 달걀의 신선도 평가
- 표면이 꺼칠꺼칠하며, 흔들어서 소리가 나지 않는 것이 신선함
- 신선한 달걀은 기실의 크기가 작으며 난황이 중앙 부근에 둥글고 옅은 장미색을 띠지만, 오래된 달걀은 기실이 크고 난황은 붉은색을 띰
- 오래된 달걀일수록 난황계수와 난백계수가 작아짐
- 10%의 소금물에 달걀을 넣어 가라앉으면 신선한 것이고, 위로 뜨면 오래된 것임

(3) 우유

① 조리 시 우유의 역할
- 음식의 색을 희게 함
- 단백질의 겔(Gel) 강도를 높임
- 갈변 현상인 마이야르 반응을 일으킴
- 여러 가지 냄새를 흡착함(생선의 비린내 제거 등)

② 우유의 응고

카세인	• 우유 단백질의 80%를 차지하며 칼슘과 결합된 형태로 존재하는 인단백질 • 산이나 레닌 첨가 시 응고되지만 열에 안정하여 열에 의해서는 응고되지 않음 • 요구르트 및 치즈 제조 시 활용됨
유청 단백질	• 우유 단백질의 약 20%를 차지하며 카세인이 응고된 후에도 남아 있는 단백질 • α-락트알부민과 β-락토글로불린 등이 있음 • 산이나 레닌에 의해 응고되지 않으나 약 65℃ 이상의 가열에 의해 쉽게 응고됨

③ 우유의 균질화
- 원유에 압력을 가해서 우유의 지방 입자의 크기를 작게 하는 과정
- 소화 및 흡수가 용이해지고 크림층 형성을 방지할 수 있음
- 지방구의 표면적이 커져서 산패되기 쉬움

3. 수산물

(1) 수산물의 부패

① 신선도가 떨어지면 중성으로 변하면서 수화성이 증가되어 부패되기 쉬움
② 세균의 번식으로 해수어 비린내의 원인 물질인 트리메틸아민(TMA)이나 암모니아와 같은 휘발성 염기 물질 등이 생성됨(담수어의 비린내 성분: 피페리딘)
③ 사후경직 이후 신선도가 저하됨
④ 담수어는 자체 내 효소의 작용으로 인해 해수어보다 부패 속도가 빠름

(2) 어취(생선 비린내) 제거 방법

① 산(레몬즙, 식초)을 첨가하여 트리메틸아민(TMA) 외 휘발성, 염기성 물질을 중화(트리메틸아민은 수용성이므로 물로 씻기)
② 마늘, 파, 양파, 생강, 겨자, 고추냉이 등의 향신료를 강하게 사용
③ 비린내 억제 효과가 있는 된장, 간장 첨가 혹은 맛술 등의 알코올 성분 첨가
④ 우유에 미리 담가 두었다가 조리(우유의 단백질인 카세인이 트리메틸아민을 흡착하므로 비린내를 제거하는 데 효과적)

> **필수 Keyword**
> • 아스타잔틴과 아스타신 | 아스타잔틴은 붉은색 색소이지만, 산소에 존재 시 단백질과 결합하여 회색, 청색 등을 나타내며 이를 가열하면 안정화된 붉은색인 아스타신이 됨

4. 유지 및 유지 가공품

(1) 유지의 발연점이 낮아지는 요인

① 유지가 분해되어 유리지방산의 함량이 높아진 경우
② 용기의 표면적이 넓은 경우(1인치 넓을수록 발연점은 2℃씩 저하)
③ 기름에 이물질이 많은 경우
④ 사용 횟수가 많은 경우(1회 사용 시마다 발연점이 10~15℃씩 저하)

(2) 유지의 산패: 식용유지나 지방질 식품을 장기간 저장할 때 산소, 광선, 빛, 효소, 물, 미생물 등의 작용을 받아 색이 암색으로 짙어지고 불쾌한 냄새와 맛, 점성, 독성물질이 발생하며 거품이 생기는 등의 현상

5. 조미료

(1) 종류: 단맛(설탕, 물엿), 신맛(빙초산, 구연산), 짠맛(식염, 간장, 된장), 쓴맛(호프, 카페인), 감칠맛(멸치, 다시마), 매운맛(고추, 겨자, 고추냉이), 아린맛(감자, 죽순, 토란)

(2) 조미료의 4가지 기본 맛: 단맛, 신맛, 짠맛, 쓴맛

(3) 조미료의 첨가 순서: 설탕 → 술 → 소금 → 식초 → 간장 → 된장 → 고추장 → 화학 조미료

6. 냉동식품

(1) 냉동의 목적: 미생물의 번식 억제, 품질 저하 방지

(2) 냉동 시 식품의 변화

① 조직 중에 대형의 얼음 결정이 생김
② 드립(Drip) 현상으로 수용성 단백질, 염류, 비타민류 등의 영양분 손실이 발생함
③ 중량, 풍미, 식감이 감소함

SUBJECT 06
한식

필수문제 300선 P.66

01 식생활 문화

1. 한국 음식 및 상차림의 특징

(1) 한국 음식의 특징
① 주식(밥)과 부식(반찬)의 구분이 뚜렷하고, 영양학적으로 상호보완적임
② 음식의 종류와 조리법이 다양함
③ 김치, 젓갈, 장아찌, 장, 술 등의 발효식품과 저장식품이 발달함
④ 식품재료 본연의 맛보다는 향신료(파, 마늘, 생강)와 양념(간장, 된장, 고추장, 참기름 등)의 복합적인 맛을 즐김

(2) 한국 상차림의 특징
① 공간 전개형 상차림으로 한상에 차려 놓고 먹는 식사법
② 유교의 영향으로 상차림이나 식사예법이 엄격함
③ 밥은 상의 앞 왼쪽, 국은 밥의 오른쪽으로 상의 배치가 정해져 있음

2. 한국의 식기(사용 용도에 따른)

밥그릇	• 주발: 남성용 밥그릇 • 바리: 여성용 밥그릇. 뚜껑에 꼭지가 있음
조치보	• 주발과 같은 모양으로 탕기보다 작은 크기의 그릇 • 찌개, 찜 등을 담는 그릇
반찬그릇	• 보시기: 김치나 국물이 있는 반찬을 담는 그릇 • 쟁첩: 전, 구이, 나물 등을 담는 그릇
종지	간장, 초장, 초고추장, 꿀 등을 담는 그릇
조반기	죽, 미음 그릇
밥소라	떡국, 밥, 국수 등을 담는 그릇

3. 양념의 종류

(1) 소금
① 호렴: 알이 굵고 거친 천일염을 말하며, 장을 담그거나 간장, 채소, 생선의 절임용으로 사용
② 자염: 천일염을 끓여 추출한 소금
③ 제재염(꽃소금): 음식에 직접 간을 맞추거나 적은 양의 채소나 생선 절임에 사용
④ 정제염: 염도 98%의 순수 소금
⑤ 맛소금: 정제염에 MSG를 배합한 것

(2) 간장
① 국간장: 콩으로 메주를 만들어 발효 후 메주에 소금물을 넣어 만든 것으로 보통 염도가 24%임
② 청장: 담근 지 1년이 된 맑은 간장
③ 진간장: 콩을 분해해 아미노산을 액화시켜 만든 화학간장으로 보통 염도가 18~20%임
④ 양조간장: 6개월 정도 발효시킨 간장
⑤ 향신간장: 진간장에 대파, 마늘, 양파, 다시마, 생강, 통후추, 건표고, 건고추 등을 넣어 끓인 후 걸러 요리에 사용하는 간장

(3) 식초
① 양조식초: 원료(곡물이나 과실)를 발효시켜 초산을 생성하는 식초
② 합성식초: 화학적으로 합성된 빙초산 또는 초산을 물로 희석하여 식초산이 3~4%가 되도록 한 식초
③ 혼성식초: 합성식초와 양조식초를 혼합한 것

4. 한식의 고명 – 음양오행설(오방색, 다섯 가지 색)

흰색	달걀 흰자
노란색	달걀 노른자
붉은색	홍고추, 당근, 실고추, 대추
녹색	미나리, 실파, 호박, 오이, 풋고추
검은색	석이버섯, 표고버섯

02 밥 조리

1. 밥에 대한 표현

진지(양반), 밥, 식사(서민), 수라(임금), 메(죽은 사람) 등

2. 밥 조리

(1) 밥 재료를 세척하는 이유
① 불순물 및 유해물, 불미 성분 제거
② 촉감 상승
③ 맛 상승

(2) 밥 짓는 방법
① 물의 양은 쌀 중량의 1.0~1.5배로 함(완성된 밥의 경우 2.3~2.4배가 됨)
② 60~65℃에서 호화가 시작되어 100℃에서 20~30분 정도 두면 호화가 완료됨

03 죽 조리

1. 죽의 분류

(1) 농도에 따른 분류

미음	푹 고아 체로 걸러 낸 음식으로 곡물의 10배의 물을 넣어 끓임
응이	녹말에 물을 넣어 끓임
암죽	밤이나 곡식 등의 가루를 밥물(밥 지을 때 끓인 물)에 타서 끓인 죽으로 모유의 대용 식품
즙	육즙, 양즙

빈출 족보이론 **26** SUBJECT 06 한식

(2) 쌀의 처리 방법에 따른 분류

옹근죽	쌀알을 그대로 사용
원미죽	쌀을 반으로 으깨서 사용(싸라기 만들기)
무리죽	쌀을 갈거나 쌀가루를 사용

2. 죽 조리 및 상차림

(1) 죽 조리 방법
① 주재료인 곡물은 충분히 수분을 흡수시킴
② 일반적인 죽의 물 양은 5~6배 정도가 적당함
③ 죽 조리 시 냄비는 죽 끓이기에 눋지 않고 끓어 넘치지 않는 두꺼운 재질을 사용
④ 곡물(쌀)이 삭지 않도록 나무주걱을 사용하여 젓기
⑤ 강한 불에서 끓이다가 끓기 시작하면 약불로 끓임
⑥ 간을 할 경우 약하게 하고, 간을 미리 하면 죽이 삭으므로 죽 상차림의 기호에 따라 간장, 소금, 설탕, 꿀을 곁들여 냄

(2) 죽 조리 시 가수량
① 쌀은 취반 전에 30분~1시간 정도 침지시켜 수분을 흡수함
② 쌀의 품종, 재배 조건, 저장 기간을 고려하여 가수량 조절
③ 쌀은 쌀 중량의 1.0~1.5배 정도의 물을 흡수함

(3) 죽 상차림
① 죽을 주식으로 차리는 상차림
② 간을 할 수 있는 것(간장, 소금, 꿀 등)을 함께 담아 냄
③ 반찬으로는 동치미 또는 나박김치, 젓국조치, 마른찬(북어 보푸라기 등) 등 간이 약한 것이 어울림

04 국·탕 조리

1. 국물 양과 명칭에 따른 분류

국	• 찌개보다는 국물이 많음 • 건더기는 국물의 1/3 정도
탕	• 건더기는 국물의 1/2 정도 • 고기, 생선 같은 재료에 양념을 넣어 오래 끓임
찌개	• 국보다 건더기가 많음 • 건더기는 국물의 2/3 정도
조치	• 궁중에서 찌개를 일컫는 말 • 맑은조치는 간장으로, 토장조치는 고추장이나 된장에 쌀뜨물로 조리
감정	국물이 적고 고추장으로 간을 한 찌개
지짐이	국보다 국물을 조금 넣어 짜게 끓임
전골	찌개와 국물 양은 같으나 재료를 가지런히 놓고 직접 화로 등을 준비하여 즉석에서 끓임

2. 국·탕에 부재료를 넣는 시점

향미 성분을 발산하지 않는 향신료와 부재료	처음부터 넣고 사용(마늘, 인삼 등)
향미 성분을 발산하는 향신료와 부재료	구수하고 담백한 맛을 감소시키므로 육수 끝내기 20분 전에 넣고 사용(파, 생강, 양파, 무, 통후추 등)

05 찌개 조리

1. 찌개 개요
① 찌개, 전골, 조치, 감정은 국물 양이 비슷하여 현대에 와서는 통상적으로 찌개의 개념으로 인지함
② 건더기는 국물의 2/3 정도가 좋고 찌개는 센 불에서 끓이다가 국물이 끓으면 약하게 하여 끓임

2. 찌개 담기

고기 육수의 경우	육수로 끓인 고기를 썰어 주고, 무 등을 바닥에 평평하게 둔 후 그 위에 준비해 둔 재료를 올림
생선 육수의 경우	무처럼 단단한 채소를 바닥에 놓고 가지런히 담아 냄
채소 육수의 경우	숙주나 버섯 등을 위쪽에 가지런히 담아 냄

06 전·적 조리

1. 전·적 개요

(1) 전(煎)
① 육류, 가금류, 채소류, 어패류 등을 먹기 좋은 크기로 잘라 양념한 후 밀가루와 달걀물을 씌워 팬에 지진 것
② 밀가루에 달걀물을 씌워 기름에 지지는 조리 방법이므로 영양소가 상호 보완됨

(2) 적(炙)
① 재료를 꼬치에 꿰는 조리 방법으로, 꼬치에 처음 꿰인 재료와 마지막 재료가 같아야 함
② 적의 명칭은 처음 꿰는 재료를 따름
③ 종류

지짐누름적	재료 하나하나를 익혀 꼬치에 끼운 후 밀가루와 달걀물을 씌워 팬에 지짐
누름적	재료를 익혀 꼬치에 끼우기만 한 것
산적	재료를 양념하여 익히지 않고 꼬치에 끼워 석쇠나 팬에 익힘

2. 전·적류 조리 시 주의 사항
① 신선한 재료를 선택할 것
② 전을 지질 때에는 달궈진 팬에 재료를 올려 기름 흡수가 적게 할 것
③ 전은 튀김이 아니므로 적당한 기름을 사용할 것(단, 기름의 양이 적으면 눌어붙을 수 있음)
④ 소금 간은 2%가 적당하나, 간을 약하게 하고 초간장을 곁들여 냄(달걀의 소금 간이 짜면 전 옷이 벗겨짐)
⑤ 전 만들기 중 접착제 역할을 하는 밀가루를 많이 사용할 경우 텁텁하므로 밀가루는 재료의 5% 정도만 사용할 것
⑥ 올리고 내리고를 반복하면 안 익은 재료의 교차오염이 발생할 수 있으므로 전 재료는 팬에 한꺼번에 올리고, 한꺼번에 내릴 것
⑦ 부친 전은 키친타월 위에 올려 기름을 일부 제거할 것

07 생채·회 조리

1. 생채
① 계절에 나오는 싱싱한 재료를 익히지 않고 바로 무친 나물
② 식재료 본연의 맛을 살리며, 초장, 초고추장, 겨자, 식초 등을 이용하여 새콤달콤한 맛을 냄
③ 조리 과정에서 영양소 손실이 거의 없고, 비타민이 풍부함
④ 주재료는 대부분 채소류를 사용하고, 소고기, 해산물, 해파리, 조개 등은 익혀서 냉채 재료로 사용하기도 함

2. 회
① 어패류, 육류, 채소류를 썰어 날로 먹는 음식
② 초간장, 초고추장, 겨자초장, 참기름장, 소금, 후추 등에 찍어 먹음

08 조림·초 조리

1. 조림
(1) 조림의 의의 및 특징
① 재료를 큼직하게 썬 다음 간장 등으로 간을 하여 약한 불에서 국물이 거의 없도록 오래 조린 음식을 말함
② 국물 맛을 내기보다 재료에 맛을 들게 하는 조리 방법
③ 궁중에서는 조림을 조리개라고 하였음
④ 다른 조리법보다 간이 세기 때문에 저장성이 높음
⑤ 조림 요리 시 재료의 모든 부분에서 같은 맛이 나도록 해야 함

(2) 조림 조리 시 유의 사항
① 불 조절은 센 불 → 중불 → 약불 순으로 할 것
② 생선은 조림장이 끓은 다음 넣어야 살이 부서지지 않고, 생선을 넣은 다음에는 끓을 때까지 뚜껑을 열고 요리해야 비린내가 적음
③ 고기는 끓는 물에 넣어 육즙이 나오는 것을 막아 부드럽게 할 것(단백질의 응고 작용)

2. 초
(1) 초의 의의 및 특징
① 초(炒)의 원래 뜻은 '볶는다'이며, 국물이 없도록 조린 음식을 말함
② 국물에 녹말물을 풀어 윤기나게 만들기도 함

(2) 초 조리 시 유의 사항
① 재료의 크기와 모양을 일정하게 썰 것
② 양념은 너무 세지 않게 하여 식재료 본연의 맛을 살릴 것
③ 삶거나 데치는 시간에 유의하고, 익힌 후 재빨리 식혀 색을 선명하게 할 것
④ 불 조절은 센 불 → 중불 → 약불 순으로 할 것
⑤ 남은 국물은 10% 이내로 하고 녹말물로 농도를 맞출 것

09 구이 조리

1. 구이
① 육류, 어패류, 가금류, 채소류 등의 재료를 직접 불에 구운 음식
② 직접 불에 굽는 직화법과 철판 및 도구를 이용하는 간접화법이 있음

2. 구이 조리
(1) 구이 조리 방법
① 직접 조리 방법 – 브로일링(Broiling)
• 위에서 복사열을 내려 직화로 조리하는 방법
• 복사에너지와 대류에너지로 구성된 열을 직접 가하여 굽는 방법
② 간접 조리 방법 – 그릴링(Grilling)
• 석쇠 아래에 열원이 있어 전도열로 굽는 방법
• 석쇠가 뜨겁게 달궈져야 고기가 잘 달라붙지 않음

(2) 구이 조리 시 유의 사항
① 생선처럼 수분량이 많은 재료는 겉만 타고 속은 익지 않으므로 프라이팬 또는 석쇠에서 약한 불로 천천히 구울 것
② 생선과 소고기는 40℃ 전후에서 단백질이 응고됨(가장 맛이 좋은 응고 시점: 소고기는 65℃, 생선은 70~80℃)
③ 지방이 많은 고기는 로스팅 시 지방이 흘러 식자재에 들어가므로 주의할 것
④ 고추장 양념은 잘 타기 때문에 다른 양념을 먼저 해서 익히고 고추장 양념은 나중에 발라 구울 것
⑤ 달궈진 팬을 사용하여 육즙이 빠져 나가지 않게 할 것
⑥ 고온으로 가열 시 겉만 타고 속은 익지 않으므로 온도 조절에 유의할 것

10 숙채·숙회 조리

1. 숙채
① 물에 삶기, 찌기, 볶기 등의 조리 방법으로 재료를 익힌 후 갖은 양념을 한 것으로 보통, 나물이라고 함
② 채소를 익혀서 조리하면 재료의 쓴맛이나 떫은맛을 없애고, 부드러운 식감을 줄 수 있음

2. 숙회
① 숙회의 의의: 육류, 생선류, 어패류, 채소류를 끓는 물에 삶거나 데쳐서 익힌 음식
② 숙회의 특징: 초고추장, 겨자즙 등을 찍어 먹음

11 볶음 조리

1. 볶음
① 소량의 기름을 이용해 팬에서 익히는 조리법
② 달궈진 팬에 단시간에 볶으면 원하는 질감, 색, 향을 얻을 수 있음
③ 넓은 팬을 이용하면 조리하기에 편리함
④ 완성된 요리는 남은 열로 인하여 과하게 익는 것을 방지하기 위해 재빨리 팬에서 내릴 것
⑤ 너무 낮은 온도에서 조리하면 기름이 많이 흡수되어 좋지 않음

2. 볶음 조리의 불 조절
① 다른 조리 방법보다 조리 시 화력이 중요하므로 강한 불에서 조리하고, 영양소의 손실을 방지하기 위해 단시간에 조리할 것
② 화력이 약하면 조리 시간이 길어져 채소의 경우 수분 손실로 인해 식감이 좋지 않고, 조리 과정 중에 식재료 본연의 색이 변함

12 김치 조리

1. 김치 재료 준비

(1) 김치의 정의
소금에 절인 배추나 무 등을 고춧가루, 파, 마늘 등 여러 가지 양념류와 젓갈에 버무린 뒤 발효를 시킨 음식

(2) 김치의 효능
① 항균 작용
② 중화 작용
③ 항암 작용
④ 항산화 작용
⑤ 다이어트 효과
⑥ 동맥경화, 혈전증 예방

2. 김치 조리

(1) 양념 재료의 영양 성분 및 효능

고추	• 비타민 A, B_1, B_2, C, E, 칼륨 및 칼슘이 많이 들어 있으며 이중 비타민 C가 제일 많음 • 생체 내에서는 마취, 진정, 항산화, 염증 억제, 암 예방 효과, 소화 촉진, 혈액순환 촉진 등의 작용 등의 역할을 함
마늘	• 비타민 B_1, B_2, C, K, P가 많고 칼슘, 셀레늄, 아연, 게르마늄, 사포닌, 폴리페놀이 풍부함 • 피로회복, 강장, 항암, 항산화, 항동맥경화, 항혈전, 혈액순환 촉진, 항당뇨, 해독, 면역증강 등 다양한 효능이 있음
파	• 칼슘, 철분 등 무기질이 많지만 유황이 풍부하여 산성 식품임 • 대파의 자극성 성분은 마늘과 같은 알릴설파이드류로서 소화액 분비를 촉진시키고 진정 작용과 발한 작용도 있음
생강	• 생강의 매운 맛 성분은 진저론(Zingerone), 진저롤(Gingerol), 쇼가올(Shogaol)이며, 향기 성분은 시트랄(Citral), 리나롤(Linalool)임 • 육류의 누린내와 생선의 비린내를 제거하고 항균, 항산화, 항염, 혈전 예방 작용이 있음 • 위액 분비를 증가시키고 소화를 촉진하며, 발한 작용이 있어 감기에 효과적이고 기침, 냉증, 요통 등에도 효능이 있음
갓	항균, 항암, 호흡기 질환, 가래에 효과적이고 적갓은 안토시아닌 색소가 많음
젓갈	젓갈 중 새우젓은 칼슘 함량이 높고 지방 함량이 적어 담백한 맛을 내며 숙성하는 동안 비타민의 함량이 증가함

(2) 김치 숙성
① 김치가 숙성되면서 생성된 유기산은 산도를 증가시키고, pH를 감소시키다가 숙성 후기에 유리아미노산에 의해 산도가 지나치게 떨어지는 것을 방지함
② 숙성 중 가장 많이 생성되는 물질은 젖산, 구연산, 주석산임
③ 비타민 C의 함량이 발효 초기에는 감소하다가 곧 회복하여 계속 증가하다가 약간 감소하는 양상을 보임
④ 발효 최적기를 지난 후기에는 과도한 발효로 생성된 산을 이용하는 산막 효모류(칸디다, 피키아)가 증가함

(3) 김치 산패의 원인
① 김치 주재료 및 부재료가 청결하지 못한 경우
② 김치의 저장 온도가 높거나 소금 농도가 낮은 경우
③ 김치 발효 마지막에 곰팡이나 효모에 오염된 경우

3. 김치 담기

배추김치	양념소를 넣은 배추를 반으로 접어서 겉잎으로 잘 싼 후 그릇에 차곡차곡 담음
파김치	두서너 가닥씩 손에 잡고 돌돌 말아 묶어 담음

에듀윌이
너를
지지할게
ENERGY

나쁜 날씨란 없다.
서로 다른 종류의 좋은 날씨가 있을 뿐이다.

– 영국 속담

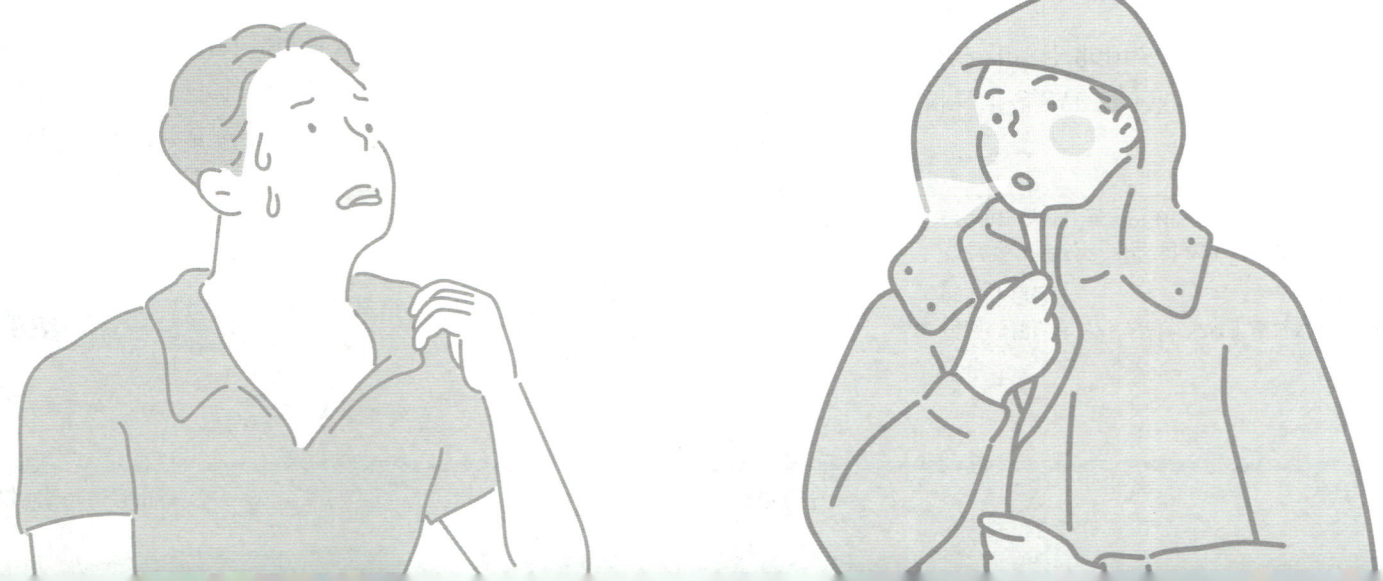

필수문제 300선

SUBJECT 01 위생관리	33
SUBJECT 02 안전관리	49
SUBJECT 03 재료관리	51
SUBJECT 04 구매관리	57
SUBJECT 05 기초조리실무	60
SUBJECT 06 한식	66

필수문제
300선

SUBJECT 01
위생관리

빈출 족보이론 P.11

01 상 중 하
부패가 진행됨에 따라 식품은 특유의 부패취를 내는데, 그 성분이 아닌 것은?
① 아민
② 아세톤
③ 황화수소
④ 인돌

| 해설 | 부패취는 암모니아, 황화수소, 인돌, 메르캅탄, 아민 등에 의해 발생하는 악취를 의미한다.

02 상 중 하
미생물의 생육에 필요한 조건과 거리가 먼 것은?
① 수분
② 산소
③ 온도
④ 자외선

| 해설 | 미생물 생육에 필요한 조건은 온도, 수분, 영양소, 수소이온농도(pH), 산소이다.

03 상 중 하
식품의 신선도 또는 부패의 이화학적인 판정에 이용되는 항목이 아닌 것은?
① 당 함량
② 히스타민 함량
③ 휘발성 염기질소(VBN) 함량
④ 트리메틸아민(TMA) 함량

| 해설 | 식품은 히스타민의 함량, 휘발성 염기질소(VBN)의 함량, 트리메틸아민(TMA)의 함량이 낮을수록 신선하다고 판정한다.

04 상 중 하
아플라톡신(Aflatoxin)에 대한 설명으로 옳지 않은 것은?
① 탄수화물 함유량이 많은 곡물에서 주로 발생한다.
② 곰팡이독에 해당한다.
③ 비교적 열에 약하여 100℃ 정도에서 쉽게 불활성화된다.
④ 강산이나 강알칼리성에서 쉽게 분해되어 불활성화된다.

| 해설 | 아플라톡신은 쌀, 옥수수, 땅콩 등에 생기는 곰팡이 독소이다. 열에 안정적이므로 가열 조리 후에도 남아 있을 수 있다. (200~300℃로 가열 시 분해)

05 상 중 하
빵을 만들 때 사용하는 보존료는?
① 프로피온산
② 아세토초산에틸
③ 안식향산
④ 구아닐산

| 해설 | 빵, 과자, 케이크류, 자연치즈, 가공치즈에 사용하는 보존료에는 프로피온산, 프로피온산나트륨, 프로피온산칼슘이 있다.

06 상 중 하
감염형 식중독이 아닌 것은?
① 포도상구균 식중독
② 살모넬라 식중독
③ 장염비브리오 식중독
④ 병원성 대장균 식중독

| 해설 | 포도상구균 식중독은 독소형 식중독에 해당된다.

07 상 중 하
통조림, 병조림과 같은 밀봉 식품의 부패가 원인이 되는 식중독은?
① 살모넬라 식중독
② 클로스트리디움 보툴리눔 식중독
③ 포도상구균 식중독
④ 리스테리아균 식중독

| 해설 | 클로스트리디움 보툴리눔 식중독의 주요 발생 원인은 살균이 불충분한 통조림, 병조림, 부패된 햄 등이다.

정답									
01	②	02	④	03	①	04	③	05	①
06	①	07	②						

08 상중하

엔테로톡신(장독소)에 대한 설명으로 옳은 것은?

① 해조류 식품에 많이 들어 있다.
② 100℃에서 10분간 가열하면 파괴된다.
③ 황색포도상구균이 생성한다.
④ 잠복기는 2~5일이다.

| 해설 | ① 원인 식품으로는 균에 오염된 유가공품, 김밥, 떡 등이 있다.
② 120℃에서 20분간 가열해도 파괴되지 않는다.
④ 잠복기는 평균 3시간이다.

09 상중하

다음은 식중독 발생 시 취해야 할 행동이다. ㉠~㉣ 중 가장 먼저 취해야 할 조치는?

```
㉠ 식중독 발생 신고
㉡ 원인 식품의 폐기 처분
㉢ 연막 소독
㉣ 역학조사
```

① ㉠   ② ㉡
③ ㉢   ④ ㉣

| 해설 | 식중독 발생 시 가장 먼저 실시해야 하는 행동은 식중독 발생 신고이다.

10 상중하

폐흡충의 제2중간숙주는?

① 잉어   ② 연어
③ 민물게   ④ 송어

| 해설 | 폐흡충(폐디스토마)의 제1중간숙주는 다슬기류, 제2중간숙주는 가재, 민물게이며 종말숙주는 사람, 개, 고양이이다.

11 상중하

물로 전파되는 감염병에 속하지 않는 것은?

① 장티푸스   ② 홍역
③ 세균성 이질   ④ 콜레라

| 해설 | 물로 전파되는 수인성 감염병에는 콜레라, 세균성 이질, 장티푸스, 폴리오(소아마비), 유행성 간염이 있다. 홍역은 호흡기계 침입에 의한 감염병이다.

12 상중하

전염병의 예방 대책으로 적합하지 않은 것은?

① 병원소의 제거
② 환자의 격리
③ 식품의 저온 보존
④ 예방접종

| 해설 | 식품의 저온 보존은 식중독 예방 대책에 해당한다.

13 상중하

분변 소독에 가장 적합한 것은?

① 과산화수소   ② 알코올
③ 생석회   ④ 크레졸비누액

| 해설 | 생석회는 수분을 흡수하고 용해가 잘 되므로 습기가 있는 변소(분변), 하수도, 진개 등의 오물 소독과 우물의 소독에 사용된다.

14 상중하

사용 목적과 식품첨가물의 연결이 옳지 않은 것은?

① 발색제 – 아질산나트륨
② 소포제 – 규소수지
③ 피막제 – 초산비닐수지
④ 표백제 – 사카린나트륨

| 해설 | 표백제로는 과산화수소, 차아염소산나트륨 등이 사용되며, 사카린나트륨은 감미료로 사용된다.

15 상중하

식품첨가물이 갖추어야 할 조건으로 옳지 않은 것은?

① 식품에 나쁜 영향을 주지 않아야 한다.
② 식품 성분 등에 의해 그 첨가물을 확인할 수 있어야 한다.
③ 상품의 가치를 향상시켜야 한다.
④ 다량 사용했을 때 효과가 나타나야 한다.

| 해설 | 식품첨가물은 소량으로도 사용 목적을 달성할 수 있어야 한다.

정답									
08	③	09	①	10	③	11	②	12	③
13	③	14	④	15	④				

16 상중하
「식품위생법」상에 명시된 식품위생감시원의 직무가 아닌 것은?
① 과대광고 금지의 위반 여부에 관한 단속
② 조리사 및 영양사의 법령 준수 사항 이행 여부의 확인·지도
③ 생산 및 품질관리일지의 작성 및 비치
④ 시설기준의 적합 여부의 확인·검사

| 해설 | 식품위생감시원의 직무에는 과대광고 금지의 위반 여부에 관한 단속, 조리사 및 영양사의 법령 준수 사항 이행 여부의 확인·지도, 시설기준의 적합 여부의 확인·검사 등이 있다.

17 상중하
식품접객업 조리장의 시설기준으로 적합하지 않은 것은? (단, 제과점 영업소와 관광호텔업 및 관광공연장의 조리장의 경우는 제외한다.)
① 조리장은 손님이 내부를 볼 수 없는 구조여야 한다.
② 조리장 안에는 조리시설, 세척시설, 폐기물 용기 및 손 씻는 시설을 각각 설치해야 한다.
③ 조리장 바닥에 배수구가 있는 경우에는 덮개를 설치해야 한다.
④ 폐기물 용기는 오물, 악취 등이 누출되지 않도록 뚜껑이 있어야 하며, 내수성 재질을 사용해야 한다.

| 해설 | 조리장은 손님이 내부를 볼 수 있는 구조여야 한다.

18 상중하
자연적으로 발생하는 유독물질을 통해 식중독을 일으킬 수 있는 식품에 해당되지 않는 것은?
① 피마자 ② 표고버섯
③ 미숙한 매실 ④ 모시조개

| 해설 | ① 피마자의 종자에는 리신(Ricin)이라는 독성 단백질이 함유되어 있다.
③ 미숙한 매실의 종자에는 아미그달린(Amygdalin)이라는 청산배당체가 함유되어 있다.
④ 모시조개에 존재하는 독성분은 베네루핀(Venerupin)이다.

19 상중하
「식품위생법」상 식품 등의 위생적인 취급에 관한 기준이 아닌 것은?
① 식품 등을 취급하는 원료보관실, 제조가공실, 조리실, 포장실 등의 내부는 항상 청결하게 관리하여야 한다.
② 식품 등의 원료 및 제품 중 부패, 변질되기 쉬운 것은 냉동·냉장시설에 보관·관리하여야 한다.
③ 소비기한이 경과된 식품 등을 판매하거나 판매의 목적으로 진열·보관하여서는 아니 된다.
④ 모든 식품 및 원료는 냉장·냉동시설에 보관·관리하여야 한다.

| 해설 | 모든 식품은 각 식품의 보관 및 유통 기준에 적합하도록 관리하여야 한다.

20 상중하
「식품위생법」상 조리사를 두어야 하는 영업에 해당되지 않는 것은?
① 지방자치단체가 운영하는 집단급식소
② 식품첨가물 제조업소
③ 복어 조리·판매업소
④ 병원이 운영하는 집단급식소

| 해설 | 집단급식소(국가 및 지방자치단체, 학교, 병원 및 사회복지시설 등) 운영자와 복어를 조리·판매하는 영업을 하는 식품접객업자는 조리사를 두어야 한다.

21 상중하
사람이 예방접종을 통하여 얻는 면역은?
① 선천적 면역 ② 자연수동면역
③ 자연능동면역 ④ 인공능동면역

| 해설 | ① 선천적 면역은 특정 병원체에 대해 태어날 때부터 갖게 된 면역으로 종속면역, 인종면역, 개인면역 등이 있다.
② 자연수동면역은 모체로부터 항체를 받은 면역이다.
③ 자연능동면역은 질병 감염 후 획득한 면역이다.

정답

16	③	17	①	18	②	19	④	20	②
21	④								

22 상 중 하

쥐에 의하여 옮겨지는 감염병은?

① 일본뇌염
② 쯔쯔가무시증
③ 파상풍
④ 유행성 이하선염

| 해설 | 쥐에 의해 감염되는 질병에는 세균성 식중독, 페스트, 유행성 출혈열, 쯔쯔가무시증, 와일씨병 등이 있다.

23 상 중 하

중금속과 중독 증상의 연결이 잘못된 것은?

① 카드뮴 – 신장기능장애
② 크롬 – 비중격천공
③ 수은 – 섬유화 현상
④ 납 – 요독증 증세

| 해설 | 수은은 미나마타병의 원인 물질로, 중독 시 피로감, 언어장애, 기억력 감퇴 등의 증상이 나타난다.

24 상 중 하

쓰레기 처리 방법 중 미생물까지 사멸할 수 있으나 대기오염의 원인이 되는 방법은?

① 소각법
② 투기법
③ 매립법
④ 재활용법

| 해설 | 소각법은 고온의 열로 인해 미생물까지 사멸하는 것이 가능하나, 소각 과정 중 생성되는 여러 발암물질 등으로 인해 대기오염의 원인이 된다.

25 상 중 하

디피티(D. P. T.) 예방접종과 관련 없는 질병은?

① 디프테리아
② 풍진
③ 백일해
④ 파상풍

| 해설 | D.P.T. 예방접종 후 면역이 되는 질병에는 디프테리아, 백일해, 파상풍이 있다. (D: Diphtheria 디프테리아, P: Pertussis 백일해, T: Tetanus 파상풍)

26 상 중 하

국가의 보건 수준 평가를 위해 가장 많이 사용하고 있는 지표는?

① 조사망률
② 성인병 발생률
③ 결핵이환율
④ 영아사망률

| 해설 | 영아사망률이란 출생 후 1년 이내 사망한 영아의 비율을 나타낸 지표로, 영아의 사망률은 모성의 건강 상태와 주변 환경의 영향을 많이 받으므로 한 국가의 보건 수준을 나타내는 대표적인 지표이다.

27 상 중 하

식품의 부패 또는 변질과 관련이 적은 것은?

① 수분
② 온도
③ 압력
④ 효소

| 해설 | 식품이 부패 또는 변질되는 원인에는 미생물의 번식(수분, 온도, 영양분), 식품 자체의 효소 작용, 공기 중에서의 산화로 인한 비타민 파괴 및 지방 산패 등이 있다.

28 상 중 하

유해 감미료에 속하는 것은?

① 둘신
② D-소르비톨
③ 자일리톨
④ 아스파탐

| 해설 | 유해 감미료에는 둘신, 사이클라메이트, 페릴라틴, 에틸렌글리콜 등이 있다.

29 상 중 하

HACCP의 7원칙에 해당하지 않는 것은?

① 위해 요소 분석
② 중요관리점(CCP) 결정
③ 개선 조치 방법 수립
④ 공정 흐름도 작성

| 해설 | 공정 흐름도 작성은 HACCP의 준비단계 5절차 중 4번째에 해당한다.

정답									
22	②	23	③	24	①	25	②	26	④
27	③	28	①	29	④				

30

판매의 목적으로 식품 등을 제조·가공·소분·수입 또는 판매한 영업자가 해당 식품이 식품 등의 위해와 관련이 있는 규정을 위반하여 유통 중인 당해 식품 등을 회수하고자 할 때 회수계획을 보고해야 하는 대상이 아닌 것은?

① 시·도지사
② 식품의약품안전처장
③ 보건소장
④ 시장·군수·구청장

| 해설 | 영업자는 회수계획을 시·도지사, 식품의약품안전처장, 시장·군수·구청장에게 미리 보고하여야 한다.

31

「식품위생법」에 명시된 식품위생의 목적이 아닌 것은?

① 위생상의 위해 방지
② 식품영양의 질적 향상 도모
③ 건전한 유통·판매 도모
④ 식품에 관한 올바른 정보 제공

| 해설 | 「식품위생법」은 식품으로 인하여 생기는 위생상의 위해를 방지하고, 식품영양의 질적 향상을 도모하며, 식품에 관한 올바른 정보를 제공함으로써 국민 건강의 보호·증진에 이바지함을 목적으로 한다.

32

「감염병의 예방 및 관리에 관한 법률」상 제2급 감염병에 대한 설명으로 옳지 않은 것은?

① 유행 여부를 조사하기 위한 표본 감시활동이 필요하다.
② 갑작스러운 국내 유입 또는 유행이 예견되어 긴급한 예방 및 관리가 필요하여 질병관리청장이 보건복지부장관과 협의하여 지정하는 감염병을 포함한다.
③ 백일해, 풍진, 폴리오 등이 해당된다.
④ 전파 가능성을 고려하여 발생 또는 유행 시 24시간 이내에 신고하여야 한다.

| 해설 | 유행 여부를 조사하기 위한 표본 감시활동이 필요한 것은 제4급 감염병에 대한 설명이다.

33

칼슘(Ca)과 인(P)이 소변 중으로 유출되는 골연화증 현상을 유발하는 유해 중금속은?

① 납(Pb)
② 카드뮴(Cd)
③ 수은(Hg)
④ 주석(Sn)

| 해설 | 카드뮴(Cd)은 칼슘(Ca)과 인(P)이 소변 중으로 유출되는 골연화증을 유발할 뿐만 아니라 이타이이타이병과 같은 만성 중독을 일으킨다.

34

실내공기의 오염지표로 이용되는 기체는?

① 산소(O_2)
② 이산화탄소(CO_2)
③ 일산화탄소(CO)
④ 질소(N_2)

| 해설 | 이산화탄소는 실내공기의 오염지표로 이용되며, 위생학적 허용 한계는 0.1%(= 1,000ppm)이다.

35

기생충과 중간숙주의 연결이 옳지 않은 것은?

① 십이지장충 – 해산어류
② 말라리아 – 사람
③ 폐흡충 – 가재, 민물게
④ 무구조충 – 소

| 해설 | 십이지장충의 감염 형태는 경피감염, 경구감염으로 유충이 부착된 채소를 취급하거나 흙이 묻은 맨손, 맨발에 의해 피부로 침입한다.

정답

30	③	31	③	32	①	33	②	34	②
35	①								

36 상 중 하

다음에서 설명하는 평가지표는?

> 연간 전체 사망자 수에 대한 50세 이상의 사망자 수의 구성비로, 지수가 낮으면 건강 수준이 낮음을 의미한다.

① 모성사망률
② 평균수명
③ 질병이환율
④ 비례사망지수

| 해설 | 비례사망지수에 대한 설명이다. '비례사망지수 = 50세 이상의 사망자 수 ÷ 연간 총 사망자 수 × 100'으로 계산한다.

37 상 중 하

자외선에 의한 인체 건강장애가 아닌 것은?

① 설안염
② 피부암
③ 폐기종
④ 결막염

| 해설 | 자외선에 장기간 노출 시 설안염, 피부암, 결막염, 홍반 및 색소침착을 유발할 수 있다. 폐기종은 흡연이나 분진, 화학물질, 대기오염 등에 지속적으로 노출되었을 때 나타날 수 있는 만성 폐쇄성 폐질환이다.

38 상 중 하

세균성 식중독과 병원성 소화기계 감염병을 비교한 것으로 옳지 않은 것은?

	세균성 식중독	병원성 소화기계 감염병
①	많은 균량으로 발병	균량이 적어도 발병
②	2차 감염이 빈번함	2차 감염이 없음
③	「식품위생법」으로 관리	「감염병 예방법」으로 관리
④	비교적 짧은 잠복기	비교적 긴 잠복기

| 해설 | 세균성 식중독은 살모넬라균 외에는 감염성이 없고, 병원성 소화기계 감염병은 독성이 강하며 감염원에 의해 2차 감염이 된다.

39 상 중 하

상수 처리 과정에서 가장 마지막 단계는?

① 급수
② 취수
③ 정수
④ 도수

| 해설 | 상수 처리 과정은 '취수 → 도수 → 정수 → 침전 → 여과 → 소독 → 송수·배수·급수'의 순으로 이루어진다.

40 상 중 하

작업장의 시설기준에 대한 설명으로 옳지 않은 것은?

① 작업장의 내벽은 바닥으로부터 1.5m까지 밝은색의 내수성으로 설비하거나 세균방지용 페인트로 도색한다.
② 작업장은 외부 오염물질이나 해충, 설치류, 빗물 등의 유입을 차단할 수 있는 구조여야 한다.
③ 작업장은 폐기물, 폐수 처리시설과 가까운 장소에 설치하여야 한다.
④ 작업장의 바닥은 콘크리트 등으로 내수 처리를 하고 배수가 잘 되도록 하여야 한다.

| 해설 | 작업장은 폐기물, 폐수 처리시설과 격리된 장소에 설치하여야 한다.

41 상 중 하

공중보건학의 목표에 해당하지 않는 것은?

① 건강 유지
② 질병 예방
③ 질병 치료
④ 지역사회 보건 수준 향상

| 해설 | 공중보건학의 목표에는 질병 치료가 아닌 질병 예방, 신체적·정신적 건강 유지 및 증진을 통한 생명 연장, 지역사회 보건 수준 향상이 있다.

42 상 중 하

매개 곤충과 질병이 잘못 연결된 것은?

① 이 – 발진티푸스
② 쥐, 벼룩 – 페스트
③ 모기 – 사상충증
④ 벼룩 – 렙토스피라증

| 해설 | 렙토스피라증은 쥐에 의해 감염되는 질병이다.

정답									
36	④	37	③	38	②	39	①	40	③
41	③	42	④						

43

부적합한 식습관이 주원인인 질병이 아닌 것은?

① 비만증
② 폐기종
③ 당뇨병
④ 심장질환

| 해설 | 폐기종은 공해로 인해 발생하는 질병이다.

44

60℃에서 20~30분간 가열하면 식품안전에 위해가 되지 않는 세균은?

① 살모넬라균
② 클로스트리디움 보툴리눔균
③ 황색포도상구균
④ 장구균

| 해설 | 살모넬라균은 60℃에서 20~30분간 가열하면 사멸되므로 가열 조리 후 섭취해야 한다.

45

식품과 자연독이 바르게 연결된 것은?

① 독버섯 – 솔라닌(Solanine)
② 감자 – 무스카린(Muscarine)
③ 살구씨 – 파세오루나틴(Phaseolunatin)
④ 목화씨 – 고시폴(Gossypol)

| 해설 | ① 독버섯: 무스카린(Muscarine)
② 감자: 솔라닌(Solanine)
③ 살구씨, 청매, 복숭아씨: 아미그달린(Amygdalin)

46

식품첨가물 중 보존료의 목적을 가장 잘 표현한 것은?

① 산도 조절
② 미생물에 의한 부패 방지
③ 산화에 의한 변패 방지
④ 가공 과정에서 파괴되는 영양소 보충

| 해설 | 보존료는 미생물의 발육을 억제하고 부패를 방지하여 신선도를 유지하는 데 목적이 있다.
①은 산미료, ③은 산화방지제, ④는 강화제의 목적이다.

47

「식품위생법」상 식품위생 수준의 향상을 위하여 필요한 경우 조리사에게 교육을 받을 것을 명할 수 있는 자는?

① 관할 시장
② 보건복지부장관
③ 식품의약품안전처장
④ 관할 경찰서장

| 해설 | 식품의약품안전처장은 식품위생 수준 및 자질의 향상을 위하여 필요한 경우 조리사와 영양사에게 교육을 받을 것을 명할 수 있다. 다만, 집단급식소에 종사하는 조리사와 영양사는 1년마다 교육을 받아야 한다.

48

즉석판매제조·가공업소 내에서 소비자에게 원하는 만큼 덜어서 직접 최종 소비자에게 판매하는 대상 식품이 아닌 것은?

① 벌꿀
② 식빵
③ 우동
④ 어육제품

| 해설 | 어육제품, 통·병조림 제품, 레토르트식품, 냉동식품, 특수용도식품(체중조절용 조제식품은 제외), 식초, 전분은 소분·판매가 금지되는 식품이다.

49

「식품위생법」상 식품접객업을 하려는 자는 몇 시간의 식품위생교육을 미리 받아야 하는가?

① 2시간
② 4시간
③ 6시간
④ 8시간

| 해설 | 식품접객업(휴게음식점영업, 일반음식점영업, 단란주점영업, 유흥주점영업, 위탁급식영업)을 하려는 자는 6시간의 교육을 받아야 한다.

정답

| 43 | ② | 44 | ① | 45 | ④ | 46 | ② | 47 | ③ |
| 48 | ④ | 49 | ③ | | | | | | | |

50 상 중 하

채소로부터 감염되는 기생충으로 짝지어진 것은?

① 편충, 동양모양선충
② 폐흡충, 회충
③ 구충, 선모충
④ 회충, 무구조충

| 해설 | 채소류로부터 감염되는 기생충에는 회충, 요충, 구충(십이지장충), 편충, 동양모양선충이 있다. 폐흡충은 어패류, 선모충과 무구조충은 육류로부터 감염되는 기생충이다.

51 상 중 하

감각온도의 3요소가 아닌 것은?

① 기온　　　　　　② 기습
③ 기류　　　　　　④ 기압

| 해설 | 감각온도의 3요소는 기온, 기습, 기류이고, 감각온도의 4요소는 기온, 기습, 기류, 복사열이다.

52 상 중 하

아메바에 의해 발생되는 질병은?

① 장티푸스　　　　② 콜레라
③ 유행성 간염　　　④ 이질

| 해설 | 아메바성 이질은 이질 아메바의 감염에 의하여 생기는 소화기계 감염병으로, 환자나 보균자의 분변을 통해 경구감염된다.

53 상 중 하

공중보건사업과 거리가 먼 것은?

① 보건교육　　　　② 인구보건
③ 감염병 치료　　　④ 보건행정

| 해설 | 공중보건사업은 지역사회에서 사회적 노력을 통해 질병을 예방하고 주민 모두의 건강을 유지하고 증진시키기 위한 사업이다.

54 상 중 하

국내에서 허가된 인공감미료는?

① 에틸렌글리콜(Ethylene Glycol)
② 사카린나트륨(Sodium Saccharin)
③ 둘신(Dulcin)
④ 사이클라민산나트륨(Sodium Cyclamate)

| 해설 | 사카린나트륨은 김치류, 음료류 등에 사용이 가능하도록 허가된 인공감미료이다.

55 상 중 하

생육이 가능한 최저 수분활성도가 가장 높은 것은?

① 내건성 곰팡이　　② 세균
③ 곰팡이　　　　　　④ 효모

| 해설 | 생육에 필요한 최저 수분활성도는 '세균(0.91) 〉 효모(0.88) 〉 보통 곰팡이(0.80) 〉 내건성 곰팡이(0.65)' 순으로 높다.

56 상 중 하

「식품위생법」상 영업신고를 해야 하는 업종은?

① 유흥주점영업
② 즉석판매제조·가공업
③ 식품조사처리업
④ 단란주점영업

| 해설 | 즉석판매제조·가공업은 영업신고를 해야 하는 업종이다.

57 상 중 하

식품과 독성분의 연결이 옳지 않은 것은?

① 복어 – 테트로도톡신
② 미나리 – 시큐톡신
③ 섭조개 – 베네루핀
④ 청매 – 아미그달린

| 해설 | 섭조개의 독성분은 삭시톡신(Saxitoxin)이며, 베네루핀(Venerupin)은 모시조개, 바지락, 굴 등에 들어 있는 독성분이다.

정답									
50	①	51	④	52	④	53	③	54	②
55	②	56	②	57	③				

58
중간숙주 없이 감염이 가능한 기생충은?
① 아니사키스 ② 회충
③ 폐흡충 ④ 간흡충

| 해설 | 중간숙주 없이 감염이 가능한 기생충으로는 회충, 편충, 요충 등이 있다.

59
소음으로 인한 피해와 거리가 먼 것은?
① 불쾌감
② 작업능률 저하
③ 수면 장애
④ 맥박과 혈압의 저하

| 해설 | 소음으로 인한 피해로는 맥박과 혈압의 상승이 있다.

60
인수공통감염병에 속하지 않는 것은?
① 광우병 ② 탄저
③ 브루셀라증 ④ 백일해

| 해설 | 백일해는 인체의 호흡기계를 통한 호흡기계 감염병이다. 인수공통감염병에는 광우병, 결핵, 탄저, 브루셀라증, 야토병, 렙토스피라증 등이 있다.

61
모성사망률에 관한 설명으로 옳은 것은?
① 임신, 분만, 산욕과 관계되는 질병 및 합병증에 의한 사망률
② 임신 4개월 이후의 사태아 분만율
③ 임신 중에 일어난 모든 사망률
④ 임신 28주 이후 사산과 생후 1주 이내 사망률

| 해설 | 모성사망(임산부사망)은 임신, 분만, 산욕에 관계되는 질병 또는 이로 인한 합병증 때문에 일어나는 사망률을 말한다.

62
접촉감염 지수가 가장 높은 질병은?
① 유행성 이하선염 ② 홍역
③ 성홍열 ④ 디프테리아

| 해설 | 접촉감염 지수는 '천연두·홍역(95%) > 백일해(60~80%) > 성홍열(40%) > 디프테리아(10%) > 폴리오(소아마비, 0.1%)' 순이다.

63
잠함병의 발생과 가장 밀접한 관계가 있는 환경 요소는?
① 고압과 질소
② 저압과 산소
③ 고온과 이산화탄소
④ 저온과 일산화탄소

| 해설 | 잠함병은 수압이 높은 바다에 들어갔다가 수면 위로 올라오면서 체내에 녹아 있던 질소가 갑작스럽게 기포를 만들면서 혈액 속을 돌아다녀 몸에 통증을 유발하는 증상이다.

64
법정 제2급 감염병이 아닌 것은?
① 결핵 ② 세균성 이질
③ 한센병 ④ 신종인플루엔자

| 해설 | 신종인플루엔자는 제1급 감염병에 해당한다.

65
진개(쓰레기)를 처리하는 방법으로 가장 적합하지 않은 것은?
① 위생적 매립법 ② 소각법
③ 비료화법 ④ 활성 슬러지법

| 해설 | 활성 슬러지법(활성 오니법)은 하수 처리 과정의 본처리 과정이다.

정답

58	②	59	④	60	④	61	①	62	②
63	①	64	④	65	④				

66 상 중 하

과채, 식육 가공 등에 사용하며 식품의 색소와 결합하여 식품 본래의 색을 유지하게 하는 식품첨가물은?

① 식용타르색소 　　② 천연색소
③ 발색제 　　　　　　④ 표백제

| 해설 | 발색제는 그 자체에는 색이 없으나, 식품 중의 색소 단백질과 반응하여 식품의 색을 안정시키고 선명하게 한다.

67 상 중 하

식품의 부패 시 생성되는 물질과 거리가 먼 것은?

① 휘발성 염기질소(VBN)
② 트리메틸아민(Trimethylamine)
③ 글리코젠(Glycogen)
④ 히스타민(Histamine)

| 해설 | 글리코젠은 다수의 포도당 분자로 구성된 다당류이다. 장에서 흡수된 다당류는 간으로 옮겨져 글리코젠으로 합성·저장되었다가 필요에 따라 포도당으로 분해되어 혈액을 통해 이동하여 각 조직의 에너지원으로 이용된다.

68 상 중 하

통조림관의 주성분으로 과일이나 채소류 통조림에 의해 식중독을 일으키는 것은?

① 주석(Sn) 　　　② 수은(Hg)
③ 구리(Cu) 　　　④ 카드뮴(Cd)

| 해설 | 통조림관의 주원료인 주석(Sn)은 금속을 보호하기 위한 코팅에 사용되는데, 철판에 코팅을 너무 얇게 하거나 내용물의 산성이 강해 캔의 부식을 잘 일으키는 경우에는 통조림 캔으로부터 주석이 용출될 가능성이 높다.

69 상 중 하

복어와 모시조개 섭취 시 식중독을 유발하는 독성물질을 순서대로 나열한 것은?

① 엔테로톡신(Enterotoxin), 사포닌(Saponin)
② 엔테로톡신(Enterotoxin), 아플라톡신(Aflatoxin)
③ 테트로도톡신(Tetrodotoxin), 듀린(Dhurrin)
④ 테트로도톡신(Tetrodotoxin), 베네루핀(Venerupin)

| 해설 | 복어의 독성분은 테트로도톡신이고, 모시조개의 독성분은 베네루핀이다.

70 상 중 하

「식품위생법」상 식품위생의 대상은?

① 식품, 의약품, 기구, 용기, 포장
② 조리법, 조리시설, 기구, 용기, 포장
③ 조리법, 단체급식, 기구, 용기, 포장
④ 식품, 식품첨가물, 기구, 용기, 포장

| 해설 | 「식품위생법」상 식품위생의 대상은 식품(의약품 제외), 식품첨가물, 기구 또는 용기·포장 등 음식에 관한 전반적인 것을 말한다.

71 상 중 하

쥐와 관계가 가장 적은 감염병은?

① 발진티푸스
② 신증후군출혈열(유행성 출혈열)
③ 페스트
④ 렙토스피라증

| 해설 | 발진티푸스는 이로 인하여 매개되는 급성 감염병으로, 발열, 두통, 발진 등의 증상이 나타난다.

72 상 중 하

하수 오염도 측정 시 생화학적 산소요구량(BOD)을 결정하는 가장 중요한 인자는?

① 물의 경도
② 수중의 유기물량
③ 하수량
④ 수중의 광물질량

| 해설 | 생화학적 산소요구량(BOD)은 미생물이 수중의 유기물을 산화·분해할 때 필요한 산소소비량을 말한다.

정답									
66	③	67	③	68	①	69	④	70	④
71	①	72	②						

73 상 중 하

다수인이 밀집한 장소에서 발생하며 화학적 조성이나 물리적 조성의 큰 변화를 일으켜 불쾌감, 두통, 권태, 현기증, 구토 등의 생리적 이상을 일으키는 현상은?

① 빈혈
② 일산화탄소 중독
③ 분압현상
④ 군집독

| 해설 | 군집독이란 다수인이 밀집한 곳의 실내공기가 화학적 조성이나 물리적 조성의 변화로 인하여 불쾌감, 두통, 권태, 현기증, 구토 등의 생리적 이상을 일으키는 것을 말한다. 군집독은 산소 부족, 이산화탄소 증가, 고온·고습 상태에서의 유해가스 및 구취 등에 의해 복합적으로 발생한다.

74 상 중 하

먹는 물에서 다른 미생물이나 분변오염을 추측할 수 있는 지표는?

① 대장균
② 탁도
③ 경도
④ 증발잔류량

| 해설 | 먹는 물에서 다른 미생물이나 분변오염을 추측할 수 있는 지표는 대장균으로, 100mL에서 검출되지 않는 것이 수질 기준이다.

75 상 중 하

세균성 이질을 앓고 난 아이가 얻는 면역에 대한 설명으로 옳은 것은?

① 인공면역을 획득한다.
② 수동면역을 획득한다.
③ 영구면역을 획득한다.
④ 면역이 거의 획득되지 않는다.

| 해설 | 이질, 매독, 말라리아 등은 면역이 형성되지 않는 질병이다.

76 상 중 하

다음과 같은 증상이 나타나는 직업병은?

> 고온작업환경에서 작업을 하거나 심한 운동으로 땀을 다량 흘린 경우 말초혈관의 순환장애로 혈관신경의 부조절, 심박출량 감소가 생길 수 있는 열중증이다. 주로 어지럽고 몸에 피로감을 느끼는 증상이 나타난다.

① 열허탈증(열피로)
② 열경련
③ 열쇠약증
④ 울열증

| 해설 | 고온환경(이상고온)에 의한 질병 중 열허탈증(열피로)은 말초혈관의 운동신경 조절장애와 심박출량의 부족으로 초래된다.

77 상 중 하

천연물의 성분이나 식품첨가물 등이 식품에 균일하게 혼합되기 위해 적절한 용매에 용해시켜 첨가하는 식품첨가물은?

① 용제
② 발색제
③ 살균제
④ 표백제

| 해설 | ② 발색제: 자체에는 색이 없으나, 식품 중의 색소 단백질과 반응하여 식품의 색을 안정시키고 선명하게 한다.
③ 살균제: 식품 내 부패 원인균을 단시간에 사멸시키기 위한 목적으로 사용한다.
④ 표백제: 식품 제조 중 식품의 갈변, 착색의 변화를 억제하기 위해 사용한다.

78 상 중 하

미생물의 발육을 억제하여 식품의 부패나 변질을 방지할 목적으로 사용되는 것은?

① 안식향산나트륨
② 호박산나트륨
③ 글루타민산나트륨
④ 유동파라핀

| 해설 | 안식향산나트륨은 미생물의 증식을 억제하여 식품의 부패나 변질을 방지하기 위해 사용하는 보존료이다.
② 호박산나트륨, ③ 글루타민산나트륨은 조미료이고, ④ 유동파라핀은 이형제이다.

79 상 중 하

장염비브리오 식중독균의 특징으로 틀린 것은?

① 해수에 존재하는 세균이다.
② 3~4%의 식염 농도에서도 생존하는 호염성균이다.
③ 특정 조건에서 사람의 혈구를 용혈시킨다.
④ 그람양성균이며 아포를 생성하는 구균이다.

| 해설 | 장염비브리오 식중독균은 그람음성균이다.

정답

| 73 | ④ | 74 | ① | 75 | ④ | 76 | ① | 77 | ① |
| 78 | ① | 79 | ④ | | | | | | |

80 상 중 하

시설위생을 위한 사항으로 적합하지 않은 것은?

① 주방냄비는 세척 후 열처리를 해 둔다.
② 주방의 천장, 바닥, 벽면도 주기적으로 청소한다.
③ 나무 도마는 사용 후 깨끗이 하고 일광소독을 하도록 한다.
④ 튀김기의 기름은 매주 뽑아내어 걸러 찌꺼기가 남아 있는 일이 없도록 한다.

| 해설 | 튀김기름은 사용한 후 매일 고운 체를 이용하여 기름을 걸러 음식 부스러기가 없도록 처리해야 한다.

81 상 중 하

하천수에 용존산소가 적다는 것의 의미는?

① 유기물 등이 잔류하여 오염도가 높다.
② 물이 비교적 깨끗하다.
③ 오염과 무관하다.
④ 호기성 미생물과 어패류의 생존에 좋은 환경이다.

| 해설 | 용존산소량(DO)은 수중에 용해되어 있는 산소량을 말하는 것으로, 하천수에 용존산소가 적다는 것은 혐기성 부패에 의해 오염도가 높다는 의미이다.

82 상 중 하

차아염소산나트륨의 사용 용도는?

① 밀가루의 표백제
② 버터의 보존료
③ 식기 등의 소독제
④ 육류의 발색제

| 해설 | ① 밀가루의 표백제: 과산화벤조일
② 버터의 보존료: 데히드로초산
④ 육류의 발색제: 아질산나트륨

83 상 중 하

다음 설명 중 옳은 것은?

① 사람은 호흡 시 산소를 체외로 배출하고, 이산화탄소를 체내로 흡입한다.
② 수중에서 작업하는 사람은 이상기압으로 참호족염에 걸린다.
③ 조리장에서 작업 시 적절한 환기가 필요하다.
④ 정상 공기는 주로 수소와 이산화탄소로 구성되어 있다.

| 해설 | ① 사람은 호흡 시 이산화탄소를 체외로 배출하고, 산소를 체내로 흡입한다.
② 수중에서 작업하는 사람은 이상고기압으로 인해 잠함병에 노출되기 쉽다. 참호족염은 이상저온에 의한 직업병이다.
④ 정상 공기는 주로 질소와 산소로 구성되어 있다.

84 상 중 하

간디스토마는 제2중간숙주인 민물고기 내에서 어떤 형태로 존재하다가 인체에 감염을 일으키는가?

① 피낭유충(Metacercaria)
② 레디아(Redia)
③ 유모유충(Miracidium)
④ 포자유충(Sporocyst)

| 해설 | 충체에 의해 산란된 충란은 분변으로 배출된 뒤 수중으로 흘러 들어가 제1중간숙주인 왜우렁이에게 섭취되어 유미유충이 된다. 유미유충은 물속에서 제2중간숙주인 붕어와 잉어 등의 비늘에 붙은 다음 꼬리는 떨어지고 몸통만 근육 내로 침입하여 피낭유충이 된다.

85 상 중 하

환자나 보균자의 분뇨에 의해 감염될 수 있는 경구감염병은?

① 장티푸스
② 결핵
③ 인플루엔자
④ 디프테리아

| 해설 | 장티푸스는 환자나 보균자의 분뇨에 의해 감염될 수 있는 경구감염병이다. 경구감염병에는 장티푸스, 콜레라, 세균성 이질, 아메바성 이질, 폴리오(소아마비) 등이 있다.

86 상 중 하

과량 조사 시 열사병의 원인이 될 수 있는 것은?

① 마이크로파
② 적외선
③ 자외선
④ 엑스선

| 해설 | 적외선은 가시광선이나 자외선에 비해 강한 열작용을 가지는 것이 특징이며, 적외선을 과도하게 받게 되면 일사병과 열사병의 원인이 될 수 있다.

87 상 중 하

HACCP의 의무 적용 대상 식품에 해당하지 않는 것은?

① 빙과류
② 비가열음료
③ 껌류
④ 레토르트식품

| 해설 | HACCP의 의무 적용 대상 식품은 총 13종으로, 음료류, 레토르트식품, 특수용도식품 등이 해당하며 껌류는 이에 해당하지 않는다.

정답									
80	④	81	①	82	③	83	③	84	①
85	①	86	②	87	③				

88 상 중 하

내열성이 강한 아포를 형성하며 식품의 부패, 식중독을 일으키는 혐기성 세균은?

① 리스테리아속　　② 비브리오속
③ 살모넬라속　　　④ 클로스트리디움속

| 해설 | 클로스트리디움 보툴리눔균은 혐기성 세균으로, 뉴로톡신이라는 신경독소를 만들어 신경마비 증상을 일으킨다.

89 상 중 하

다음 괄호에 들어갈 숫자는?

> 집단급식소는 1회 (　　)명 이상에게 식사를 제공하는 급식소를 말한다.

① 40　　② 50
③ 60　　④ 70

| 해설 | 집단급식소는 1회 50명 이상에게 식사를 제공하는 급식소를 말한다.

90 상 중 하

「식품위생법」상 집단급식소에 근무하는 영양사의 직무가 아닌 것은?

① 종업원에 대한 식품위생교육
② 식단 작성, 검식 및 배식 관리
③ 조리사의 보수교육
④ 급식시설의 위생적 관리

| 해설 | 영양사의 직무에는 종업원에 대한 식품위생교육, 식단 작성, 검식 및 배식 관리, 급식시설의 위생적 관리, 종업원에 대한 영양 지도 등이 있다.

91 상 중 하

열작용을 갖는 특징이 있어 일명 열선이라고도 하는 복사선은?

① 자외선　　② 가시광선
③ 적외선　　④ X선

| 해설 | 고열물체의 복사열을 운반하므로 열선이라고도 하며 피부 온도를 상승시키는 것은 적외선이다. 적외선(열선)이 닿는 곳에는 열이 생기므로 지상에 복사열을 주어 기온을 좌우한다.

92 상 중 하

우리나라에서 발생하는 장티푸스의 가장 효과적인 관리 방법은?

① 철저한 환경위생
② 공기정화
③ 순화독소(Toxoid) 접종
④ 농약 사용 자제

| 해설 | 장티푸스는 소화기계를 통해 감염되는 세균성 감염병으로, 환경위생을 철저히 하는 것이 가장 효과적인 관리 방법이다.

93 상 중 하

기온역전현상의 발생 조건은?

① 상부기온이 하부기온보다 낮을 때
② 상부기온이 하부기온보다 높을 때
③ 상부기온과 하부기온이 같을 때
④ 안개와 매연이 심할 때

| 해설 | 기온역전현상은 고도가 상승할수록 기온도 상승하여 상부기온이 하부기온보다 높아지는 때를 말한다.

94 상 중 하

녹조를 일으키는 부영양화 현상과 가장 밀접한 관계가 있는 것은?

① 황산염　　② 인산염
③ 탄산염　　④ 수산염

| 해설 | 부영양화 현상은 질소, 인, 칼슘과 같은 영양 성분이 하천, 호수 등으로 지나치게 많이 유입되면서 용존산소량이 고갈되어 어패류 질식사를 유발하는 현상이다.

정답

88	89	90	91	92
④	②	③	③	①

93	94
②	②

95 상 중 하

식품 제조 중 식품의 갈변, 착색의 변화를 억제하기 위해 사용하는 식품첨가물은?

① 아황산나트륨　　　　② 질산나트륨
③ 몰식자산프로필　　　④ 이산화염소

| 해설 | ② 질산나트륨: 발색제
③ 몰식자산프로필: 산화방지제
④ 이산화염소: 밀가루 개량제

96 상 중 하

굴의 섭취로 인해 발생하는 식중독과 관련된 독소는?

① 아미그달린　　　　② 삭시톡신
③ 고시폴　　　　　　④ 베네루핀

| 해설 | ① 아미그달린: 청매, 살구씨, 복숭아씨
② 삭시톡신: 섭조개(홍합), 대합
③ 고시폴: 목화씨

97 상 중 하

감자의 부패와 관련된 물질은?

① 테트로도톡신(Tetrodotoxin)
② 셉신(Sepsine)
③ 리신(Ricin)
④ 사포닌(Saponin)

| 해설 | 셉신은 부패한 감자의 독성물질로, 구토, 설사 등의 증상을 유발한다.
① 테트로도톡신(Tetrodotoxin)은 복어, ③ 리신(Ricin)은 피마자, ④ 사포닌(Saponin)은 대두의 독성물질이다.

98 상 중 하

우리나라에서 간장에 사용할 수 있는 보존료는?

① 프로피온산(Propionic Acid)
② 이초산나트륨(Sodium Diacetate)
③ 안식향산(Benzoic Acid)
④ 소르빈산(Sorbic Acid)

| 해설 | 안식향산, 안식향산나트륨은 과실, 채소류, 간장, 청량음료, 알로에즙 등에 사용할 수 있는 보존료이다.

99 상 중 하

세계보건기구(WHO)의 주요 기능이 아닌 것은?

① 국제적인 보건사업의 지휘 및 조정
② 회원국에 대한 기술 지원 및 자료 공급
③ 세계식량계획 설립
④ 유행성 질병 및 전염병 대책 후원

| 해설 | 세계식량계획의 설립은 우엔세계식량계획(WFP)의 기능이다.

100 상 중 하

용존산소에 대한 설명으로 옳지 않은 것은?

① 용존산소의 부족은 오염도가 높음을 의미한다.
② 용존산소가 부족하면 혐기성 분해가 일어난다.
③ 용존산소는 수질오염을 측정하는 항목으로 이용된다.
④ 용존산소는 수중의 온도가 높을 때 증가한다.

| 해설 | 용존산소는 수중의 온도가 높을수록 감소한다.

101 상 중 하

상수도와 관계된 보건 문제가 아닌 것은?

① 수도열　　　　　　② 반상치
③ 레이노드병　　　　④ 수인성 감염병

| 해설 | 레이노드병은 진동이 심한 작업을 하는 사람에게 국소진동 장애로 발생하거나 추위나 스트레스에 의한 말초혈관의 혈액순환 장애로 발생한다.

정답									
95	①	96	④	97	②	98	③	99	③
100	④	101	③						

102 상중하
생활쓰레기의 분류 중 부엌에서 나오는 동·식물성 유기물은?

① 주개
② 가연성 진개
③ 불연성 진개
④ 재활용성 진개

| 해설 | 생활쓰레기의 분류 중 부엌에서 나오는 동·식물성 유기물은 가정에서 나오는 주개이다.

103 상중하
초기 청력장애 시 직업성 난청을 조기 발견할 수 있는 주파수는?

① 1,000Hz   ② 2,000Hz
③ 3,000Hz   ④ 4,000Hz

| 해설 | 난청을 조기에 발견할 수 있는 주파수는 4,000Hz이다.

104 상중하
인구정지형으로 출생률과 사망률이 모두 낮은 인구형은?

① 피라미드형   ② 별형
③ 항아리형   ④ 종형

| 해설 | 종형은 인구정지형으로 출생률과 사망률이 모두 낮은 가장 이상적인 유형이다.
① 피라미드형은 후진국형으로 출생률과 사망률이 모두 높다.
② 별형은 도시형으로 생산층 인구가 증가되는 유형이다.
③ 항아리형은 선진국형으로 출생률이 사망률보다 낮다.

105 상중하
환경위생을 철저히 함으로써 예방 가능한 감염병은?

① 콜레라   ② 풍진
③ 백일해   ④ 홍역

| 해설 | 콜레라는 발생원 및 서식처를 제거하여 환경을 청결히 함으로써 예방할 수 있다.

106 상중하
부적절하게 조리된 햄버거 등을 섭취하여 식중독을 일으키는 O157:H7균이 속하는 것은?

① 살모넬라균   ② 리스테리아균
③ 대장균   ④ 비브리오균

| 해설 | O157:H7균은 장출혈성 대장균감염증의 주 원인균으로, 전염력이 강하다.

107 상중하
일반적으로 복어의 독성분인 테트로도톡신이 가장 많은 부위는?

① 근육   ② 피부
③ 난소   ④ 껍질

| 해설 | 복어의 독성분인 테트로도톡신의 함량은 '난소 > 간 > 내장 > 피부 > 근육' 순으로 많다.

108 상중하
중국에서 멜라민 오염식품에 의해 유아가 사망한 이유는?

① 강력한 발암물질이기 때문이다.
② 유아의 간에 축적되어 간독성을 나타내기 때문이다.
③ 배설되지 않고 생체 내에 전량이 잔류하기 때문이다.
④ 분유를 주식으로 하는 유아가 고농도의 멜라민에 노출되었기 때문이다.

| 해설 | 우유의 질소 함량을 높이기 위해 식품에 허가되지 않은 멜라민을 분유 제조에 사용하여 유아가 고농도의 멜라민에 노출되었기 때문이다.

정답

| 102 | ① | 103 | ④ | 104 | ④ | 105 | ① | 106 | ③ |
| 107 | ③ | 108 | ④ | | | | | | |

109 상 중 하

5'-이노신산나트륨, 5'-구아닐산나트륨, L-글루탐산나트륨의 주요 용도는?

① 표백제
② 조미료
③ 보존료
④ 산화방지제

| 해설 | 5'-이노신산나트륨, 5'-구아닐산나트륨, L-글루탐산나트륨은 식품의 향미를 강화 또는 증진시키기 위해 사용하는 조미료이다.

110 상 중 하

병원체가 인체에 침입한 후 자각적·타각적 임상증상이 발생할 때까지의 기간은?

① 세대기
② 이환기
③ 잠복기
④ 전염기

| 해설 | 병원체가 인체에 침입한 후 자각적·타각적 임상증상이 발생할 때까지의 기간을 잠복기라고 한다. 잠복기에는 주로 병적 징후가 나타나지 않는다.

111 상 중 하

식품공정상 찬 곳이라 함은 따로 규정이 없는 한 몇 ℃를 의미하는가?

① −48～−20℃
② −14～−10℃
③ −5～0℃
④ 0～15℃

| 해설 | 식품공정상 찬 곳은 0～15℃를 의미한다.

112 상 중 하

자외선의 가장 대표적인 광선인 도르노선(Dorno Ray)의 파장은?

① 400～700Å
② 1,000～2,000Å
③ 2,800～3,200Å
④ 4,000～7,000Å

| 해설 | 도르노선은 2,800～3,200Å의 파장으로 건강선이라고도 하며, 사람에게 유익한 작용을 한다.

113 상 중 하

엔테로톡신이 원인이 되는 식중독은?

① 황색포도상구균 식중독
② 장염비브리오 식중독
③ 병원성 대장균 식중독
④ 살모넬라 식중독

| 해설 | 식품 중의 황색포도상구균(Staphylococcus Aureus)은 장독소인 엔테로톡신을 생성하여 설사, 복통, 구토 등의 증상을 나타내는 식중독을 일으킬 수 있다.

114 상 중 하

유독성 금속화합물에 의한 식중독을 일으킬 수 있는 경우는?

① 철분강화 식품
② 아이오딘강화 밀가루
③ 칼슘강화 우유
④ 종자살균용 유기수은제 처리 콩나물

| 해설 | 철분강화 식품, 아이오딘강화 밀가루, 칼슘강화 우유는 생체활동에 필요한 무기질 첨가 제품이다.

115 상 중 하

자외선살균법의 특징과 거리가 먼 것은?

① 사용법이 간단하다.
② 유기물, 특히 단백질이 공존 시 효과가 증가한다.
③ 잔류 효과는 없는 것으로 알려져 있다.
④ 조사 대상물에 거의 변화를 주지 않는다.

| 해설 | 자외선살균법은 단백질이 공존하는 경우 살균 효과가 감소한다.

정답									
109	②	110	③	111	④	112	③	113	①
114	④	115	②						

SUBJECT 02
안전관리

빈출 족보이론 P.18

01 상중하
개인안전관리 예방 방법으로 옳지 않은 것은?
① 재료의 전처리 시 작업할 분량만큼 나누어서 작업한다.
② 재료의 가열 시 가스 누출 검지기 및 경보기를 설치한다.
③ 기계의 이상 작동 시 기계가 정지된 상태를 확인한 후 점검한다.
④ 재료나 기물의 이동 시 바닥의 물기나 기름기를 제거하여 미끄럼을 방지한다.

| 해설 | 기계의 이상 작동 시 기계의 전원이 차단된 것을 확인한 후 작업해야 한다.

02 상중하
조리장비 사용 시 안전수칙으로 옳지 않은 것은?
① 가스레인지 및 오븐은 사용 전에만 전원 상태를 확인한다.
② 전기장비 사용 시 조리작업자의 손에 물기가 없어야 한다.
③ 조리장비의 사용 방법을 철저히 익힌다.
④ 냉장·냉동시설의 잠금장치를 확인한다.

| 해설 | 가스레인지 및 오븐은 사용 전, 후에 전원 상태를 확인한다.

03 상중하
위생복장을 착용할 때 얼굴에서 내려오는 땀을 막아 주는 역할을 하며, 주방에서 발생하는 상해의 응급조치를 할 수 있도록 착용해야 하는 것은?
① 위생복 ② 안전화
③ 머플러 ④ 위생모

| 해설 | ① 위생복: 조리종사자의 신체를 열과 가스, 전기, 주방기기, 설비 등으로부터 보호하고 음식을 만들 때 위생적으로 작업하는 것을 목적으로 한다.
② 안전화: 미끄러운 주방 바닥으로 인한 낙상, 찰과상, 주방기구로 인한 부상 등 잠재되어 있는 위험으로부터 보호한다.
④ 위생모: 머리카락과 머리의 분비물들로 인한 음식 오염을 방지한다.

04 상중하
조리작업 시 발생할 수 있는 안전사고의 위험요인과 원인의 연결로 옳지 않은 것은?
① 화재 발생 – 난로에 불을 붙인 채 기름을 넣는 것
② 베임·절단 – 칼 사용 미숙
③ 전기감전 – 연결코드 제거 후 전자제품 청소
④ 미끄러짐 – 바닥의 물기, 기름기

| 해설 | 연결코드 제거 후 전자제품 청소는 전기감전을 예방하는 방법이다.

05 상중하
작업 시 근골격계 질환을 예방하는 방법으로 옳지 않은 것은?
① 작업장은 충분한 조명(180Lux)을 유지한다.
② 작업 전 간단한 체조로 신체 긴장을 완화한다.
③ 작업보호구를 사용한다.
④ 조리기구의 올바른 사용 방법을 숙지한다.

| 해설 | 작업장의 적정 조도는 220Lux 이상이다. 작업 시 근골격계 질환을 예방하기 위해서는 안전한 자세로 조리하고, 작업 전 간단한 체조로 신체의 긴장을 완화하는 것이 좋다.

06 상중하
안전관리에 대한 설명으로 옳은 것은?
① 난로는 불을 붙인 채 기름을 넣는 것이 좋다.
② 조리실 바닥의 음식물 찌꺼기는 모아 둔 후 한꺼번에 치운다.
③ 캔 따개가 없을 경우 칼을 사용한다.
④ 칼은 물이 든 싱크대 등에 담가 놓지 않는다.

| 해설 | 칼은 보관 시 안전함에 넣어 보관해야 하며, 보이지 않는 곳에 두거나 물이 든 싱크대 등에 담가 놓지 않는다.
① 난로는 기름을 넣은 뒤 불을 붙인다.
② 조리실 바닥의 음식물 찌꺼기는 발견 즉시 바로 처리한다.
③ 칼로 캔을 따지 말고 기타 본래 목적 이외에는 사용하지 않는다.

정답
| 01 | ③ | 02 | ① | 03 | ③ | 04 | ③ | 05 | ① |
| 06 | ④ | | | | | | | | |

07 상 중 하

상온창고를 위생적으로 관리하는 방법으로 옳지 않은 것은?

① 진공청소기로 바닥의 먼지를 제거한다.
② 바닥은 수시로 물청소를 한다.
③ 선입선출을 원칙으로 한다.
④ 3정 5S 원칙을 준수한다.

| 해설 | 바닥은 항상 건조한 상태를 유지한다.
④ 3정(정위치, 정품, 정량), 5S(정리, 정돈, 청소, 청결, 습관화) 원칙을 준수한다.

08 상 중 하

다음 중 응급상황 처리 과정의 순서로 옳은 것은?

ㄱ 사고 발생
ㄴ 원인 파악, 보고
ㄷ 응급조치
ㄹ 후속조치

---

① ㄱ → ㄷ → ㄴ → ㄹ
② ㄷ → ㄴ → ㄹ → ㄱ
③ ㄱ → ㄴ → ㄷ → ㄹ
④ ㄱ → ㄹ → ㄷ → ㄴ

| 해설 | 응급상황 시에는 응급조치 후 원인을 파악하고 후속조치한다.

09 상 중 하

전기안전에 관한 내용으로 옳지 않은 것은?

① 사용 전 장비의 사용 방법을 철저히 익힌다.
② 1개의 콘센트에 여러 개의 선을 연결하지 않는다.
③ 조리작업자의 손에 물기가 없어야 한다.
④ 전열기는 내부까지 물을 뿌려 깨끗이 청소한다.

| 해설 | 전열기에 물이 접촉되면 전기감전이 발생할 수 있다.

10 상 중 하

안전장비류의 취급관리 및 안전점검으로 옳은 것은?

① 도구 및 장비 등은 날짜를 정해 한 번에 정리정돈한다.
② 도구 및 장비 등의 이상 여부는 사고 발생 시에만 철저히 점검한다.
③ 도구 및 장비의 정기점검은 매년 1회만 실시한다.
④ 도구 및 장비 등은 일상점검, 정기점검, 특별안전점검을 시행한다.

| 해설 | ① 도구 및 장비 등은 수시로 정리정돈한다.
② 도구 및 장비 등의 이상 여부는 상시 철저히 점검한다.
③ 도구 및 장비의 정기점검은 매년 1회 이상 실시한다.

정답

07	08	09	10
②	①	④	④

SUBJECT 03
재료관리

빈출 족보이론 P.19

01 상 중 하
냉장고 사용 방법으로 옳은 것은?

① 뜨거운 음식은 냉장고에 바로 넣어야 변하지 않는다.
② 문을 여닫는 횟수를 가능한 한 줄인다.
③ 온도가 낮으므로 식품을 장기간 보관해도 안전하다.
④ 냉장식품은 0℃ 이하에서 보관한다.

| 해설 | ① 뜨거운 음식은 식힌 후 냉장고에 넣는다.
③ 냉장고에 장기간 보관 시 미생물이 증식할 수 있으므로 적정 기간만 저장한다.
④ 냉장식품은 10℃ 이하(5℃ 이하를 권장)에서 보관한다.

02 상 중 하
식품의 구비 조건이 아닌 것은?

① 경제성   ② 영양성
③ 저장성   ④ 안전성

| 해설 | 식품의 구비 조건에는 영양성, 경제성, 안전성, 기호성이 있다.

03 상 중 하
영양소는 거의 함유하고 있지 않으나 식품의 색, 냄새, 맛을 부여하여 식욕을 증진시키는 식품은?

① 단백질 식품
② 기호 식품
③ 인스턴트 식품
④ 건강 식품

| 해설 | 기호 식품이란 영양소는 거의 함유하고 있지 않으나 식품의 색, 냄새, 맛을 부여하여 식욕을 증진시키는 식품으로 음료, 과자 등을 예로 들 수 있다.

04 상 중 하
식품의 감별법으로 옳지 않은 것은?

① 생선 – 탄력이 있으며 아가미가 선홍색이고 눈알이 맑은 것
② 송이버섯 – 봉오리가 크고 줄기가 부드러운 것
③ 생과일 – 신선하며 청결하고 향이 좋은 것
④ 달걀 – 표면이 거칠고 광택이 없는 것

| 해설 | 송이버섯은 봉오리가 자루보다 약간 굵고 선명하며 줄기가 단단한 것이 좋다.

05 상 중 하
맛에 대한 설명으로 옳은 것은?

① 맛은 단맛, 신맛, 짠맛, 매운맛, 감칠맛을 5가지 기본 맛으로 한다.
② 생리적인 미각의 이상으로 단맛을 느끼지 못하는 것을 미맹이라고 한다.
③ 같은 맛을 계속 먹으면 그 맛이 변하거나 미각이 둔해진다.
④ 단맛, 짠맛, 쓴맛은 온도가 높을수록 맛이 증가하고, 매운맛은 온도가 낮을수록 증가한다.

| 해설 | ① 5가지 기본 맛은 단맛, 신맛, 짠맛, 쓴맛, 감칠맛이다.
② 미맹이란 정상적인 사람이 느낄 수 있는 맛을 다르게 느끼거나 전혀 느끼지 못하는 현상을 말한다.
④ 단맛, 짠맛, 쓴맛은 온도가 낮을수록 맛이 증가하고, 매운맛은 온도가 높을수록 증가한다.

06 상 중 하
출고관리 방법 중 하나로 구매 과정에서부터 출고되기 전까지 생산 날짜, 구입일이 빠른 식재료부터 선별하여 출고하는 방법은?

① 선입선출법   ② 후입선출법
③ 총평균법   ④ 최소-최대관리법

| 해설 | 선입선출법(First – In, First – Out)은 먼저 입고되었던 식재료부터 순서대로 출고하는 방법이다.

07 상 중 하
수분이 체내에서 하는 일이 아닌 것은?

① 인체에 열량을 공급한다.
② 영양소와 노폐물을 운반하는 작용을 한다.
③ 체온을 조절한다.
④ 체액을 구성한다.

| 해설 | 인체에 열량을 공급하는 것은 열량 영양소(탄수화물, 단백질, 지방)의 역할이다.

정답

01	②	02	③	03	②	04	②	05	③
06	①	07	①						

08 상중하

한국인 영양 섭취 기준(KDRIs)의 구성요소가 아닌 것은?

① 평균 필요량　　　　　② 권장 섭취량
③ 미량 섭취량　　　　　④ 충분 섭취량

| 해설 | 한국인 영양 섭취 기준은 한국인의 질병을 예방하고 건강을 최적의 상태로 유지하기 위해 섭취해야 하는 영양소의 섭취 기준을 제시한 것으로, 평균 필요량, 권장 섭취량, 충분 섭취량, 상한 섭취량으로 구성된다.

09 상중하

수분활성도(Aw)의 범위는?

① $0 < Aw$　　　　　② $1 < Aw$
③ $0 \leqq Aw \leqq 1$　　　　　④ $0 < Aw < 1$

| 해설 | '식품 수분활성도(Aw)＝식품이 나타내는 수증기압 ÷ 순수한 물의 최대 수증기압'으로, 식품 수분활성도(Aw)의 범위는 $0 < Aw < 1$이다.

10 상중하

탄수화물을 구성하는 것이 아닌 것은?

① 탄소　　　　　② 산소
③ 질소　　　　　④ 수소

| 해설 | 탄수화물은 탄소, 수소, 산소의 복합체이다.

11 상중하

탄수화물의 대사과정에 꼭 필요한 비타민은?

① 나이아신　　　　　② 리보플라빈
③ 티아민　　　　　④ 피리독신

| 해설 | 탄수화물의 대사과정에 꼭 필요한 비타민은 비타민 B₁(티아민)이다.

12 상중하

세포벽에 존재하는 다당류로 겔화 성질이 있어 잼이나 젤리를 만드는 데 이용되는 물질은?

① 글리코젠　　　　　② 펙틴
③ 섬유소　　　　　④ 한천

| 해설 | 펙틴은 세포벽에 존재하는 다당류이며, 겔화하는 성질이 있어 잼이나 젤리를 만드는 데 이용된다.

13 상중하

과당의 결합체로 돼지감자 등에 존재하는 다당류는?

① 셀룰로오즈　　　　　② 글리코젠
③ 이눌린　　　　　④ 덱스트린

| 해설 | 이눌린은 과당의 결합체로, 우엉, 돼지감자에 다량 함유되어 있다.

14 상중하

지방이 아닌 것은?

① 왁스　　　　　② 글리코젠
③ 당지질　　　　　④ 콜레스테롤

| 해설 | 글리코젠은 탄수화물이다.

15 상중하

필수아미노산이 가장 적게 함유된 것은?

① 돼지고기　　　　　② 쌀밥
③ 갈치　　　　　④ 닭고기

| 해설 | 동물성 단백질은 대부분 양질의 단백질을 함유하고 있다. 쌀은 필수아미노산 중 리신이 부족하다.

16 상중하

미각 중 가장 높은 온도에서 가장 잘 느껴지는 맛은?

① 매운맛　　　　　② 신맛
③ 단맛　　　　　④ 쓴맛

| 해설 | 매운맛은 50~60℃, 신맛은 25~50℃, 단맛은 20~50℃, 쓴맛은 40~50℃에서 느껴지고 짠맛은 30~40℃에서 느껴진다.

17 상중하

비타민에 대한 설명으로 옳지 않은 것은?

① 체내에서 합성되지 않으므로 음식물을 통해 공급해야 한다.
② 지용성 비타민은 과잉 섭취 시 독성이 나타나기도 한다.
③ 수용성 비타민은 결핍증이 즉시 발생한다.
④ 매일 다량으로 필요하다.

| 해설 | 비타민은 인체에 반드시 필요한 물질이지만 미량만 필요로 한다.

정답									
08	③	09	④	10	③	11	③	12	②
13	③	14	②	15	②	16	①	17	④

18

설탕 용액에 미량의 소금(0.1%)을 가하여 단맛이 강하게 느껴지는 현상은?

① 맛의 상쇄 ② 맛의 변조
③ 맛의 대비 ④ 맛의 억제

| 해설 | 맛의 대비란 주된 맛 성분에 소량의 다른 맛 성분을 넣어 주된 맛이 강해지는 현상이다.
① 맛의 상쇄: 서로 다른 맛 성분이 혼합되었을 때 각각의 고유한 맛을 내지 못하고 약해지거나 없어지는 현상이다.
② 맛의 변조: 한 가지 맛 성분을 먹은 직후 다른 맛 성분을 먹으면 원래 식품의 맛이 다르게 느껴지는 현상이다.
④ 맛의 억제: 서로 다른 맛 성분이 혼합되었을 때 주된 맛 성분의 맛이 약화되는 현상이다.

19

간장, 다시마 등의 감칠맛을 내는 주된 아미노산은?

① 알라닌 ② 글루타민산
③ 리신   ④ 트레오닌

| 해설 | 글루타민산은 간장, 다시마, 김, 된장 등에서 나는 감칠맛을 내는 성분이다.

20

조리에 사용하는 냉동식품의 특성이 아닌 것은?

① 완만 동결하여 조직이 좋다.
② 미생물 발육을 저지하여 장기간 보존이 가능하다.
③ 저장 중 영양가 손실이 적다.
④ 산화를 억제하여 품질 저하를 막는다.

| 해설 | 급속 냉동은 얼음의 결정수가 많고 크기가 작아 균일한 형태를 띠며, 세포 사이사이에 고르게 분포하여 수분을 고르게 분산시키므로 조직에 큰 변형을 일으키지 않는다. 따라서 식품의 냉동은 완만 냉동보다 급속 냉동이 좋다.

21

온도, 습도, 기체 조성 등을 조절하여 장기간 동안 과일을 신선하게 저장하는 방법은?

① 산 저장   ② 자외선 저장
③ 무균포장 저장 ④ CA 저장

| 해설 | CA 저장(가스 저장)은 대기의 가스 조성을 인공적으로 조절하여 식품의 호흡 작용, 산화 작용 등에 의한 성분 변화를 방지하는 방법이다.

22

혈액과 근육의 적색 색소인 헤모글로빈과 미오글로빈의 구성 성분인 무기질은?

① 철분   ② 아연
③ 나트륨 ④ 구리

| 해설 | 혈액과 근육의 적색 색소인 헤모글로빈과 미오글로빈의 구성 성분은 철분이다.

23

비타민의 종류와 결핍증의 연결이 옳지 않은 것은?

① 비타민 A – 야맹증
② 비타민 B_{12} – 악성 빈혈
③ 비타민 C – 괴혈병
④ 비타민 D – 피부염

| 해설 | 비타민 D 결핍 시에는 구루병, 골다공증이 나타난다. 피부염은 비타민 F의 결핍증이다.

24

찹쌀전분의 아이오딘 반응 색깔은?

① 청색   ② 황색
③ 적자색 ④ 무색

| 해설 | 찹쌀전분은 100% 아밀로펙틴으로 구성되어 있고 나선상의 구조를 가지지 않으며 아이오딘 반응 시 정색 반응을 하지 않아 적자색을 띤다.

25

성인에게 필요한 필수아미노산이 아닌 것은?

① 아르기닌 ② 트립토판
③ 트레오닌 ④ 발린

| 해설 | 성인에게 필요한 필수아미노산은 트레오닌, 발린, 트립토판, 아이소류신, 류신, 라이신, 페닐알라닌, 메티오닌이다. 아르기닌과 히스티딘은 성장기 어린이나 회복기 환자 등에게 필요한 필수아미노산이다.

정답

18	③	19	②	20	①	21	④	22	①
23	④	24	③	25	①				

26 상 중 하

가수분해하여 포도당 두 분자를 생성하는 당은?

① 설탕
② 맥아당
③ 유당
④ 스타키오스

| 해설 | 맥아당(엿당)은 전분이 아밀레이스(아밀라아제)에 의해 가수분해된 중간 생성물로, 포도당 두 분자가 결합된 당이다.
① 설탕: 포도당 + 과당
③ 유당: 포도당 + 갈락토오스
④ 스타키오스: 라피노오스 + 갈락토오스

27 상 중 하

액체가 서로 섞이지 않는 다른 액체 내에 작은 방울로 분산되어 있는 콜로이드계 상태는?

① 유화액
② 액체에어로졸
③ 고체유화액
④ 거품

| 해설 | 유화액은 하나의 액체가 서로 섞이지 않는 다른 액체 내에 작은 방울로 분산되어 있는 콜로이드계 상태를 말한다. 서로 섞이지 않는 다른 액체를 서로 섞이게 도와주는 물질을 유화제라고 한다.

28 상 중 하

지방의 가수분해 시 생성물질은?

① 에테르
② 포름알데히드
③ 알데히드
④ 지방산

| 해설 | 지질은 지방산 3분자와 글리세롤 1분자가 에스테르 상태로 결합되어 지방 조직을 구성한다.

29 상 중 하

지방의 소화 효소는?

① 아밀레이스(Amylase)
② 라이페이스(Lipase)
③ 프로테이스(Protease)
④ 트립신(Trypsin)

| 해설 | 중성지방은 라이페이스(Lipase)의 작용으로 글리세롤과 지방산으로 분해된다.
① 아밀레이스는 탄수화물, ③ 프로테이스와 ④ 트립신은 단백질의 소화 효소이다.

30 상 중 하

육류의 사후경직에 대한 설명으로 옳지 않은 것은?

① 근육에서 해당 과정에 의해 인산이 증가한다.
② 해당 과정에서 생성된 산에 의해 pH가 높아진다.
③ 경직 속도는 도살 전의 동물 상태에 따라 다르다.
④ 근육의 글리코젠이 젖산이 된다.

| 해설 | 육류의 사후경직이란 동물 도살 후 산소 공급이 중지되어 당질의 호기적 분해가 일어나지 않기 때문에 근육 중의 젖산과 인산이 증가하고, 생성된 산에 의해 pH가 낮아진다.

31 상 중 하

두부 응고제로 부적합한 것은?

① 염화마그네슘
② 황산칼슘
③ 염화칼슘
④ 연수

| 해설 | 두부는 염화마그네슘($MgCl_2$), 황산칼슘($CaSO_4$), 염화칼슘($CaCl_2$) 등의 무기염류에 의해 콩 단백질인 글리시닌이 응고되어 만들어진다.

32 상 중 하

아밀로오스의 구조 결합 형태는?

① $\alpha-1$, 4 결합
② $\beta-1$, 4 결합
③ $\alpha-1$, 6 결합
④ $\beta-1$, 6 결합

| 해설 | 아밀로오스는 α-포도당이 직선상으로 연결된 $\alpha-1$, 4 결합으로 6~8개의 포도당마다 1번씩 회전하여 나선상의 구조를 이루고 있다.

33 상 중 하

복합단백질로만 짝지어진 것은?

① 젤라틴, 응고단백질
② 인단백질, 지단백질
③ 펩톤, 펩타이드
④ 류신, 타이로신

| 해설 | 복합단백질은 단순단백질과 비단백질 성분으로 구성된 복합형 단백질로 핵단백질, 인단백질, 당단백질, 지단백질이 있다.

정답									
26	②	27	①	28	④	29	②	30	②
31	④	32	①	33	②				

34

과일의 성숙기 및 보관 중 발생하는 연화(Softening) 과정에서 가장 많은 변화가 일어나는 세포벽 구성물은?

① Cellulose ② Hemicellulose
③ Pectin ④ Lignin

| 해설 | 과일은 성숙함에 따라 최대 크기로 자라며 고유의 질감을 가지면서 과육이 점차 연해진다. 이는 과일의 세포벽에 존재하는 불용성의 프로토펙틴(Protopectin)이 프로토펙티나아제(Protopectinase)에 의해 펙틴(Pectin)으로 전환되면서 조직이 부드러워지기 때문이다.

35

된장 고유의 냄새는 주로 어떤 성분의 조화로 만들어지는가?

① 알코올과 유기산 ② 알코올과 당분
③ 당분과 아미노산 ④ 당분과 유기산

| 해설 | 된장 고유의 냄새는 알코올과 유기산의 조화이고, 고유의 맛은 당분과 아미노산의 조화이다.

36

육제품을 훈연 조리하는 목적과 거리가 먼 것은?

① 저장성 증진 ② 산화 방지
③ 풍미 증진 ④ 영양 증진

| 해설 | 훈연의 목적은 저장성과 풍미를 증진시키고 산화를 방지하며 훈연 향을 부여하는 데 있다.

37

우유의 살균법에 대한 내용으로 옳지 않은 것은?

① 저온살균법 - 61~65℃, 30분간
② 고온단시간살균법 - 70~75℃, 15~30초간
③ 고온감압살균법 - 92~102℃, 10초간
④ 초고온순간살균법 - 130~140℃, 1~2초간

| 해설 | 우유의 살균법에는 저온살균법, 고온단시간살균법, 초고온순간살균법이 있다.

38

새우, 게, 가재 등에 포함되어 있는 동물성 색소는?

① 헤모시아닌 ② 아스타잔틴
③ 헤모글로빈 ④ 미오글로빈

| 해설 | 아스타잔틴은 새우, 게, 가재 등에 포함된 청록색 색소로 가열 시 붉은색으로 변한다.

39

안토시아닌(Anthocyanin) 색소를 함유하고 있는 과실 제품의 붉은색을 보존하기 위한 가장 효과적인 방법은?

① 산을 가한다. ② 중조를 가한다.
③ 철염을 가한다. ④ 수산화나트륨을 가한다.

| 해설 | 안토시아닌은 과일이나 자색 양배추, 비트, 가지 등의 채소에 존재한다. 산에 안정적이어서 색 자체를 더욱 선명하게 유지시킬 수 있다.

40

아스퍼질러스 플라버스 곰팡이가 곡류와 땅콩 등의 콩류에 침입하여 생성하는 독소는?

① 맥각독 ② 아플라톡신
③ 메탄올 ④ 시트리닌

| 해설 | ① 맥각독: 보리, 밀, 호밀 등에 에르고톡신이나 에르고타민의 곰팡이독을 생성한다.
③ 메탄올: 정제가 불충분한 에탄올이나 증류주 등에 미량 함유되어 있어 중독 증상이 심할 경우 시각 장애를 초래할 수 있다.
④ 시트리닌: 페니실리움속 푸른 곰팡이가 저장미에 증식하여 번식하는 신장독 성분이다.

41

동물의 사후경직을 일으키는 원인 물질은?

① 미오신 ② 액틴
③ 젖산 ④ 글리코젠

| 해설 | 사후경직이란 동물 도살 후 산소 공급이 중지되어 당질의 호기적 분해가 일어나지 않아 근육 중 젖산이 증가하고 이로 인해 근육 수축이 일어나 경직되는 것을 말한다.

정답								
34	③	35	①	36	④	37	③	38	②
39	①	40	②	41	③				

42 상중하

힘줄이나 혈관을 구성하는 단백질은?

① 콜라겐　　　　　　② 젤라틴
③ 케라틴　　　　　　④ 엘라스틴

| 해설 | ① 콜라겐: 동물의 뼈, 연골, 이 등을 구성하는 단백질이다.
② 젤라틴: 동물의 가죽, 뼈에 있는 콜라겐을 가수분해하여 얻어진 단백질이다.
③ 케라틴: 모발, 깃 등에 들어 있는 단백질이다.

43 상중하

비가역성젤에 해당하는 것은?

① 전분액　　　　　　② 우유
③ 삶은 달걀　　　　　④ 된장국

| 해설 | 졸 상태의 용액이 온도, pH 등의 요인으로 인해 흐르지 않고 굳은 상태를 젤이라고 한다. 비가역성젤은 젤 상태에서 가열에 의해 다시 졸로 돌아갈 수 없는 현상을 말하며 묵, 어묵, 삶은 달걀 등이 이에 해당한다.

44 상중하

천연계 색소 중 당근, 토마토, 새우 등에 주로 들어 있는 것은?

① 카로티노이드　　　② 플라보노이드
③ 엽록소　　　　　　④ 베타레인

| 해설 | 카로티노이드는 자연계에 가장 많이 존재하는 천연색소로 당근, 고구마, 옥수수 등의 주황색, 황색 또는 황적색을 띠는 색소이다.

45 상중하

비타민 A로서의 활성을 가장 많이 하는 것은?

① Cryptoxanthin　　② α-Carotene
③ β-Carotene　　　 ④ γ-Carotene

| 해설 | β-카로틴은 비타민 A의 전구체이며, 당근, 우유, 난황, 버터 등에 함유되어 있다.

46 상중하

과일의 주된 향기 성분이며 분자량이 커지면 향기가 강해지는 성분은?

① 알코올　　　　　　② 유황화합물
③ 에스테르류　　　　④ 휘발성 질소화합물

| 해설 | 에스테르류는 과일의 향기 성분으로 분자량이 커지면 향기가 강해진다.

47 상중하

수확하여 후숙하는 과정 중 호흡 작용이 높아지는 호흡 상승 현상이 나타나지 않는 과채류는?

① 사과　　　　　　　② 포도
③ 바나나　　　　　　④ 토마토

| 해설 | 비호흡기 과일에는 포도, 체리, 딸기, 레몬, 멜론 등이 있다.

48 상중하

단백질의 소화 효소로 짝지어진 것은?

① 말테이스, 수크레이스
② 트립신, 에렙신
③ 라이페이스, 스테압신
④ 락테이스, 펩신

| 해설 | 단백질의 소화 효소에는 펩신, 트립신, 에렙신이 있다.

49 상중하

머리카락, 발톱 및 손톱의 성장 기능에 필요한 영양소는?

① 단백질　　　　　　② 비타민
③ 지질　　　　　　　④ 탄수화물

| 해설 | 머리카락, 발톱 및 손톱의 성장 기능에 필요한 영양소는 구성 영양소(단백질, 무기질, 물)이다.

50 상중하

쓴맛을 내는 성분과 음식의 연결이 옳지 않은 것은?

① 테오브로민 – 코코아, 초콜릿
② 케르세틴 – 오이의 꼭지
③ 나린진 – 밀감
④ 후물론 – 맥주

| 해설 | 케르세틴은 양파 껍질에 있는 쓴맛 성분이며, 오이의 꼭지에 있는 쓴맛 성분은 쿠쿠르비타신이다.

정답									
42	④	43	③	44	①	45	③	46	③
47	②	48	②	49	①	50	②		

SUBJECT 04
구매관리

빈출 족보이론 P.23

01 상중하
가식부율이 80%인 달걀의 출고계수는?
① 1.25　　　　　② 1.0
③ 1.43　　　　　④ 2.0

| 해설 | 출고계수 = 100 ÷ 가식부율(%) = 100 ÷ 80 = 1.25

02 상중하
생선구이를 하려고 한다. 정미중량 60g을 조리하고자 할 때 1인당 발주량은 얼마인가? (단, 생선의 폐기율은 30%이다.)
① 30g　　　　　② 80g
③ 86g　　　　　④ 110g

| 해설 | 1인당 발주량 = 정미중량 × 100 ÷ (100 − 폐기율) = 60g × 100 ÷ (100 − 30) ≒ 86g

03 상중하
통조림 검수 방법으로 적절하지 않은 것은?
① 외관이 녹슬었거나 찌그러진 것은 통조림을 떨어뜨린 것이므로 내용물과 상관없이 안전하다.
② 개봉 전 라벨의 제조자명, 소재지, 제조연월일을 확인한다.
③ 개봉했을 때 식품의 형태, 색, 맛, 냄새 등에 이상이 없어야 한다.
④ 개봉 전 라벨의 내용물, 무게, 첨가물의 유무를 확인한다.

| 해설 | 외관이 녹슬었거나 찌그러졌다면 내용물의 변질 우려가 있으므로 좋지 않다.

04 상중하
시장조사 시 일반적으로 하는 조사 내용이 아닌 것은?
① 가격　　　　　② 품질
③ 판매 거래처　　④ 구매 거래처

| 해설 | 시장조사 시 품목, 품질, 수량, 가격, 구매 시기, 구매 거래처, 거래 조건을 조사한다.

05 상중하
시장조사의 원칙 중 식품은 구매 활동에 변동이 많으므로 시장 변동 상황에 능동적으로 대응할 수 있어야 한다는 원칙은?
① 조사 탄력성의 원칙
② 조사 적시성의 원칙
③ 비용 경제성의 원칙
④ 조사 정확성의 원칙

| 해설 | ② 조사 적시성의 원칙: 시간 소요는 비용으로 이어지므로, 필요 시기에 적절하게 이루어져야 한다는 원칙을 말한다.
③ 비용 경제성의 원칙: 시장조사에 소요되는 비용과 구매의 효율성이 조화를 이루어야 한다는 원칙을 말한다.
④ 조사 정확성의 원칙: 시장의 실태에 대한 정확한 정보가 필요하다는 원칙을 말한다.

06 상중하
시금치 나물 조리 시 1인당 60g이 필요하다면 식수 인원 1,200명에 적합한 시금치 발주량은? (단, 시금치의 폐기율은 5%이다.)
① 72,000g　　　　② 75,789g
③ 75,600g　　　　④ 76,590g

| 해설 | '총발주량 = 정미중량 × 100 ÷ (100 − 폐기율) × 인원수'이다. 따라서 시금치의 총발주량은 60g × 100 ÷ (100 − 5) × 1,200명 ≒ 75,789g이다.

07 상중하
가식부율이 가장 높은 식품은?
① 우엉　　　　　② 쌀
③ 수박　　　　　④ 꽃게

| 해설 | 가식부는 식품 중에서 식용이 가능한 부분을 말하며, 가식량이라고도 한다. 쌀의 가식부율은 100이다.

정답
| 01 | ① | 02 | ③ | 03 | ① | 04 | ③ | 05 | ① |
| 06 | ② | 07 | ② | | | | | | |

08 상|중|하

폐기율이 가장 낮은 식품은?

① 난류   ② 과일류
③ 생선류   ④ 패류

| 해설 | 난류의 폐기율은 12%, 과일류의 폐기율은 22～25%, 생선류의 폐기율은 28～35%, 패류의 폐기율은 75～83%이다.

09 상|중|하

폐기율은 여러 가지 요소로 인해 다를 수 있다. 이에 해당하지 않는 것은?

① 식품의 품질
② 영양성분
③ 조리 기술 능력
④ 기계화의 정도

| 해설 | 폐기율은 식품의 품질, 계절, 구입 방법, 조리법, 신선도, 기계화의 정도, 조리 기술 능력에 따라 다르다.

10 상|중|하

식품구매 계획 수립 시 필요 사항이 아닌 것은?

① 식품 가격 변화
② 식품 수급 현황
③ 식품의 저장 수명
④ 과거 기록

| 해설 | 식품구매 계획 수립 시에는 식품 수급 현황, 가격 변화, 경기 변동, 물가 동향, 저장 수명 등이 필요하다.

11 상|중|하

납품된 물품(식자재) 중에서 일부만 뽑아 검사하고 그 결과를 판정 기준과 대조하여 적합 여부를 결정하는 방법은?

① 발췌 검수법
② 전체 검사법
③ 전수 검사법
④ 무게 검사법

| 해설 | 발췌 검수법(샘플링법)은 검수 시간이 단축될 수 있고 파괴 검사에 효과 적이지만, 저품질의 물품이 섞여 있을 수 있다는 단점이 있다.

12 상|중|하

식재료 검수 시 유의 사항으로 옳지 않은 것은?

① 검수는 식품이 도착하자마자 진행한다.
② 박스 안에 들어 있는 야채는 박스를 제거한 후 검수한다.
③ 얼음이나 물이 있는 식품의 경우 이를 포함하여 수량, 중량을 측정한다.
④ 김치류는 관능검사(맛, 냄새)를 실시하고, 배추의 원산지 증명서를 함께 받아 보관한다.

| 해설 | 얼음이나 물이 있는 식품의 경우 이를 제거한 후 수량, 중량을 측정한다.

13 상|중|하

원가의 3요소에 해당하지 않는 것은?

① 직접비   ② 노무비
③ 경비   ④ 재료비

| 해설 | 원가의 3요소는 재료비, 노무비, 경비이다.

14 상|중|하

직접원가에 해당하지 않는 것은?

① 직접재료비
② 직접경비
③ 직접노무비
④ 일반관리비

| 해설 | 직접원가는 특정 제품에 직접 부담시킬 수 있는 비용으로, 직접재료비, 직접경비, 직접노무비가 이에 해당한다.

정답									
08	①	09	②	10	④	11	①	12	③
13	①	14	④						

15 상|중|하

원가 계산의 원칙 중 원가 계산과 일반회계, 각 요소별·부문별, 제품별 계산 간에 상호관리가 가능해야 하는 원칙은?

① 진실성의 원칙
② 상호관리의 원칙
③ 비교성의 원칙
④ 발생기준의 원칙

| 해설 | ① 진실성의 원칙: 제품 제조에 소요된 원가를 사실대로 표현하여 실제로 발생한 원가의 진실을 파악해야 한다는 원칙이다.
③ 비교성의 원칙: 다른 일정 기간이나 다른 부문과 비교할 수 있도록 실행해야 한다는 원칙이다.
④ 발생기준의 원칙: 이익에 상관없이 발생한 것도 원가로 인정해야 한다는 원칙이다.

16 상|중|하

두부 80g을 생선으로 대체할 때 필요한 생선의 양은? (단, 100g당 두부 단백질 함량은 15g, 생선의 단백질 함량은 10g이다.)

① 120g
② 130g
③ 140g
④ 150g

| 해설 | 대체 식품량은 '원래 식품의 양 × 원래 식품의 해당 성분 수치 ÷ 대체하고자 하는 식품의 해당 성분 수치'로 계산한다. 따라서 80g × 15g ÷ 10g = 120g이다.

17 상|중|하

돈가스를 만들어 파는 데 1kg 기준으로 비용은 돼지고기 등심 16,000원, 부재료비 1,500원이 소요되었다. 1인분에 200g을 사용하고, 식재료 비율을 40%로 하려고 할 때 판매 가격은?

① 6,000원
② 8,750원
③ 17,500원
④ 10,750원

| 해설 | 1kg의 원가는 16,000원 + 1,500원 = 17,500원이다. 1인분에 200g이므로 (16,000원 + 1,500원) ÷ 5 = 3,500원이고, 식재료 비율이 40%이므로 3,500원 ÷ 40 × 100 = 8,750원이다.

18 상|중|하

총원가와 이익의 합은?

① 제조간접비
② 총원가
③ 판매가격
④ 직접원가

| 해설 | ① 제조간접비 = 간접재료비 + 간접노무비 + 간접경비
② 총원가 = 제조원가 + 판매관리비
④ 직접원가 = 직접재료비 + 직접노무비 + 직접경비

19 상|중|하

이익도 손실도 발생하지 않으며, 한 기간의 매출액이 당해 기간의 총비용(고정비 + 변동비)과 일치하는 기점을 무엇이라고 하는가?

① 손익분기점
② 감가상각
③ 원가관리
④ 역계산법

| 해설 | 손익분기점은 이익도 손실도 발생하지 않는 기점으로, 수익이 손익분기점 이상이면 이익, 이하이면 손실이 발생한다.

20 상|중|하

부대찌개를 끓일 때 사용하는 1인분의 양이 다음과 같다면 100인분에 필요한 재료비는?

재료	필요량(g)	가격(원/100g당)
주재료비	160	1,150
육수	100	420
총조미료비		80(1인분)

① 2,260원
② 22,600원
③ 234,000원
④ 226,000원

| 해설 | 부대찌개 1인분 재료비는 (160g × 1,150원/100g당) + (100g × 420원/100g당) + 80원 = 2,340원이므로 부대찌개 100인분 재료비는 2,340원 × 100명 = 234,000원이다.

정답

15	16	17	18	19
②	①	②	③	①
20				
③				

SUBJECT 05

기초조리실무

빈출 족보이론 P.24

01 상중하
썰기의 목적으로 옳은 것은?

① 갈변을 방지한다.
② 열 전달을 좋게 한다.
③ 식재료의 표면적을 감소시킨다.
④ 영양분 손실을 적게 한다.

| 해설 | 썰기는 식재료의 표면적을 증가시켜 열 전달을 좋게 한다.

02 상중하
우리나라의 경우 200mL를 기준으로 하고, 부피를 측정하는 데 사용되는 조리기구는?

① 저울
② 계량스푼
③ 온도계
④ 계량컵

| 해설 | 계량컵은 액체류 등의 부피를 측정하는 데 주로 사용되며, 우리나라의 경우 1컵을 200mL로 하고 있다.

03 상중하
칼에 대한 설명으로 옳지 않은 것은?

① 한식 조리에는 약 30~35cm 정도 길이의 일반조리용 칼을 많이 사용한다.
② 가정용 칼은 길이가 25cm 정도로 스테인리스로만 만들어진 제품을 사용한다.
③ 서구형 칼은 칼날 길이를 기준으로 20cm 정도이며, 칼등과 칼날이 곡선으로 처리되어 칼끝에서 한 점으로 만난다.
④ 아시아형 칼은 칼날 길이를 기준으로 18cm 정도이며, 칼등이 곡선 처리되어 있고 칼날이 직선인 안정적인 모양이다.

| 해설 | 가정용 칼은 길이가 25cm 정도로 스테인리스나 니켈, 크롬 등의 재료를 혼합하여 만든 제품을 사용한다.

04 상중하
채 썰기에 적당한 방법으로, 칼끝을 도마에 대고 손잡이를 약간 들었다 당기며 눌러 써는 방법은?

① 후려 썰기
② 당겨 썰기
③ 칼끝 썰기
④ 톱질 썰기

| 해설 | ① 후려 썰기: 손목의 스냅을 이용하여 빠르게 써는 방법으로 힘이 적게 들지만 정교함이 떨어져 많은 양을 썰 때 적당한 방법이다.
③ 칼끝 썰기: 재료를 곱게 썰거나 다질 때 많이 사용하는 방법으로, 재료가 흩어지지 않도록 칼끝으로 한쪽을 그대로 두고 써는 방법이다.
④ 톱질 썰기: 말아서 만든 것이나 잘 부서지는 것을 썰 때 부서지지 않게 하기 위해 톱질하는 것처럼 왔다 갔다 하며 써는 방법이다.

05 상중하
고명의 색과 식재료의 연결이 옳지 않은 것은?

① 검은색 – 석이버섯, 표고버섯 등
② 녹색 – 미나리, 실파, 풋고추 등
③ 노란색 – 달걀 노른자 등
④ 붉은색 – 홍고추, 대추, 달걀 흰자 등

| 해설 | 달걀 흰자는 흰색 고명에 해당한다.

06 상중하
일반적으로 줄기 부분을 주요 식용 부위로 하는 채소류는?

① 경채류
② 화채류
③ 엽채류
④ 근채류

| 해설 | ② 화채류는 꽃, ③ 엽채류는 잎, ④ 근채류는 뿌리를 주요 식용 부위로 한다.

정답									
01	②	02	④	03	②	04	②	05	④
06	①								

07

두류에 속하지 않는 것은?

① 서리태
② 백태
③ 녹두
④ 메밀

| 해설 | 메밀은 곡류에 속한다.

08

분질감자의 조리법으로 적절하지 않은 것은?

① 볶는 요리
② 으깨는 요리
③ 찌는 요리
④ 굽는 요리

| 해설 | 분질감자는 감자 내의 전분 성분이 높고 보슬보슬한 질감이므로 구운 감자, 매시드 포테이토, 프렌치 프라이드 포테이토 등의 조리에 적합하다.
① 볶는 요리에는 찌거나 구울 때 잘 흩어지거나 부서지지 않고 모양이 잘 유지되는 점질감자가 적합하다.

09

달걀을 가공한 식품이 아닌 것은?

① 피단
② 버터
③ 마요네즈
④ 머랭

| 해설 | 버터는 우유를 가공한 식품이다.

10

식품 제조 시 젤라틴이 사용되지 않는 것은?

① 양갱
② 아이스크림
③ 마시멜로
④ 젤리

| 해설 | 젤라틴을 사용한 음식에는 젤리, 족편, 마시멜로, 아이스크림 등이 있다.
① 양갱은 한천을 사용한 음식이다.

11

식욕을 촉진시키며 살균 작용을 돕는 매운맛 성분의 연결이 옳지 않은 것은?

① 마늘 – 알리신
② 생강 – 진저론
③ 산초 – 호박산
④ 흑겨자 – 알릴이소티오시아네이트

| 해설 | 산초의 매운맛 성분은 산쇼올(Sanshool)이다.

12

유지의 산패에 대한 설명으로 옳은 것을 모두 고른 것은?

㉠ 풍미가 좋아진다.
㉡ 색이 암색으로 진해진다.
㉢ 점성이 높아진다.
㉣ 산도가 감소한다.

① ㉠, ㉡
② ㉠, ㉢
③ ㉡, ㉢
④ ㉢, ㉣

| 해설 | 유지의 산패 시 산도가 증가하고 불쾌한 냄새가 발생한다.

13

우유의 응고 요인으로 옳지 않은 것은?

① 가열
② 레닌
③ 당류
④ 산

| 해설 | 카세인은 우유 단백질의 80%를 차지하며 산이나 레닌에 의해 응고되고, 유청 단백질은 우유 단백질의 20%를 차지하며 가열에 의해 응고된다.

14

자연독에 의한 식중독의 원인 식품과 성분의 연결이 옳지 않은 것은?

① 복어 – 테트로도톡신
② 감자 – 솔라닌
③ 모시조개, 굴 – 베네루핀
④ 땅콩 – 아미그달린

| 해설 | 찌든 땅콩이나 오염된 땅콩 등에서 아플라톡신이라는 곰팡이 독소가 생성되어 간암 등을 유발할 수 있다. 아미그달린은 청매(덜 익은 매실), 복숭아씨, 살구씨 등에서 발생한다.

정답

07	08	09	10	11
④	①	②	①	③
12	13	14		
③	③	④		

15 상중하

달걀의 녹변 현상이 일어나는 이유로 옳지 않은 것은?

① 가열시간이 긴 경우
② 가열 온도가 높은 경우
③ 신선도가 떨어지는 경우
④ 삶은 즉시 찬물에 식힌 경우

| 해설 | 삶은 즉시 찬물에 식히는 것은 녹변 현상을 방지하는 방법이다.

16 상중하

비교적 폐기율이 높은 식품으로만 나열된 것은?

① 고구마, 서리태, 백미
② 꽃게, 홍합, 모시조개
③ 보리, 두부, 숙주나물
④ 동태, 대구, 도미

| 해설 | 곡류는 폐기율이 0%로 가장 낮고, 패류는 폐기율이 75~83%로 가장 높다.

17 상중하

육류의 색소와 색의 연결이 옳은 것은?

① 메트미오글로빈 – 적자색
② 헤미크롬 – 적갈색
③ 옥시미오글로빈 – 선홍색
④ 미오글로빈 – 백색

| 해설 | 신선한 생육은 환원형의 미오글로빈에 의해 암적색을 띠지만 고기의 표면이 공기와 접촉하면 분자상의 산소와 결합하여 선홍색의 옥시미오글로빈이 된다.

18 상중하

조리대 배치 형태 중 동선이 가장 짧으며 넓은 조리장에 가장 적합한 형태는?

① ㄴ자형
② 병렬형
③ ㄷ자형
④ 아일랜드형

| 해설 | ㄷ자형은 동일 면적에서 동선이 가장 짧으며 넓은 조리장에 가장 적합하다.
① ㄴ자형: 조리장이 좁은 경우에 사용한다.
② 병렬형: 작업할 때 180° 회전하므로 에너지 소모가 크며 쉽게 피로해진다.
④ 아일랜드형: 공간 활용이 자유롭고 동선을 단축시킬 수 있으며 조리기기를 한 곳으로 모아 놓았기 때문에 환풍기나 후드의 수를 최소한으로 줄일 수 있다.

19 상중하

가공유지에 해당하는 것은?

① 쇼트닝
② 라드
③ 참기름
④ 버터

| 해설 | 마가린, 쇼트닝은 가공유지에 해당한다.
② 라드, ④ 버터는 동물성 유지, ③ 참기름은 식물성 유지에 해당한다.

20 상중하

사과나 딸기 등이 잼에 이용되는 이유로 적절한 것은?

① 펙틴과 유기산이 많이 함유되어 있다.
② 색이 아름다워 잼의 상품 가치를 높인다.
③ 과숙이 잘 되어 좋은 질감을 형성한다.
④ 맛 성분이 잼 맛에 적합하다.

| 해설 | 잼을 만들기에 적당한 과일의 조건은 충분한 양의 펙틴과 산(과일에 함유된 유기산)이다. 때문에 펙틴과 산이 많은 감귤, 사과, 살구, 자두, 딸기 등은 잼 제조에 적절하다.

21 상중하

유지의 산패를 촉진하지 않는 것은?

① 수분
② 광선 및 자외선
③ 금속류
④ 토코페롤

| 해설 | 수분이 많으면 촉매 작용기 강해지고, 광선 및 자외선은 산패를 촉진시키며, 금속류는 유지의 산화를 촉진시킨다. 토코페롤은 항산화제이다.

22 상중하

쌀에 함유된 주 단백질은?

① Gluten
② Hordein
③ Zein
④ Oryzenin

| 해설 | ① Gluten: 밀가루
② Hordein: 보리
③ Zein: 옥수수

정답

15	16	17	18	19
④	②	③	③	①
20	21	22		
①	④	④		

23
비타민 B₁의 흡수를 돕는 마늘, 파 등에 들어 있는 물질은?

① 알리신   ② 캡사이신
③ 차비신   ④ 타우린

| 해설 | 마늘의 매운 성분인 알리신은 체내에서 비타민 B₁의 흡수를 돕는다.

24
단백질의 변성에 대한 설명으로 옳지 않은 것은?

① 단백질의 변성은 등전점에서 가장 잘 일어난다.
② 단백질의 열 응고 온도는 대개 60~70℃이다.
③ 육류 단백질의 동결 변성은 -5~-1℃에서 가장 잘 일어난다.
④ 콜라겐은 가열에 의해 불용성의 젤라틴이 된다.

| 해설 | 콜라겐은 가열에 의해 가용성의 젤라틴이 된다.

25
찹쌀과 멥쌀의 성분상 큰 차이는?

① 단백질 함량   ② 지방 함량
③ 회분 함량   ④ 아밀로펙틴 함량

| 해설 | 찹쌀은 아밀로펙틴 100%로 이루어져 있고, 멥쌀은 아밀로오스 20%와 아밀로펙틴 80%로 이루어져 있다.

26
당류 중 단맛이 강한 것은?

① 과당   ② 맥아당
③ 설탕   ④ 포도당

| 해설 | 당질의 감미도는 '과당 > 전화당 > 설탕 > 포도당 > 맥아당 > 갈락토오스 > 유당' 순으로 강하다.

27
경화유를 만드는 목적이 아닌 것은?

① 수소를 첨가하여 산화 안전성을 높인다.
② 색깔을 개선한다.
③ 물리적 성질을 개선한다.
④ 포화지방산을 불포화지방산으로 만든다.

| 해설 | 경화란 불포화지방산의 액체유에 니켈, 백금 등의 촉매로 수소를 첨가하면 포화지방산이 되어 고체가 되는 과정을 말한다.

28
우유의 가공 공정에서 균질화의 목적이 아닌 것은?

① 미생물의 증식 억제
② 지방의 분리 방지
③ 커드(Curd)의 연화
④ 지방구의 미세화

| 해설 | 균질화의 목적은 지방의 분리 방지, 커드(Curd)의 연화, 지방구의 미세화, 풍미 증진, 소화 및 흡수 용이에 있다.

29
부패된 어류에 나타나는 현상은?

① 아가미의 색깔이 선홍색이다.
② 육질은 탄력성이 있다.
③ 눈알이 맑지 않다.
④ 비늘은 광택이 있고, 점액이 별로 없다.

| 해설 | 신선한 어류의 눈은 외부로 돌출되어 있고 투명하다. 신선도가 저하될수록 눈이 흐려지고 각막은 눈 속으로 내려 앉는다.

30
전분의 호화(α화)에 대한 설명으로 옳지 않은 것은?

① 생전분의 미셀(Micelle) 구조가 파괴된 것이다.
② 물을 빨리 흡수하고 팽윤한다.
③ 전분 분해 효소의 작용이 쉽다.
④ 냉수에 녹이면 곧 호정화된다.

| 해설 | 호화란 생전분에 물을 넣고 가열하면 전분이 물을 흡수하여 팽윤하고 온도가 상승하면서 전분 용액의 투명도와 점성이 증가하여 전분 입자의 형태가 없어진 반투명의 콜로이드(Colloid) 상태가 되는 현상이다.

정답

23	24	25	26	27
①	④	④	①	④

28	29	30
①	③	④

31 상중하

소고기의 붉은 색깔이 나타나게 하는 색소는?

① 안토시안(Anthocyan)
② 카로틴(Carotene)
③ 미오글로빈(Myoglobin)
④ 플라본(Flavone)

| 해설 | 육류의 주된 색은 근육의 육색소인 미오글로빈에 의한 것이다. 미오글로빈의 함량은 동물의 종류와 부위, 연령 등에 따라 다르다.

32 상중하

펙틴과 산의 함량이 모두 높은 것은?

① 복숭아   ② 딸기
③ 살구   ④ 사과

| 해설 | 사과, 포도는 펙틴과 산의 함량이 모두 높다.

33 상중하

육류의 연화제와 가장 거리가 먼 것은?

① 파파인(Papain)
② 피신(Ficin)
③ 브로멜린(Bromelain)
④ 라이페이스(Lipase)

| 해설 | 육류의 연화제로는 단백질 분해 효소가 쓰이는데, 라이페이스(Lipase)는 지방 분해 효소이다.

34 상중하

치즈 제조 시 렌넷(Rennet)을 이용하는 목적으로 옳은 것은?

① 지방의 산화 방지
② 유단백질의 균질
③ 유단백질 응고
④ 유지방 환원

| 해설 | 렌넷(Rennet)은 응유 효소이다.

35 상중하

마요네즈 제조에 있어 난황의 주된 작용은?

① 응고제 작용   ② 유화제 작용
③ 기포제 작용   ④ 팽창제 작용

| 해설 | 난황의 레시틴은 유화제로서의 역할을 하고, 난화의 유화성을 결정짓는 성분이다.

36 상중하

빵이나 비스킷 등의 가열 시 갈변 현상이 나타나는 경우는?

① 마이야르 반응이 단독으로 발생한 경우
② 효소에 의한 갈변 반응이 일어난 경우
③ 마이야르 반응과 캐러멜화 반응이 동시에 일어난 경우
④ 아스코르브산의 산화 반응이 발생한 경우

| 해설 | 빵이나 비스킷의 재료로 설탕과 달걀 등이 사용되므로 당이 열과 반응하는 캐러멜화 반응, 단백질이 열과 반응하는 마이야르 반응이 동시에 일어난다.

37 상중하

신선란의 특징으로 옳지 않은 것은?

① 표면이 꺼칠꺼칠하며, 흔들어서 소리가 나지 않는 것이 신선하다.
② 10%의 식염수에 넣었을 때 위로 떠오른 것이 신선하다.
③ 난황계수가 0.36 이상이면 신선하다.
④ 기실의 크기가 작으며, 난황이 중앙 부근에 둥글고 옅은 장미 색을 띠는 것이 신선하다.

| 해설 | 10%의 소금물에 달걀을 넣었을 때 가라앉으면 신선한 것이고, 위로 뜨면 오래된 것이다.

38 상중하

담그기와 불리기의 장점으로 틀린 것은?

① 식품 내의 수분 함량을 증가시킨다.
② 조직을 단단하게 한다.
③ 변색을 방지한다.
④ 불미 성분을 제거한다.

| 해설 | 담그기와 불리기는 조직을 연화시킨다.

정답									
31	③	32	④	33	④	34	③	35	②
36	③	37	②	38	②				

39
고기의 숙성에 대한 설명으로 옳지 않은 것은?

① 도살 후 고기의 pH 변화는 주로 젖산이나 인산의 생성 때문이다.
② 고기의 글리코젠 함량은 숙성 중에는 변하지 않는다.
③ 산소의 공급이 충분한 경우에는 젖산 생성량이 적어진다.
④ 고기의 숙성은 온도가 높아지면 빨리 진행된다.

| 해설 | 숙성 과정 중에는 근육 내의 단백질 분해 효소인 프로테이스에 의해 자기소화가 일어나 근육의 길이가 짧아지면서 연해지고, 맛과 풍미가 좋아지며 보수성이 증가한다.

40
연어와 송어류의 고기색을 결정해 주는 성분은?

① Myoglobin
② Hemoglobin
③ Cytochrome
④ Astaxanthin

| 해설 | 연어와 송어가 붉은색을 띠는 것은 카로티노이드 색소인 아스타잔틴(Astaxanthin) 때문이다.

41
마요네즈 제조 시 유화제로 작용하는 성분은?

① 알부민(Albumin)
② 스테롤(Sterol)
③ 레시틴(Lecithin)
④ 라이소자임(Lysozyme)

| 해설 | 난황의 레시틴은 천연 유화제이다.

42
전분질 식품을 볶거나 구울 때 일어나는 현상은?

① 호화 현상
② 호정화 현상
③ 노화 현상
④ 유화 현상

| 해설 | 전분을 160~170℃의 건열로 가열하면 전분 분자는 글루코사이드 결합이 끊어지면서 가용성의 덱스트린(Dextrin)으로 분해되는데, 이를 전분의 호정화라고 한다.

43
우유에 대한 설명으로 옳지 않은 것은?

① 식물성 단백질과 칼슘의 공급원이다.
② 대표적인 완전 식품이다.
③ 우유의 당질은 대부분 유당이다.
④ 우유의 단백질은 카세인, 락토글로불린, 락트알부민으로 구성되어 있다.

| 해설 | 우유는 동물성 단백질과 칼슘의 공급원으로, 대표적인 완전 식품이다.

44
클로로필 색소가 산과 반응할 때 이에 대한 변화로 옳은 것은?

① 녹갈색의 페오피틴을 생성한다.
② 진한 녹색의 클로로필린을 생성한다.
③ 초록색의 클로로필라이드를 생성한다.
④ 갈색의 피톨을 생성한다.

| 해설 | 클로로필을 산성 용액에 방치하면 클로로필에 결합되어 있는 마그네슘 이온(Mg^+)이 빠져나오고 수소이온(H^+)이 치환되어 녹갈색의 페오피틴(Pheophytin)을 생성한다.

45
토마토 적색 색소의 주성분은?

① 라이코펜(Lycopene)
② 베타-카로틴(β-Carotene)
③ 아스타잔틴(Astaxanthin)
④ 안토시아닌(Anthocyanin)

| 해설 | 토마토, 수박, 자몽에 들어 있는 라이코펜은 β-카로틴보다 붉은 적색을 나타낸다.

정답

39	②	40	④	41	③	42	②	43	①
44	①	45	①						

SUBJECT 06
한식

빈출 족보이론 P.26

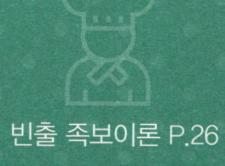

01 상 중 하

기능성 쌀을 이용한 밥이 아닌 것은?

① 영지쌀 밥
② 누룽지쌀 밥
③ 버섯쌀 밥
④ 감자 밥

| 해설 | 감자 밥은 주재료에 따라 붙여진 특별한 밥에 해당한다.

02 상 중 하

밥 종류 중 약밥의 설명으로 옳지 않은 것은?

① 찹쌀에 밤, 은행, 대추, 잣, 양념을 넣어 지은 밥
② 약이 되는 영양 밥
③ 약을 넣어 지은 밥
④ 몸에 좋은 식재료를 넣어 지은 밥

| 해설 | 약밥은 찹쌀에 밤, 은행, 대추, 잣, 양념을 넣어 지은 밥이다.

03 상 중 하

쌀의 품질 선별에 대한 설명으로 옳지 않은 것은?

① 색은 윤기가 나고 입자가 정리된 것이어야 한다.
② 잘 건조되어 있는 것이어야 한다.
③ 주식용 쌀 백미의 도정도는 7~9분 도미된 것이 좋다.
④ 일정량의 쌀로 직접 밥을 지어 품질 테스트를 하는 것이 좋다.

| 해설 | 주식용 쌀의 도정도는 10~11분 도미된 것이 좋다.

04 상 중 하

볶음 조리 시 불 조절에 대한 설명으로 옳은 것은?

① 강불에서 조리한다.
② 중불과 약불을 같이 사용한다.
③ 약불에서 조리한다.
④ 중불에서 많이 볶아낸다.

| 해설 | 볶음 조리는 조리 시 화력이 중요하므로 강한 불에서 조리한다. 화력이 약하면 조리 시간이 길어져 수분 손실로 인해 채소의 경우 식감이 좋지 않고, 조리 과정 중에 식재료 본연의 색이 변한다.

05 상 중 하

콩의 품질 선별로 옳지 않은 것은?

① 콩 고유의 모양과 색을 갖춘 것이어야 한다.
② 낟알이 일정하고 고른 것이어야 한다.
③ 수분이 14% 이하인 것이어야 한다.
④ 미강층이 완전히 제거된 것이 좋다.

| 해설 | 미강층이 완전히 제거된 것이 좋은 것은 쌀의 품질 선별에 해당한다.

06 상 중 하

쌀 침지 시간으로 밥맛이 가장 좋은 시간은?

① 씻자마자 바로
② 30분
③ 2시간
④ 3시간

| 해설 | 쌀의 침지 시간은 30분~1시간이 좋다.

07 상 중 하

밥 짓는 도구 중 밥맛이 가장 좋지 않은 것은?

① 재질이 얇은 알루미늄 냄비
② 두꺼운 무쇠솥
③ 돌로 만든 돌솥
④ 압력이 가해진 압력솥

| 해설 | 재질이 두껍고 무거운 것이면서 열전도가 적고 열용량이 큰 무쇠나 돌로 만든 돌솥의 밥맛이 더 좋다.

정답

01	④	02	③	03	③	04	①	05	④
06	②	07	①						

08

화학적으로 합성된 빙초산 또는 초산을 물로 희석하여 식초산이 3~4%가 되도록 한 식초는?

① 혼성식초
② 합성식초
③ 사과식초
④ 양조식초

| 해설 | ① 혼성식초: 합성식초와 양조식초를 혼합한 것이다.
④ 양조식초: 원료(곡물이나 과실)를 발효시켜 초산을 생성하는 식초로 쌀초, 사과초, 현미초 등이 있다.

09

생강을 생선 육수에 사용할 때 냄새를 제거하기 위해 가장 효과적인 시점은?

① 생선과 함께 처음부터
② 요리 중간
③ 요리 마치고 불을 끈 후
④ 요리 끝내기 10분 전

| 해설 | 요리 끝내기 10분 전이 냄새 제거에 가장 효과적이다.

10

한식의 상차림은 3첩, 5첩, 7첩, 9첩, 12첩으로 나뉜다. 첩수에 포함되는 것은?

① 김치
② 국
③ 생채
④ 밥

| 해설 | 반찬의 가짓수에 따라 첩수를 구분하므로 생채는 첩수에 해당한다.
① 김치는 기본 음식으로 첩수에 포함되지 않는다.

11

단오절에 먹는 음식으로 옳지 않은 것은?

① 느티떡
② 수리취절편
③ 제호탕
④ 준치만두

| 해설 | 느티떡은 초파일에 먹는 음식이다.

12

죽을 쑤는 재료가 흰죽이 아닌 것은?

① 무리죽
② 녹두죽
③ 원미죽
④ 쌀암죽

| 해설 | 녹두죽은 두태죽에 해당한다.

13

쌀의 처리 방법에 따른 죽의 분류 중 쌀알을 그대로 사용하여 만든 죽의 명칭은?

① 원미죽
② 타락죽
③ 무리죽
④ 옹근죽

| 해설 | 옹근죽은 쌀알을 그대로 사용한 것으로, 대부분의 죽이 이에 해당한다.

14

쌀을 갈거나 쌀가루를 사용하여 만든 죽에 해당하지 않는 것은?

① 잣죽
② 장국죽
③ 호두죽
④ 타락죽

| 해설 | 쌀을 갈거나 쌀가루를 사용하여 만든 죽은 무리죽으로, 타락죽, 호두죽, 잣죽이 이에 해당한다. 장국죽은 쌀을 반으로 으깨서 사용하는 원미죽에 해당한다.

15

산모의 젖을 많이 나게 하고 해독 작용이 있으며 체내 알코올을 배설하는 이뇨 작용으로 숙취를 완화하고 위장에 좋은 죽은?

① 잣죽
② 팥죽
③ 호박죽
④ 전복죽

| 해설 | ① 잣죽: 신경통을 줄여 주고 자양 강장 및 수명 연장의 효능이 있다.
③ 호박죽: 부종에 좋고 임신 중 요통, 복통, 하열이 있을 때 좋다.
④ 전복죽: 숙취를 완화시켜주고 피로 회복과 피부 노화 방지에 좋다.

16

채소류의 분류에 해당하지 않는 것은?

① 엽채류
② 경채류
③ 근채류
④ 산채류

| 해설 | 채소류는 엽채류, 경채류, 근채류, 과채류, 화채류로 분류된다.

정답

08	09	10	11	12
②	④	③	①	②
13	14	15	16	
④	②	②	④	

17 상 중 하

죽을 처음 먹던 시기에 죽의 주요 기능은?

① 기호식   ② 별미식

③ 보양식   ④ 구황식

| 해설 | 초기에 죽은 구황식으로 이용되었다.

18 상 중 하

국물 양에 따른 분류가 다른 하나는?

① 감정   ② 전골

③ 조치   ④ 국

| 해설 | 국은 건더기가 국물의 1/3 정도인 것이 좋다.
① 감정, ② 전골, ③ 조치는 건더기가 국물의 2/3 정도인 것이 좋다.

19 상 중 하

가을에 어울리는 국으로 적절하지 않은 것은?

① 무맑은국   ② 근대국

③ 배추속대국   ④ 버섯맑은장국

| 해설 | 근대는 여름이 제철이므로 근대국은 주로 여름에 먹는 국이다.

20 상 중 하

국물을 내기 위해 모시조개, 바지락 사용 시 해감에 적당한 소금 농도는?

① 1%   ② 2%

③ 3~4%   ④ 5~6%

| 해설 | 조개는 3~4% 소금물에 담가 놓아 해감시킨 후 사용한다.

21 상 중 하

육수를 식혀 사용하거나 물을 사용하기도 하고 여름철 국으로 많이 이용하는 것은?

① 냉국   ② 설렁탕

③ 곰국   ④ 장국

| 해설 | 냉국은 차갑게 먹는 여름철 국으로 육수를 식혀 사용하거나 물을 사용하기도 한다. 냉국에는 오이 냉국, 미역 냉국 등이 있다.

22 상 중 하

사골 육수로 어울리지 않는 요리는?

① 떡국   ② 칼국수

③ 순두부찌개   ④ 설렁탕

| 해설 | 순두부찌개는 조개 육수가 잘 어울린다.

23 상 중 하

대파 사용에 대한 설명으로 옳지 않은 것은?

① 대파 뿌리는 잡냄새 제거 효과로 동치미를 담그거나 국물을 낼 때 사용한다.

② 찌개나 육수에는 대파의 푸른 부분을 많이 사용한다.

③ 양념으로 대파의 흰 부분을 다져 사용하면 음식이 깔끔하다.

④ 육수를 낼 때 깔끔한 국물을 위해 대파의 흰 부분을 사용한다.

| 해설 | 양념으로 사용 시 대파의 흰 부분을 다져 사용하면 음식이 깔끔하고, 대파의 푸른 부분은 찌개나 육수에 많이 사용한다.

24 상 중 하

단백질 분해 효소인 에스테라제 함유로 돼지고기, 소고기, 닭고기 육수로 사용 시 식감을 부드럽게 하고, 어패류에 사용 시 비린내와 독성을 풀어 시원한 맛을 내는 채소는?

① 호박   ② 감자

③ 무   ④ 미나리

| 해설 | 무에 함유되어 있는 단백질 분해 효소인 에스테라제는 소화를 촉진시키는 역할도 한다.

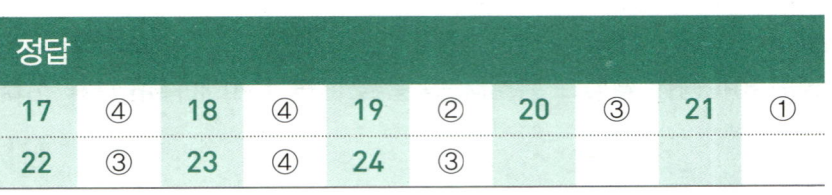

정답									
17	④	18	④	19	②	20	③	21	①
22	③	23	④	24	③				

25 상 중 하
육수 만들 때 향신료를 첨가하는 이유로 옳지 않은 것은?

① 육류나 생선의 불쾌취를 완화시킨다.
② 새로운 맛을 창조한다.
③ 소화 효소의 활성화로 소화를 촉진하고 정장제로서의 역할을 한다.
④ 곰팡이·효모의 발생과 부패균의 증식을 억제시킨다.

| 해설 | 향신료는 특수한 방향성이나 자극적인 맛을 첨가하여 맛으로 음식에 풍미를 더해 주고 식욕 촉진을 돕는다. 음식의 맛을 보완하여 좀 더 좋은 맛을 내지만, 전혀 다른 새로운 맛을 창조하는 것은 아니다.

26 상 중 하
국, 탕의 육수를 끓일 때 소금이나 간장, 된장을 넣는 적합한 시기로 옳은 것은?

① 간은 맨 처음부터 한다.
② 조금 끓였을 때 넣는다.
③ 국물이 우러났을 때 넣는다.
④ 아무 때나 넣어도 상관 없다.

| 해설 | 국, 탕의 육수를 끓일 때 간을 하면 국물이 우러나지 않으므로 국물이 우러나면 간을 한다.

27 상 중 하
소금구이로 적합하지 않은 것은?

① 고등어구이
② 방자구이
③ 청어구이
④ 가리구이

| 해설 | 가리구이(갈비구이)는 소갈비 살을 포 뜬 후 잔 칼집을 내어 양념장, 배즙, 술에 재어 두었다가 구운 음식이다.

28 상 중 하
국과 탕을 끓일 때 양념장을 넣고 거품이 올라오면 하는 행동으로 옳은 것은?

① 바로 걷어낸다.
② 한소끔 끓인 후 걷어낸다.
③ 내버려둔다.
④ 채소를 넣는다.

| 해설 | 양념장을 넣고 거품이 올라왔을 때 바로 걷어내면 양념이 배지 않고, 그냥 내버려두면 국물이 깔끔하지 않으므로, 한소끔 끓인 후 걷어내는 것이 좋다.

29 상 중 하
여름에 먹는 음식으로, 닭 육수를 차게 식혀 식초와 겨자로 간을 한 다음 고기를 찢어 오이, 버섯 등을 넣어 먹는 탕은?

① 초계탕
② 삼계탕
③ 설렁탕
④ 임자수탕

| 해설 | ② 삼계탕: 영계의 뱃속에 불린 찹쌀, 밤, 대추, 마늘 등을 넣고, 물을 넉넉히 부은 냄비에 푹 삶아 고기가 충분히 익으면 인삼을 넣고 한 번 더 끓인 탕이다.
③ 설렁탕: 소머리, 사골, 도가니, 소 뼈, 사태고기, 양지머리, 내장 등을 재료로 써서 푹 끓인 국이다.
④ 임자수탕: 닭 육수에 흰깨를 갈아 거른 물을 넣은 냉국으로, 소고기, 미나리, 오이, 지단을 넣어 만든 음식이다.

30 상 중 하
놋쇠로 만든 그릇으로, 보온, 보냉, 항균 효과가 좋아 국과 탕을 담을 때 사용하는 그릇은?

① 뚝배기
② 오지그릇
③ 유기그릇
④ 질그릇

| 해설 | 유기그릇은 놋쇠로 만들어 보온, 보냉, 항균 효과가 좋다.

정답

25	②	26	③	27	④	28	②	29	①
30	③								

31 [상][중][하]

건더기가 국물의 2/3 정도로, 궁중에서 찌개를 일컫는 말은?

① 조치
② 지짐이
③ 국
④ 전골

| 해설 | 조치는 궁중에서 찌개를 일컫는 말로, 건더기가 국물의 2/3 정도인 것이 적당하다.

32 [상][중][하]

찌개와 국물 양은 같으나 재료를 가지런히 놓고 직접 화로 등을 준비하여 즉석에서 끓여 먹는 요리의 명칭은?

① 감정
② 국
③ 전골
④ 조치

| 해설 | ① 감정: 국물이 적고 고추장으로 간을 한 찌개이다.
② 국: 찌개보다 국물이 많고, 건더기는 국물의 1/3 정도가 좋다.
④ 조치: 궁중에서 찌개를 일컫는 말로, 건더기는 국물의 2/3 정도가 좋다.

33 [상][중][하]

탁한 찌개의 종류가 아닌 것은?

① 게감정
② 두부젓국찌개
③ 생선찌개
④ 된장찌개

| 해설 | 탁한 찌개는 된장, 고추장으로 간을 한 찌개이고, 맑은 찌개는 소금, 새우젓 등으로 간을 한 찌개이다. 두부젓국찌개는 맑은 찌개에 해당한다.

34 [상][중][하]

수산물 조리에 대한 설명으로 옳지 않은 것은?

① 생선 조림 시 물이나 양념장이 끓을 때 생선을 넣어야 모양을 유지하고 영양 손실을 줄일 수 있다.
② 조림이나 탕 조리 시 뚜껑을 꼭 덮어야 비린내를 줄일 수 있다.
③ 탕 조리 시 육수가 끓은 후에 생선을 넣어야 단백질 응고 작용으로 국물이 맑고 생선살이 풀어지지 않으며 비린내가 덜 난다.
④ 생강을 첨가하려면 생선이 익은 후 넣어야 탈취 효과가 있다.

| 해설 | 조림이나 탕 조리 시 가열하는 처음 수 분간은 뚜껑을 열어 놓아야 비린내를 휘발시킬 수 있다.

35 [상][중][하]

토장국으로, 된장으로 간을 하고 무, 애호박, 양파, 두부 등을 넣고 끓이는 찌개는?

① 순두부찌개
② 아욱국
③ 시금칫국
④ 된장찌개

| 해설 | 된장찌개는 된장으로 간을 하고, 무, 애호박, 양파, 두부 등을 넣고 끓이는 찌개로, 육수로 쌀뜨물, 소고기 육수, 멸치 육수를 주로 사용한다.

36 [상][중][하]

어패류 및 해조류의 전처리 방법으로 옳지 않은 것은?

① 조개는 살아 있는 것을 구입해 껍질을 깨끗하게 씻고 1~2%의 소금물에 담가 해감시켜 사용한다.
② 생선을 통째로 사용할 때에는 배를 가르지 않고 아가미를 통해 내장을 제거한다.
③ 낙지는 굵은 소금 또는 밀가루를 뿌려 다리와 몸통을 주무른 후 물에 씻는다.
④ 새우는 등쪽에 있는 내장을 제거하고, 머리와 꼬리는 제거하지 않은 채 몸통의 껍질만 벗겨서 모양을 살린다.

| 해설 | 조개는 살아 있는 것을 구입해 껍질을 깨끗하게 씻고 3~4%의 소금물에 담가 해감시켜 사용한다.

37 [상][중][하]

다음 중 신선하지 않은 어류는?

① 비늘이 고르게 밀착되어 있는 것
② 눈이 투명하고 돌출되어 있는 것
③ 아가미의 색이 선홍색인 것
④ 물에 뜨는 것

| 해설 | 신선한 어류는 물에 가라앉는다.

정답									
31	①	32	③	33	②	34	②	35	④
36	①	37	④						

38 상 중 하

전을 부칠 때 사용하는 기름으로 적절하지 않은 것은?

① 콩기름
② 들기름
③ 카놀라유
④ 옥수수 기름

| 해설 | 들기름은 발연점이 낮아 전을 부칠 때 사용하기에 적절하지 않다.

39 상 중 하

전(煎)류 형태에 따른 조리 방법으로 옳지 않은 것은?

① 재료를 다져 밀가루와 달걀을 씌워 지져 내는 방법
② 주재료와 부재료를 꼬치에 꿴 다음 밀가루와 달걀을 씌워서 지져 내는 방법
③ 여러 가지 채소나 육류에 밀가루를 묻혀 튀겨 내는 방법
④ 다진 재료에 양념과 밀가루, 녹말가루, 달걀 등을 섞어 둥글고 납작하게 부치는 방법

| 해설 | 여러 가지 채소나 육류에 밀가루를 묻혀 튀겨 내는 방법은 전(煎)이 아니라 튀김이다.

40 상 중 하

전류 조리 시 주의 사항으로 옳지 않은 것은?

① 곡류를 사용한 전은 다른 재료보다 기름을 넉넉히 두른다.
② 전을 지질 때에는 달궈진 팬에 재료를 올려야 기름 흡수가 적다.
③ 전 재료는 익지 않은 것은 올리고 익은 것은 내리고를 반복한다.
④ 전은 한입 크기가 좋다.

| 해설 | 전 재료는 익지 않은 것은 올리고 익은 것은 내리고를 반복하면 안 익은 재료의 교차오염이 발생할 수 있으므로 한꺼번에 올리고, 한꺼번에 내려야 한다.

41 상 중 하

유지의 종류 중 동물성 유지에 해당하는 것은?

① 마가린
② 면실유
③ 참기름
④ 버터

| 해설 | 버터는 동물성 유지에 해당한다.

42 상 중 하

음양오행설을 바탕으로 오방색인 흰색, 붉은색, 녹색, 노란색, 검은색 식품을 고명으로 사용할 때 석이버섯의 색은?

① 검은색
② 노란색
③ 붉은색
④ 녹색

| 해설 | 석이버섯, 표고버섯 등은 검은색 식품이다.

43 상 중 하

생채에 대한 설명으로 옳지 않은 것은?

① 초장, 초고추장, 겨자, 식초 등을 이용해 새콤달콤한 맛을 낸다.
② 다른 조리 방법보다 영양소 손실이 적다.
③ 식재료 본연의 맛을 살린 것이 특징이다.
④ 주재료는 육류를 사용한다.

| 해설 | 주재료로 대부분 채소류를 사용하며, 소고기, 해산물, 해파리, 조개 등을 사용하기도 한다.

44 상 중 하

양파에 대한 설명으로 옳지 않은 것은?

① 가열 시 생양파보다 50~70배의 단맛을 낸다.
② 매운탕에 사용 시 너무 단맛이 나므로 가감한다.
③ 소스나 샐러드는 채 썰거나 다져서 찬물에 담가 사용한다.
④ 볶음 요리 시 양파는 나중에 넣어야 고유한 맛을 살려 맛이 좋아진다.

| 해설 | 볶음 요리 시 양파를 먼저 가열한 후 다른 채소나 고기를 넣어야 맛이 좋아진다.

정답

38	②	39	③	40	③	41	④	42	①
43	④	44	④						

45 상 중 하

생채의 종류가 아닌 것은?

① 연두부냉채   ② 문어숙회

③ 무생채   ④ 달래냉채

| 해설 | 문어숙회는 숙회 요리에 해당한다.

46 상 중 하

국물이 없도록 조린 음식으로 국물에 녹말물을 풀어 윤기나게 만드는 조리 방법은?

① 초   ② 조림

③ 볶음   ④ 무침

| 해설 | 초는 국물이 없도록 조린 음식을 말하며 국물에 녹말물을 풀어 윤기나게 만들기도 한다.

47 상 중 하

조림에 대한 설명으로 옳지 않은 것은?

① 담은 재료의 위쪽보다 아래쪽의 간을 세게 한다.

② 재료를 큼직하게 썬 다음 간을 하여 약한 불에서 오래 조린다.

③ 국물 맛을 내기보다 재료에 맛이 들게 하는 조리법이다.

④ 다른 조리법보다 간이 세기 때문에 저장성이 높다.

| 해설 | 조림 요리 시 재료의 어느 부분에서나 같은 맛이 나도록 해야 한다.

48 상 중 하

인류 역사상 가장 먼저 발달된 조리법은?

① 무침   ② 볶음

③ 구이   ④ 밥 짓기

| 해설 | 구이는 인류 역사상 불을 사용하는 화식 중 가장 먼저 발달한 조리법이다.

49 상 중 하

소고기를 도톰하게 저며 부드럽게 연육한 후 양념하여 굽기를 반복해서 만든 음식은?

① 염통구이   ② 장포육

③ 갈비구이   ④ 너비아니구이

| 해설 | 장포육은 소고기를 도톰하게 저며 부드럽게 연육한 후 양념하여 굽기를 반복해서 만든 음식이다.

50 상 중 하

육회에 대한 설명으로 옳지 않은 것은?

① 채 썰어 소금, 설탕, 다진 마늘, 참기름으로 양념한다.

② 기름기가 없는 부위를 사용한다.

③ 불에 살짝만 익힌 음식이다.

④ 채 썬 배와 함께 먹는 음식이다.

| 해설 | 육회는 불에 익히지 않은 고기 요리이다.

51 상 중 하

음식의 적정 온도로 옳은 것은?

① 김치 − 7~10℃

② 밥 − 40~45℃

③ 겨자 − 7~10℃

④ 국 − 80~90℃

| 해설 | 음식의 적정 온도는 ① 김치 0~5℃, ③ 겨자 40~45℃, ④ 국 70~75℃이다.

52 상 중 하

간장 등으로 간을 하여 약불에서 국물이 없도록 오래 조린 음식은?

① 조림   ② 볶음

③ 강정   ④ 정과

| 해설 | 조림은 재료를 큼직하게 썬 다음 간장 등으로 간을 하여 약불에서 국물이 없도록 오래 조린 음식을 말한다.

정답									
45	②	46	①	47	①	48	③	49	②
50	③	51	②	52	①				

53 상중하
장조림 조리 방법에 대한 설명으로 옳지 않은 것은?

① 찬물에 고기를 넣으면 육즙이 나와 고기의 맛이 덜하다.
② 셀러리나 미나리 같이 향이 나는 채소를 넣어 조리한다.
③ 부재료를 너무 많이 사용하면 빨리 상하므로 유의한다.
④ 고기와 간장을 먼저 넣으면 고기가 질겨진다.

| 해설 | 장조림 조리 시 향신료는 대파, 깐마늘, 통후추 등을 사용하며 셀러리나 미나리 같이 향이 너무 강하거나 무른 채소는 피한다.

54 상중하
장조림의 부위로 적절하지 않은 것은?

① 꽃등심   ② 아롱사태
③ 우둔살   ④ 홍두깨살

| 해설 | 장조림의 부위로 사태, 우둔살, 홍두깨살이 적절하다.

55 상중하
조림의 조리용기에 대한 설명으로 옳은 것은?

① 바닥이 넓은 팬을 사용하면 재료가 균일하게 익고 조림장이 골고루 잘 스며든다.
② 볼이 깊은 팬을 사용한다.
③ 빨리 끓이기 위해 바닥이 얇은 냄비를 사용한다.
④ 깊이가 깊은 냄비를 사용한다.

| 해설 | 조림의 조리용기로 바닥이 넓은 팬을 사용하면 재료가 균일하게 익고 조림장이 잘 스며들어 좋다.

56 상중하
홍합초 만드는 방법으로 옳지 않은 것은?

① 홍합은 데쳐 사용한다.
② 잣가루를 올려 낸다.
③ 식초를 넣어 만든다.
④ 대파, 마늘, 생강을 사용한다.

| 해설 | 홍합초는 생홍합을 살짝 데쳐서 대파, 마늘, 생강, 간장, 설탕, 물을 넣고 초를 만들어 조린 후 참기름 한두 방울로 마무리하여 그릇에 담아 잣가루를 올려 만든다.

57 상중하
한식 요리에 잘 어울리는 그릇의 형태는?

① 사각형   ② 원형
③ 삼각형   ④ 마름모형

| 해설 | 한식에는 원형 그릇이 비교적 잘 어울린다.

58 상중하
한식 고명의 색감으로 옳지 않은 것은?

① 노란색   ② 흰색
③ 파란색   ④ 빨간색

| 해설 | 한식 고명의 색으로는 오방색인 흰색, 노란색, 붉은색, 푸른색(녹색), 검은색이 있다.

59 상중하
달걀 지단에 대한 설명으로 옳지 않은 것은?

① 달걀을 흰자와 노른자로 분리하여 사용한다.
② 흰자에 석이버섯 다진 것을 넣은 지단은 신선로, 전골 등에 이용한다.
③ 지단을 부칠 때에는 소금을 넣어 체에 거른 후 사용한다.
④ 채 썬 지단은 만둣국, 떡국, 국수 등에 이용한다.

| 해설 | 채 썬 지단은 나물, 잡채 등에 이용한다. 만둣국, 떡국, 국수 등에 이용하는 지단은 마름모로 썬 지단이다.

60 상중하
김치의 효능으로 적절하지 않은 것은?

① 비만 촉진   ② 항암 작용
③ 항산화 작용   ④ 다이어트 효과

| 해설 | 김치의 대표적인 효능에는 항균 작용, 중화 작용, 항암 작용, 항산화 작용, 다이어트 효과, 동맥경화, 혈전증 예방 등이 있다.

정답

| 53 | ② | 54 | ① | 55 | ① | 56 | ③ | 57 | ② |
| 58 | ③ | 59 | ④ | 60 | ① | | | | |

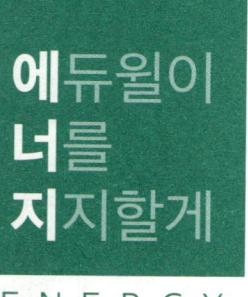

에듀윌이
너를
지지할게
ENERGY

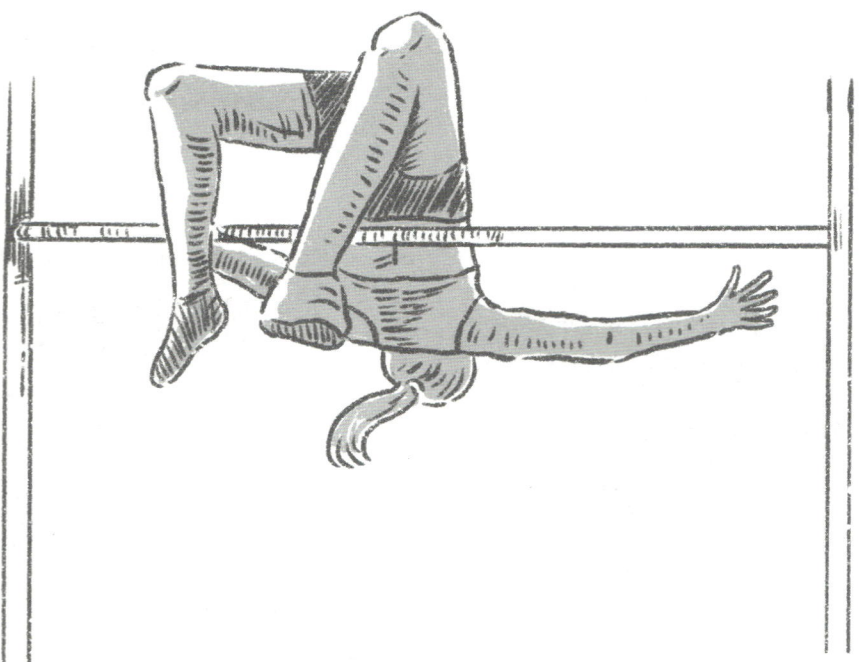

쉬운 일이라도 어려운 일처럼 달려들고,
어려운 일이라도 쉬운 일처럼 달려들어라.

– 발타사르 그라시안(Baltasar Gracian)

상시시험 대비
기출복원 모의고사

01회 기출복원 모의고사	77
02회 기출복원 모의고사	82
03회 기출복원 모의고사	87
04회 기출복원 모의고사	93
05회 기출복원 모의고사	99
06회 기출복원 모의고사	105
07회 기출복원 모의고사	110
08회 기출복원 모의고사	116
09회 기출복원 모의고사	123
10회 기출복원 모의고사	129

상시시험 대비
기출복원
모의고사

01회 기출복원 모의고사

 SELF CHECK · 제한시간 | 60분 00초 · 소요시간 | 분   초 · 전체 문항 수 | 60문항 · 맞힌 문항 수 | 문항

01
식품영업자 및 종업원 건강진단의 검진주기로 옳은 것은?
① 1년   ② 2년
③ 6개월   ④ 1년 6개월

02
어패류의 생식 시 주로 나타나며, 수양성 설사 증상을 일으키는 식중독의 원인균은?
① 살모넬라균
② 장염비브리오균
③ 포도상구균
④ 클로스트리디움 보툴리늄균

03
식품첨가물과 주요 용도의 연결이 옳은 것은?
① 삼이산화철 – 발색제
② 이산화티타늄 – 표백제
③ 명반 – 피막제
④ 호박산 – 산도조절제

04
만성 중독의 경우 반상치, 골경화증, 체중 감소, 빈혈 등을 나타내는 물질은?
① 붕산   ② 불소
③ 승홍   ④ 포르말린

05
사용이 허가된 발색제는?
① 폴리아크릴산나트륨
② 알긴산프로필렌글리콜
③ 카르복시메틸스타치나트륨
④ 아질산나트륨

06
「식품위생법」에 의한 식중독에 해당하지 않는 경우는?
① 금속조각에 의하여 이가 부러졌다.
② 도시락을 먹고 세균성 장염에 걸렸다.
③ 포도상구균 독소에 중독되었다.
④ 아플라톡신에 중독되었다.

07
식품 등의 표시기준상 영양성분별 세부표시 방법에 의거하여 콜레스테롤의 함량을 '0'으로 표시할 수 있는 기준은?
① 성분이 검출되지 않은 경우
② 2mg 미만일 때
③ 5mg 미만일 때
④ 10mg 미만일 때

08
D. P. T. 예방접종과 관련 없는 전염병은?
① 페스트   ② 디프테리아
③ 백일해   ④ 파상풍

09
역성비누에 대한 설명으로 옳지 않은 것은?
① 양이온 계면활성제이다.
② 살균제, 소독제 등으로 사용된다.
③ 자극성 및 독성이 없다.
④ 무미, 무해하나 침투력이 약하다.

10
어패류 매개 기생충 질환의 가장 확실한 예방법은?
① 환경위생관리   ② 생식 금지
③ 보건교육   ④ 개인위생 철저

11

박력분에 대한 설명으로 틀린 것은?

① 글루텐 함량이 9% 이하이다.
② 마카로니 제조에 쓰인다.
③ 글루텐의 탄력성과 점성이 약하다.
④ 케이크 제조에 쓰인다.

12

자외선에 의한 인체 건강장애가 아닌 것은?

① 설안염   ② 피부암
③ 폐기종   ④ 백내장

13

국가의 보건 수준이나 생활 수준을 나타내는 데 가장 많이 이용되는 지표는?

① 병상이용률   ② 모성사망률
③ 영아사망률   ④ 조출생률

14

이산화탄소(CO_2)를 실내공기의 오탁지표로 사용하는 가장 주된 이유는?

① 산소량과 항상 반비례한다.
② 실내공기 조성의 전반적인 상태를 알 수 있다.
③ 일산화탄소로 변화된다.
④ 유독성이 강하다.

15

태양이나 물체가 내는 복사열로 온실 효과를 유발하는 복사선은?

① 자외선   ② 가시광선
③ 적외선   ④ X선

16

유리규산의 분진 흡입으로 폐에 만성 섬유증식을 유발하는 질병은?

① 규폐증   ② 철폐증
③ 면폐증   ④ 농부폐증

17

사회보장제도 중 공공부조에 해당하는 것은?

① 고용보험   ② 건강보험
③ 의료급여   ④ 국민연금

18

감각온도(체감온도)의 측정에 작용하지 않는 요소는?

① 기온   ② 기압
③ 기습   ④ 기류

19

세균성 식중독에 속하지 않는 것은?

① 노로바이러스 식중독   ② 비브리오 식중독
③ 병원성 대장균 식중독   ④ 장구균 식중독

20

「식품위생법」상 조리사와 영양사에게 교육을 받을 것을 명할 수 있는 사람은?

① 식품의약품안전처장   ② 보건복지부장관
③ 대통령   ④ 시·도지사

21

위험도 경감의 원칙 3가지 시스템 구성 요소에 해당하지 않는 것은?

① 절차   ② 사람
③ 장비   ④ 건강

22

응급상황 시 행동 단계에 대한 설명으로 옳지 않은 것은?

① 행동하기 전에 무엇을 해야 할지에 대한 행동 계획을 세운다.
② 현장 상황을 파악한 후 119에 전화로 응급상황을 알린다.
③ 응급환자는 지체 없이 교통수단을 이용하여 진료받도록 한다.
④ 119 신고 후 응급환자에게 필요한 응급처치를 시행하고 전문 의료진이 도착할 때까지 환자를 돌본다.

23

주방 내에서 칼의 사용법으로 올바른 것은?

① 칼로 캔을 따는 데 사용한다.
② 칼을 이동할 때에는 칼끝을 정면으로 두지 않으며 지면을 향하게 하고 칼날을 뒤로 가게 한다.
③ 칼을 떨어뜨렸을 경우 빨리 잡아서 조리작업을 시작한다.
④ 칼을 사용하지 않을 때에는 도마 위에 올려서 보관한다.

24
각종 기물을 짧은 시간에 대량 세척하는 장비는?
① 식기세척기   ② 제빙기
③ 튀김기   ④ 음식절단기

25
결합수에 대한 설명으로 옳지 않은 것은?
① 수용성 물질을 녹일 수 없어 용매로 작용이 불가능하다.
② 미생물 번식에 이용이 불가능하다.
③ 유기물로부터 분리가 불가능하다.
④ 식품의 수분 함량 개념으로 사용한다.

26
정상인의 적정한 하루 수분 섭취량은?
① 2~3L   ② 1~2L
③ 4~5L   ④ 500mL~1L

27
상온에 비치된 일반식품에 곰팡이가 발생하였다. 보통 곰팡이의 수분활성도(Aw)는?
① 0.91 이상   ② 0.8 이상
③ 0.6 이상   ④ 0.65 이상

28
더 이상 가수분해되지 않는 가장 작은 탄수화물의 구성 단위는?
① 단당류   ② 이당류
③ 다당류   ④ 젖당

29
이당류에 대한 설명으로 옳은 것은?
① 여러 종류의 단당류가 결합된 분자량이 큰 탄수화물이다.
② 단당류 2개가 결합된 당이다.
③ 탄수화물의 가장 작은 구성 단위이다.
④ 동물체에 글리코젠 형태로 저장된다.

30
조리장의 입지 조건으로 적절하지 않은 것은?
① 채광, 환기, 건조, 통풍이 잘 되는 곳
② 양질의 음료수 공급과 배수가 잘 되는 곳
③ 조리장은 단층보다 지하층에 위치하여 조용한 곳
④ 쓰레기 처리장과 화장실이 멀리 떨어진 곳

31
당질의 감미도 순서를 나타낼 때 빈칸에 들어갈 내용을 순서대로 바르게 나열한 것은?

( ) > 전화당 > 설탕 > ( ) > 맥아당 > 갈락토오스 > ( )

① 과당, 포도당, 젖당
② 젖당, 포도당, 과당
③ 포도당, 과당, 젖당
④ 젖당, 과당, 포도당

32
다당류에 해당하는 것은?
① 포도당, 과당, 갈락토오스, 만노오스
② 전분, 글리코젠, 섬유소, 펙틴, 한천
③ 자당, 맥아당, 젖당
④ 아라비노스, 리보스, 자일로스

33
3대 열량 영양소가 아닌 것은?
① 탄수화물   ② 단백질
③ 지방   ④ 비타민

34
영양적 가치는 없으나 배변 운동을 돕고 장내에서 비타민 B군의 합성을 촉진하여 소화되지 않는 전분으로 다당류에 해당하는 것은?
① 섬유소   ② 포도당
③ 자일로스   ④ 과당

35
탄수화물의 기능에 대한 설명으로 옳지 않은 것은?
① 지방의 완전 연소에 꼭 필요하며, 부족 시 산 중독증을 유발한다.
② 에너지의 공급원으로 전체 열량의 65%를 차지한다.
③ 1g당 4kcal의 에너지를 발생시킨다.
④ 탄소(C), 수소(H), 산소(O), 질소(N)를 포함하는 고분자 유기화합물이다.

36

지질의 특성에 대한 설명으로 옳지 않은 것은?

① 과잉 섭취 시 피하지방으로 저장된다.

② 3분자의 지방산과 1분자의 글리세롤이 에스테르(Ester) 상태로 결합되어 있다.

③ 상온에서 액체 형태인 기름(Oil)과 고체 형태인 지방(Fat)으로 존재한다.

④ 수용성이며 유기용매(에테르, 벤젠, 클로로포름, 사염화탄소)에 녹지 않는다.

37

시장조사의 내용에 해당하지 않는 것은?

① 품질　　　　　　　② 가격

③ 품목　　　　　　　④ 영업점 규모

38

식품의 구매 방법에 대한 설명으로 옳지 않은 것은?

① 가공식품은 제조일, 소비기한을 확인하여 구입한다.

② 곡류, 건어물, 조미료는 1개월분을 한 번에 구입한다.

③ 과일류는 대량 구입하여 냉장 보관한다.

④ 육류는 중량과 부위에 유의하고, 냉장 시설이 있으면 일주일분을 구입한다.

39

식재료의 발주량을 구하는 계산식은?

① 정미중량 × 100 ÷ (100 − 폐기율) × 인원수

② 필요량 × 100 ÷ 가식부율 × 1kg당 단가

③ 100 ÷ (100 − 폐기율)

④ 폐기량 ÷ 전체 중량 × 100

40

가식부율이 높은 식품으로 짝지어진 것은?

① 고등어, 감자　　　② 보리, 쌀

③ 사과, 파인애플　　④ 대파, 수박

41

모든 칼질의 기본이 되는 칼질법으로 안전사고와 피로도가 적고 소리가 작아 많이 사용하는 방법은?

① 밀어 썰기　　　　② 당겨 썰기

③ 칼끝 썰기　　　　④ 작두 썰기

42

가스 또는 전기를 사용하는 윗불 직화 방식의 기구는?

① 블렌더(Blender)

② 그리들(Griddle)

③ 휘퍼(Whipper)

④ 샐러맨더(Salamander)

43

계량 단위에서 1큰술(TS: Tablespoon)은 몇 cc(mL)인가?

① 3　　　　　　　　② 5

③ 10　　　　　　　　④ 15

44

급식에 있어 1인당 급수량이 가장 많은 곳은?

① 일반급식　　　　　② 기숙사급식

③ 학교급식　　　　　④ 병원급식

45

곡류에 대한 설명으로 옳지 않은 것은?

① 백미 – 쌀겨층을 제거하고 배유만 남은 것

② 현미 – 쌀겨층을 50% 정도 벗긴 것

③ 압맥 – 보리를 기계로 눌러 단단한 조직을 파괴하고, 납작하게 누른 것

④ 할맥 – 보리의 홈을 따라 이등분으로 분쇄하고, 쌀처럼 다듬은 것

46

전분의 호정화(덱스트린화)에 대한 설명으로 옳지 않은 것은?

① 전분을 160~170℃의 끓는 물로 가열하면 덱스트린이 되는 호정화가 일어난다.

② 용해성이 생기고 점성이 낮아진다.

③ 맛이 구수해지고 색은 갈색으로 변한다.

④ 활용 식품으로는 미숫가루, 누룽지, 빵, 뻥튀기, 팝콘 등이 있다.

47

글루텐의 형성에 영향을 주는 요인으로 옳지 않은 것은?

① 밀가루의 종류　　② 반죽을 치대는 정도

③ 입자의 크기　　　④ 물의 종류

48
뿌리를 식용하는 근채류에 해당하지 않는 것은?
① 무
② 당근
③ 우엉
④ 셀러리

49
육류의 사후경직과 숙성에 대한 설명으로 옳지 않은 것은?
① 동물은 도살 직후 근육이 단단해지는 사후경직(사후강직)이 일어난다.
② 체내의 효소에 의해 자가소화 현상(숙성)이 일어난다.
③ 숙성에 의해 육류의 품질이 저하된다.
④ 자가소화 현상(숙성)이 일어나 육질이 연해지고 풍미가 향상되며 소화가 잘 된다.

50
달걀의 난백과 난황의 응고 온도는?

	난백	난황
①	60~65℃	65~70℃
②	50~80℃	85~90℃
③	40~80℃	85~90℃
④	55~65℃	75~95℃

51
우유 단백질의 약 20%를 차지하고 있으며, 카세인이 응고된 후에도 남아 있는 단백질은?
① 인단백질
② 유청 단백질
③ 카세인
④ 레시틴

52
유지 가열 시 표면에서 푸른 연기가 나기 시작하는 때의 온도는?
① 용해점
② 연화점
③ 발연점
④ 융점

53
한국 음식의 특징으로 옳지 않은 것은?
① 김치, 젓갈, 장아찌, 장, 술 등의 발효식품이 발달했다.
② 음양오행 사상에 입각하여 오색재료, 오색고명을 많이 사용했다.
③ 주식(밥)과 부식(반찬)이 뚜렷하게 구분되며, 영양학적으로 상호보완적이다.
④ 식재료 본연의 맛에 충실하려고 한다.

54
한식의 고명으로 사용하는 재료 중 검은색을 나타내는 데 사용하는 재료는?
① 석이버섯
② 실파
③ 오이
④ 실고추

55
반상의 첩수에 들어가지 않는 것은?
① 밥
② 생채
③ 젓갈
④ 숙채

56
밥 재료를 세척하는 이유가 아닌 것은?
① 불순물 및 유해물 제거
② 촉감 상승
③ 맛 상승
④ 밥 양의 증대

57
찌개의 건더기 양은 어느 정도가 좋은가?
① 국물의 2/3 정도
② 국물의 1/2 정도
③ 국물의 1/3 정도
④ 국물의 1/4 정도

58
밀가루 반죽에 재료들을 모두 섞어 기름에 지진 것은?
① 강회
② 죽
③ 지짐
④ 산적

59
육류, 생선류, 어패류, 채소류를 끓는 물에 삶거나 데쳐서 익힌 음식은?
① 회
② 숙회
③ 볶음
④ 숙채

60
유장 처리하여 초벌(애벌)구이할 때 유장의 간장과 참기름의 적절한 비율은?
① 1 : 3
② 1 : 1
③ 1 : 2
④ 3 : 1

02회 기출복원 모의고사

SELF CHECK · 제한시간 | 60분 00초 · 소요시간 | 분 초 · 전체 문항 수 | 60문항 · 맞힌 문항 수 | 문항

01

식품종사자의 손 소독법으로 가장 적절한 것은?

① 역성비누만 사용하여 세척한다.
② 비누로 세척한 후 역성비누를 사용하여 한 번 더 세척한다.
③ 역성비누로 세척한 후 비누를 사용하여 세척한다.
④ 비누로 여러 차례 깨끗이 세척한다.

02

개인위생관리에서 복장에 관한 설명으로 옳지 않은 것은?

① 조리실(주방) 내에서 근무하는 모든 종업원은 위생모를 착용하고, 위생모 밖으로 머리카락이 노출되지 않도록 한다.
② 조리 시에는 항상 청결한 위생복을 착용한다.
③ 시계, 반지, 목걸이, 귀걸이, 팔찌 등 장신구는 착용 가능하다.
④ 음식이나 식재료 취급 시 손이 직접 접촉되지 않도록 위생장갑을 착용한다.

03

「식품위생법」상 영업허가를 받아야 하는 업종은?

① 식품제조 · 가공업
② 즉석판매제조 · 가공업
③ 일반음식점영업
④ 단란주점영업

04

수질의 분변오염지표균은?

① 장염비브리오균
② 대장균
③ 살모넬라균
④ 웰치균

05

폐흡충의 제1, 2중간숙주를 순서대로 바르게 나열한 것은?

① 왜우렁이, 붕어
② 다슬기, 참게
③ 물벼룩, 가물치
④ 왜우렁이, 송어

06

화학적 소독법 중 산소에 의해 살균되며, 수중에서도 살균력을 지녀 물 소독에 사용하는 물질은?

① 염소
② 오존(O_3)
③ 에틸알코올(70%)
④ 포르말린

07

호흡기계로 침입하는 감염병이 아닌 것은?

① 레지오넬라증
② 중증급성호흡기증후군(SARS)
③ 식중독
④ 디프테리아

08

하수오염 조사 방법과 관련이 없는 것은?

① THM의 측정
② COD의 측정
③ DO의 측정
④ BOD의 측정

09

「식품위생법」상 다음의 정의에 해당하는 것은?

> 식품을 제조 · 가공 · 조리 또는 보존하는 과정에서 감미, 착색, 표백 또는 산화 방지 등을 목적으로 식품에 사용되는 물질을 말한다.

① 식품 ② 식품첨가물
③ 화학적 합성품 ④ 기구

10

일반음식점의 영업신고는 누구에게 해야 하는가?

① 동사무소장
② 시장 · 군수 · 구청장
③ 식품의약품안전처장
④ 보건소장

11
식품첨가물의 사용 제한 기준이 아닌 것은?
① 사용할 수 있는 식품의 종류 제한
② 식품에 대한 사용량 제한
③ 사용 방법에 대한 제한
④ 사용 장소에 대한 제한

12
주로 부패한 감자에 생성되어 중독을 일으키는 물질은?
① 셉신(Sepsine)
② 아미그달린(Amygdalin)
③ 시큐톡신(Cicutoxin)
④ 마이코톡신(Mycotoxin)

13
미생물 중 곰팡이가 아닌 것은?
① 아스퍼질러스(Aspergillus)속
② 페니실리움(Penicillium)속
③ 클로스트리디움(Clostridium)속
④ 리조푸스(Rhizopus)속

14
감염형 세균성 식중독에 해당하는 것은?
① 살모넬라 식중독
② 수은 식중독
③ 클로스트리디움 보툴리눔 식중독
④ 아플라톡신 식중독

15
오염된 토양에서 맨발로 작업할 경우 감염될 수 있는 기생충은?
① 회충   ② 간흡충
③ 폐흡충   ④ 구충

16
쓰거나 신 음식을 맛본 후 금방 물을 마시면 물이 달게 느껴지는 현상은?
① 변조 현상   ② 대비 현상
③ 상승 현상   ④ 억제 현상

17
굴착, 착암 작업 등에서 발생하는 진동으로 발생할 수 있는 직업병은?
① 금속열   ② 잠함병
③ 고산병   ④ 레이노드병

18
직업과 직업병의 연결이 바르지 않은 것은?
① 인쇄공 - 진폐증
② 용접공 - 백내장
③ 채석공 - 규폐증
④ 용광로공 - 열쇠약

19
찹쌀떡이 멥쌀떡보다 더 늦게 굳는 이유는?
① pH가 낮기 때문에
② 수분 함량이 적기 때문에
③ 아밀로오스의 함량이 많기 때문에
④ 아밀로펙틴의 함량이 많기 때문에

20
공중보건에 대한 설명으로 옳지 않은 것은?
① 질병 예방, 수명 연장, 정신적·신체적 효율의 증진 등을 목적으로 한다.
② 지역사회의 인간 집단을 대상으로 한다.
③ 환경위생 향상, 감염병 관리 등이 포함된다.
④ 개인의 질병 치료도 주요 사업 대상에 포함된다.

21
위험도 경감의 원칙에 있어 핵심 요소가 아닌 것은?
① 위험요인 제거
② 사고 피해 경감
③ 위험요인 교육
④ 위험 발생 경감

22

조리장비와 도구의 관리 원칙에 대한 설명으로 옳지 않은 것은?

① 조리장비와 도구는 사용 방법과 기능을 충분히 숙지하고 정확하게 사용한다.
② 장비나 도구에 이상이 있을 경우에는 즉시 적절한 조치를 취한다.
③ 장비의 사용 용도 외에는 사용하지 않는다.
④ 많이 사용할수록 장비와 도구는 사용 기한이 길어진다.

23

조리작업장의 권장 조도는?

① 10～15Lux
② 50～100Lux
③ 100～120Lux
④ 130～140Lux

24

안전관리책임자가 조리작업에 사용되는 설비기능 이상 여부와 보호구의 성능 유지에 대한 정기점검 실시기간과 횟수는?

① 매년 1회 이상
② 매년 2회 이상
③ 매달 1회 이상
④ 매달 2회 이상

25

수분의 생리적 기능에 대한 설명으로 옳지 않은 것은?

① 생명체 내에서 생화학 반응에 관여한다.
② 신체를 구성하고 체온을 일정하게 유지시킨다.
③ 열량 영양소에 해당한다.
④ 삼투 현상에 관여한다.

26

체내 수분이 몇 % 이상 손실되면 생명이 위험한가?

① 5%
② 10%
③ 20%
④ 40%

27

탄수화물의 구성 요소는?

① 탄소(C), 수소(H), 산소(O), 질소(N)
② 탄소(C), 수소(H), 산소(O)
③ 탄소(C), 수소(H)
④ 탄소(C), 수소(H), 산소(O), 인(P), 질소(N), 황(S)

28

순수한 물의 수분활성도(Aw)는?

① 0
② 0.5
③ 1
④ 2

29

수분활성도(Aw)에 대한 설명으로 옳지 않은 것은?

① 소금 절임은 수분활성도를 낮게 하여 미생물의 생육을 억제한다.
② 수분활성도가 큰 식품일수록 미생물이 번식하기가 쉬워 저장성이 낮다.
③ 수분활성도가 낮으면 미생물의 생육이 활성화된다.
④ 수분활성도 0.6 이하에서는 미생물의 번식 억제가 가능하다.

30

아밀로오스와 아밀로펙틴으로 구성된 다당류는?

① 찹쌀
② 찰옥수수
③ 섬유소
④ 전분(녹말)

31

중성지방의 구성 성분은?

① 왁스
② 3분자의 지방산과 1분자의 글리세롤
③ 콜레스테롤
④ 에르고스테롤

32

필수지방산의 종류에 해당하지 않는 것은?

① 리놀레산
② 리놀렌산
③ 스테아르산
④ 아라키돈산

33

불포화지방산의 종류에 해당하지 않는 것은?

① 올레산
② 아라키돈산
③ 리놀렌산
④ 팔미틴산

34

식품과 유독 성분의 연결이 옳지 않은 것은?

① 복어 – 테트로도톡신(Tetrodotoxin)
② 모시조개, 바지락, 굴 – 베네루핀(Venerupin)
③ 섭조개, 대합 – 삭시톡신(Saxitoxin)
④ 감자싹 – 시큐톡신(Cicutoxin)

35
지용성 비타민과 결핍증이 잘못 짝지어진 것은?

① 비타민 A – 야맹증, 안구건조증, 점막장애
② 비타민 D – 구루병, 골다공증
③ 비타민 E – 불임증, 노화 촉진, 용혈 작용, 근육위축증
④ 비타민 K – 피부건조증, 피부염

36
근육 중 혈관에 분포하는 혈액 색소로, 철(Fe)이 함유되어 있는 것은?

① 헤모글로빈 ② 헤모시아닌
③ 미오글로빈 ④ 아스타잔틴

37
구매관리에서 시장조사의 원칙이 아닌 것은?

① 비용 경제성의 원칙
② 조사 계획성의 원칙
③ 조사 한시성의 원칙
④ 조사 탄력성의 원칙

38
다음에서 설명하고 있는 것은?

> 구매자가 물품을 구입하기 위해 계약을 체결하고 그 계약 조건에 따른 물품의 인수 및 대금 지불의 과정을 의미한다.

① 위생관리   ② 구매관리
③ 시장조사   ④ 재고관리

39
콩나물 무침 조리 시 1인당 정미중량 70g을 지급하려 한다. 급식인원 1,000명에 필요한 콩나물 발주량은? (단, 콩나물의 폐기율은 2%이다.)

① 71.4kg   ② 80kg
③ 92kg   ④ 700kg

40
폐기율이 가장 높은 식품은?

① 패류   ② 곡류
③ 난류   ④ 과일류

41
숫돌의 종류 중 일반적으로 칼갈이에 많이 쓰는 것은? (단, 숫돌의 기호는 #이다.)

① 200#   ② 300#
③ 1000#   ④ 4000#

42
육류, 채소 등을 다질 때 사용하는 조리기구는?

① 슬라이서(Slicer)
② 민서기(Mincer)
③ 푸드 차퍼(Food Chopper)
④ 베지터블 커터(Vegetable Cutter)

43
조리장의 효율적인 작업대의 높이는?

① 신장의 40%가량(50~60cm)
② 신장의 52%가량(80~85cm)
③ 신장의 30%가량(40~50cm)
④ 신장의 60%가량(70~80cm)

44
밥 짓기를 할 때 쌀의 호화가 시작되는 온도는?

① 60~65℃
② 70~75℃
③ 80~85℃
④ 90~100℃

45
과일의 갈변 방지법으로 적절하지 않은 것은?

① 설탕 용액에 담가 둔다.
② 레몬즙을 뿌려 둔다.
③ 오렌지즙에 담가 둔다.
④ 알코올을 넣고 담가 둔다.

46
드립(Drip) 현상을 방지하기 위한 육류의 저장 방법으로 적절한 것은?

① 냉장 보관한다.
② -19℃ 이하에서 완만 동결시킨다.
③ -20℃에서 완만 동결시킨다.
④ -40℃ 이하에서 급속 동결시킨다.

47

달걀을 10%의 소금물에 넣어 신선도 평가를 하는 방법은?

① 외관판정법
② 비중법
③ 투광판정법
④ 난황계수 측정법

48

수산물이 육류보다 살이 연한 이유로 옳은 것은?

① 콜라겐, 엘라스틴의 함량이 적기 때문이다.
② 단백질의 조성이 다르기 때문이다.
③ 미오신 함량이 많기 때문이다.
④ 포화지방산이 많기 때문이다.

49

해조류의 분류 중 갈조류에 해당하지 않는 것은?

① 톳
② 미역
③ 다시마
④ 김

50

소고기 감별법으로 옳은 것은?

① 선홍색을 띠며 윤기가 나는 것이어야 한다.
② 살이 두껍고 육색이 엷은 것이어야 한다.
③ 육색은 검붉은색이 좋다.
④ 수분이 적고 탄력성이 없는 것이 좋다.

51

과일류의 젤리화와 관련 없는 것은?

① 펙틴
② 당
③ 산
④ 수분

52

우유의 가공품이 아닌 것은?

① 연유
② 사워크림
③ 버터
④ 마요네즈

53

절기에 맞춰 먹는 특별한 음식을 무엇이라고 하는가?

① 절식
② 시식
③ 통과의례식
④ 일상식

54

쌀(백미) 세척 시 20～60% 손실되는 영양 성분은?

① 전분
② 섬유소
③ 지방
④ 비타민 B_1

55

향미가 가장 좋은 밥을 만들기 위한 뜸 들이는 시간은?

① 2분
② 5분
③ 15분
④ 20분

56

전통 한국의 식기로 여성용 밥그릇의 명칭은?

① 바리
② 주발
③ 조치보
④ 조반기

57

은근히 끓여 담백하고 진한 맛을 내는 탕의 종류가 아닌 것은?

① 곰탕
② 갈비탕
③ 설렁탕
④ 매운탕

58

얇게 썬 소고기에 소금을 뿌려 구운 음식은?

① 방자구이
② 청어구이
③ 가리구이
④ 고등어구이

59

숙채 재료로 적절하지 않은 것은?

① 콩나물
② 달래
③ 고사리
④ 시금치

60

명절이나 축하연, 회식 등 많은 사람이 함께 식사할 때 차리는 상차림은?

① 반상
② 장국상
③ 다과상
④ 교자상

03회 기출복원 모의고사

01
세계보건기구(WHO)에 대한 설명으로 옳지 않은 것은?
① 본부는 스위스 제네바에 위치한다.
② 설립 목적은 세계 모든 사람들이 가능한 한 최고의 건강 수준에 도달하는 것이다.
③ 우리나라는 회원국이 아니다.
④ 국제보건사업의 지도와 조정을 관리한다.

02
식품과 독성분의 연결이 옳지 않은 것은?
① 매실 – 베네루핀(Venerupin)
② 섭조개 – 삭시톡신(Saxitoxin)
③ 독버섯 – 무스카린(Muscarine)
④ 독보리 – 테무린(Temuline)

03
작업장의 조명 불량으로 발생할 수 있는 질환이 아닌 것은?
① 결막염
② 안정피로
③ 안구진탕증
④ 근시

04
굴을 먹고 식중독에 걸렸을 때 관련 있는 독성물질은?
① 시큐톡신(Cicutoxin)
② 베네루핀(Venerupin)
③ 테트라민(Tetramine)
④ 테무린(Temuline)

05
세계보건기구(WHO) 보건헌장에 의한 건강의 의미로 가장 적절한 것은?
① 질병과 허약의 부재 상태를 포함한 육체적으로 완전 무결한 상태
② 육체적으로 완전하며 사회적 안녕이 유지되는 상태
③ 단순한 질병이나 허약의 부재 상태를 포함한 육체적, 정신적 및 사회적 안녕의 완전한 상태
④ 각 개인의 건강을 제외한 사회적 안녕이 유지되는 상태

06
밀폐된 포장식품에서 식중독이 발생했을 때 이와 관련 있는 균은?
① 살모넬라균
② 대장균
③ 콜레라
④ 클로스트리디움 보툴리눔균

07
음료수 소독에 가장 적절한 것은?
① 생석회
② 알코올
③ 염소
④ 승홍수

08
웰치균에 대한 설명으로 옳은 것은?
① 아포는 60℃에서 10분간 가열하면 사멸한다.
② 혐기성 세균이다.
③ 냉장 온도에서 잘 발육한다.
④ 당질 식품에서 주로 발육한다.

09
아플라톡신(Aflatoxin)에 대한 설명으로 옳지 않은 것은?
① 산이나 알칼리에 강해 쉽게 분해되지 않는다.
② 탄수화물이 풍부한 곡물에서 많이 발생한다.
③ 열에 안정적이므로 200~300℃로 가열해야 분해된다.
④ 기질수분 16% 이상, 상대습도 80~85% 이상에서 생성된다.

10
바다에서 잡히는 어류(생선)를 먹고 기생충증에 걸렸을 때 이와 관련 있는 기생충은?
① 아니사키스충
② 유구조충
③ 동양모양선충
④ 선모충

11

미생물의 생육에 필요한 수분활성도의 크기로 옳은 것은?

① 세균 > 효모 > 곰팡이
② 곰팡이 > 세균 > 효모
③ 효모 > 곰팡이 > 세균
④ 세균 > 곰팡이 > 효모

12

육류로부터 감염되며 중간숙주가 1개인 기생충이 아닌 것은?

① 회충
② 무구조충
③ 유구조충
④ 선모충

13

상수를 정수하는 일반적인 순서는?

① 침전 → 여과 → 소독
② 정수 → 소독 → 침전
③ 예비처리 → 여과처리 → 소독
④ 예비처리 → 소독 → 여과

14

먹는 물과 관련된 용어에 대한 설명으로 옳지 않은 것은?

① 수처리제 – 물을 정수 또는 소독하거나 먹는 물 공급 시설의 산화 방지 등을 위해 첨가하는 약품을 말한다.
② 먹는 샘물 – 해양심층수를 먹는 데 적합하도록 화학적으로 처리하는 등의 방법으로 제조한 물이다.
③ 먹는 물 – 먹는 데 통상 사용하는 자연 상태의 물, 자연 상태의 물을 먹기에 적합하도록 처리한 수돗물, 먹는 샘물, 먹는 해양심층수 등을 말한다.
④ 샘물 – 암반대수층 안의 지하수 또는 용천수 등 수질의 안전성을 계속 유지할 수 있는 자연 상태의 깨끗한 물을 먹는 용도로 사용할 원수를 말한다.

15

중금속에 의한 중독과 증상을 바르게 연결한 것은?

① 납 중독 – 빈혈 등의 조혈장애
② 수은 중독 – 골연화증
③ 카드뮴 중독 – 흑피증, 각화증
④ 비소 중독 – 사지마비, 보행장애

16

식품첨가물과 사용 목적의 연결이 옳지 않은 것은?

① 글리세린 – 용제
② 초산비닐수지 – 껌 기초제
③ 탄산수소나트륨 – 팽창제
④ 규소수지 – 이형제

17

「식품위생법」상 판매를 목적으로 하거나 영업상 사용하는 식품 및 영업시설 등 검사에 필요한 최소량의 식품 등을 무상으로 수거할 수 없는 자는?

① 식품의약품안전처장
② 시 · 도지사
③ 시장 · 군수 · 구청장
④ 국립의료원장

18

기생충과 인체감염원인 식품의 연결이 옳지 않은 것은?

① 유구조충 – 돼지고기
② 무구조충 – 민물고기
③ 동양모양선충 – 채소류
④ 아니사키스 – 바다생선

19

다음에서 설명하는 인구의 구성 형태는?

> 출생률과 사망률이 모두 낮은 가장 이상적인 유형으로, 유소년층의 비율은 낮고 노년층의 비율이 높다.

① 종형
② 피라미드형
③ 별형
④ 표주박형

20

주방 내 진드기의 구제 방법으로 적절하지 않은 것은?

① 밀봉 포장
② 열처리(70℃ 이상)
③ 발생지 제거
④ 냉장(0℃ 전후) 또는 냉동

21
화재 시 대처요령으로 옳지 않은 것은?
① 화재 발생 시 큰 소리로 주위에 먼저 알린다.
② 소화기 사용 방법과 장소를 미리 숙지하여 소화기를 사용하여 불을 끈다.
③ 몸에 불이 붙었을 경우 움직이면 불길이 더 커지므로 가만히 조치를 기다린다.
④ 화재 원인 물질을 찾아 제거하도록 한다.

22
조리사의 신체를 열과 가스, 전기, 주방기기, 설비 등으로부터 보호하고 음식을 만들 때 위생적인 작업을 진행할 수 있도록 반드시 착용해야 하는 것은?
① 위생복
② 안전화
③ 머플러
④ 위생모

23
조리 시 칼을 사용하는 방법으로 적절하지 않은 것은?
① 작업 용도에 맞는 칼을 사용한다.
② 칼의 방향은 몸 안쪽으로 놓고 사용한다.
③ 칼 사용 시에는 불필요한 행동을 자제한다.
④ 칼을 물이 든 싱크대 등에 담가 놓지 않는다.

24
주방 내 안전사고 요인 중 행동적 요인이 아닌 것은?
① 불완전한 동작
② 미숙한 작업 방법
③ 소홀한 점검
④ 신체 동작의 통제 불능

25
여러 가지 야채류 및 양념을 분쇄하는 데 사용되는 기기는?
① 슬라이스 머신
② 띠 톱 기계
③ 연육기
④ 분쇄기

26
냉동 시 영양소의 변화로 옳은 것은?
① 당류는 쉽게 변질되므로 저장에 유의한다.
② 지방은 저장 중 변화가 거의 없다.
③ 비타민 C는 냉동 저장 중 파괴되기 쉽다.
④ 냉동에 의한 단백질 변성은 다른 식품에 비해 많다.

27
적자색 양배추를 채 썰어 물에 장시간 담가 두었더니 탈색되었다. 이 현상의 원인이 되는 색소와 그 성질을 바르게 연결한 것은?
① 헴계 색소 - 수용성
② 플라보노이드계 색소 - 지용성
③ 안토시아닌계 색소 - 수용성
④ 클로로필계 색소 - 지용성

28
전분에 대한 설명으로 옳지 않은 것은?
① 아밀로펙틴과 아밀로오스의 비율이 8 : 2이다.
② 식혜, 엿은 전분의 당화 작용을 이용한 식품이다.
③ 동물성 탄수화물로 열량을 공급한다.
④ 열과 수분에 의해 호화된다.

29
돼지의 지방조직을 가공하여 만든 것은?
① 마가린
② 라드
③ 젤라틴
④ 쇼트닝

30
미생물의 생육에 필요한 조건과 거리가 먼 것은?
① 수분
② 적정 pH
③ 온도
④ 햇빛

31

글루텐을 형성하는 단백질을 가장 많이 함유하는 것은?

① 콩   ② 밀
③ 보리   ④ 쌀

32

비타민 E에 대한 설명으로 옳지 않은 것은?

① 지용성 비타민이다.
② 천연 항산화제로 작용한다.
③ 버섯 등에 에르고스테롤(Ergosterol)로 존재한다.
④ α-토코페롤의 활성이 가장 좋고 지질 흡수를 돕는다.

33

감자의 효소적 갈변을 억제하는 방법이 아닌 것은?

① 물에 첨가
② 질소 첨가
③ 아황산 첨가
④ 아스코르브산 첨가

34

달걀의 특성에 해당하지 않는 것은?

① 응고성   ② 기포성
③ 유화성   ④ 가소성

35

식품의 갈변 현상 중 성질이 다른 것은?

① 사과 절단면의 갈색
② 홍차의 적색
③ 가열된 설탕의 갈색
④ 감자 절단면의 갈색

36

식육의 동결과 해동 시 조직 손상을 최소화할 수 있는 방법은?

① 급속 동결, 급속 해동
② 급속 동결, 완만 해동
③ 완만 동결, 급속 해동
④ 완만 동결, 완만 해동

37

혈액에 존재하는 당의 형태와 동물 체내에 저장되는 당의 형태를 바르게 짝지은 것은?

① 포도당 - 글리코젠
② 포도당 - 전분
③ 갈락토오스 - 이눌린
④ 젖당 - 글리코젠

38

생선의 지방 함량 증가로 풍미와 맛이 좋아지는 시기는?

① 산란기 1~2개월 전
② 산란기 때
③ 산란기 직후
④ 산란기 1~2개월 후

39

원가 계산의 원칙에 해당하지 않는 것은?

① 진실성의 원칙
② 확실성의 원칙
③ 발생기준의 원칙
④ 비정상성의 원칙

40

급식시설 종류별 단체급식의 목적으로 옳지 않은 것은?

① 학교급식 - 심신의 건전한 발달과 올바른 식습관의 형성
② 군대급식 - 체력 및 건강 증진으로 체력단련 유도
③ 사회복지시설 - 작업 능률을 높이고, 효과적인 생산성의 향상
④ 병원급식 - 환자 상태에 따라 특별식을 급식하여 질병 치료 및 증상 회복 촉진

41

식품의 구매 방법으로 필요한 품목, 수량을 표시하여 여러 업자에게 견적서를 제출받고 품질이나 가격을 검토한 후 낙찰자를 정하여 계약을 체결하는 것은?

① 수의계약   ② 경쟁입찰
③ 대량구매   ④ 계약구입

42
탄수화물 급원인 쌀 100g을 고구마로 대치하려면 고구마는 몇 g 정도 필요한가? (단, 100g당 당질 함량의 경우 쌀은 80g, 고구마는 32g이다.)

① 250g
② 275g
③ 300g
④ 325g

43
전분의 노화를 방지할 수 있는 방법이 아닌 것은?

① 지방, 유화제를 첨가한다.
② 설탕의 첨가량을 높인다.
③ 급속 냉동시켜 보관한다.
④ 수분 함량을 30~60%로 유지한다.

44
우유에 산을 넣으면 응고물이 생기는데, 이 응고물의 주체는?

① 유당
② 레닌
③ 유지방
④ 카세인

45
머랭을 만들 때 설탕 첨가 시 가장 효과적인 시점은?

① 처음 젓기 시작할 때
② 거품이 생기려고 할 때
③ 충분히 거품이 생겼을 때
④ 거품이 없어졌을 때

46
고체화한 지방을 여과 처리하는 방법으로 샐러드유 제조 시 이용되며, 유화 상태를 유지하기 위한 가공 처리 방법은?

① 용출 처리
② 동유 처리
③ 정제 처리
④ 경화 처리

47
돼지고기에만 존재하는 부위명은?

① 사태살
② 갈매기살
③ 채끝살
④ 안심살

48
홍조류에 속하며 무기질이 골고루 함유되어 있고 단백질도 많이 함유되어 있는 해조류는?

① 미역
② 김
③ 다시마
④ 파래

49
곤충을 매개로 간접전파되는 감염병과 가장 거리가 먼 것은?

① 재귀열
② 말라리아
③ 인플루엔자
④ 쯔쯔가무시병

50
열에 의해 가장 쉽게 파괴되는 비타민은?

① 비타민 B_1
② 비타민 B_2
③ 비타민 A
④ 비타민 C

51
엽채류의 녹색을 최대한 유지시키면서 데치려고 할 때 가장 좋은 방법은?

① 100℃ 다량의 조리수에서 뚜껑을 열고 단시간에 데쳐 재빨리 헹군다.
② 100℃ 다량의 조리수에서 뚜껑을 닫고 단시간에 데쳐 재빨리 헹군다.
③ 100℃ 소량의 조리수에서 뚜껑을 열고 단시간에 데쳐 재빨리 헹군다.
④ 100℃ 소량의 조리수에서 뚜껑을 닫고 단시간에 데쳐 재빨리 헹군다.

52

당용액으로 만든 결정형 캔디는?

① 퐁당(Fondant)
② 캐러멜(Caramel)
③ 마시멜로(Marshmallow)
④ 젤리(Jelly)

53

빵 반죽의 이스트 발효 시 주로 생성되는 물질은?

① 물＋이산화탄소
② 알코올＋이산화탄소
③ 알코올＋물
④ 알코올＋글루텐

54

전분의 호화에 대한 설명으로 옳지 않은 것은?

① 생전분에 물을 넣고 가열하였을 때 소화되기 쉬운 α(알파)전분
   으로 되는 현상이다.
② 온도가 높을수록 호화가 빨리 일어난다.
③ 알칼리에서는 전분의 팽윤과 호화가 촉진된다.
④ 전분 입자의 크기가 작을수록 호화가 빠르다.

55

바퀴벌레의 습성이 아닌 것은?

① 청결성
② 군서성(집단서식)
③ 잡식성
④ 야간활동성

56

고추장에 대한 설명으로 옳지 않은 것은?

① 곡류를 당화시켜 만든다.
② 국, 찌개의 간으로 사용하고, 소금 간보다 감칠맛이 난다.
③ 고춧가루, 메줏가루 및 소금 등을 혼합하여 숙성시킨다.
④ 찌개·볶음·나물·생채 등의 양념으로 사용된다.

57

큰 잔치를 치를 때 큰상을 차리기 전에 간단하게 차려 대접하거나
주인공이 먼저 먹을 수 있도록 차려주는 상차림은?

① 입맷상
② 교자상
③ 다과상
④ 수라상

58

고명에 관한 설명으로 옳지 않은 것은?

① 음식을 돋보이게 할 뿐만 아니라 맛과 영양을 보충하기 위하여
   음식 위에 얹는 것이다.
② 고기완자는 소고기를 곱게 다져 양념한 후 둥글게 빚어 지져서
   사용한다.
③ 마른 표고버섯, 목이버섯, 석이버섯 등은 물에 불려 손질하여
   고명으로 사용한다.
④ 채 썬 달걀 지단은 만둣국, 떡국, 국수 등에 이용한다.

59

수라상의 찬품 가짓수는?

① 5첩
② 7첩
③ 9첩
④ 12첩

60

절식으로 오곡밥을 많이 먹었던 절기는?

① 설날
② 정월대보름
③ 추석
④ 동지

04회 기출복원 모의고사

01
미생물에 대한 살균력이 가장 큰 것은?
① 적외선
② 가시광선
③ 자외선
④ 라디오파

02
식품 제조공정에서 거품을 없애는 목적으로 사용되는 식품첨가물은?
① 유화제
② 보존료
③ 표백제
④ 소포제

03
소음의 측정 단위는?
① dB
② kg
③ Å
④ ℃

04
일반사무실의 적정 조도는?
① 50~100Lux
② 200~750Lux
③ 500~1,500Lux
④ 700~1,500Lux

05
곰팡이 중독증의 예방법으로 적절하지 않은 것은?
① 곡류 발효식품을 많이 섭취한다.
② 농·수·축산물의 수입 시 검역을 철저히 행한다.
③ 식품 가공 시 곰팡이가 피지 않은 원료를 사용한다.
④ 음식물은 습기가 차지 않고 서늘한 곳에 밀봉해서 보관한다.

06
항산화제에 해당하지 않는 것은?
① 토코페롤
② 스테비아 추출물
③ L-아스코르브산나트륨
④ 아스코르브산

07
「식품위생법」상 식품을 제조·가공 또는 보존하는 과정에서 식품에 넣거나 섞는 물질 또는 식품을 적시는 등에 사용되는 물질은?
① 식품첨가물
② 화학적 합성품
③ 항생제
④ 의약품

08
환경위생의 개선으로 발생이 감소되는 감염병과 가장 거리가 먼 것은?
① 장티푸스
② 콜레라
③ 이질
④ 인플루엔자

09
직업병의 원인과 질병의 연결이 옳지 않은 것은?
① 소음 - 직업성 난청
② 방사선 - 백혈병
③ 진동 - 진폐증
④ 조명 불량 - 안정피로

10
식품첨가물 중 보존료의 목적은?
① 산도 조절
② 미생물에 의한 부패 방지
③ 산화에 의한 변패 방지
④ 가공 과정에서 파괴되는 영양소 보충

11
수질검사에서 과망가니즈산칼륨($KMnO_4$)의 소비량이 의미하는 것은?
① 색도
② 탁도
③ 대장균의 양
④ 유기물의 양

12
500만 원 이하의 과태료가 부과되는 경우에 해당하지 않는 것은?
① 식품 등을 위생적으로 취급하지 않은 경우
② 건강진단을 받아야 하는 영업에 종사하는 자가 건강진단을 받지 않은 경우
③ 소비자로부터 이물 발견신고를 받고 보고하지 않은 경우
④ 검사명령을 받은 영업자가 검사기한 내에 검사를 받지 아니하거나 자료 등을 제출하지 않은 경우

13

화학물질에 의한 식중독으로 일반 중독 증상과 시신경의 염증으로 실명의 원인이 되는 물질은?

① 납　　　　　　　　　② 수은
③ 청산　　　　　　　　④ 메틸알코올

14

쓰레기 소각처리 시 공중보건상 가장 문제가 되는 것은?

① 대기오염과 다이옥신
② 화재 발생
③ 사후폐기물 발생
④ 높은 열의 발생

15

하수처리의 본처리 과정 중 혐기성 분해처리에 해당하는 것은?

① 여과법　　　　　　　② 부패조법
③ 산화지법　　　　　　④ 활성 오니법

16

생후 4주 이내에 실시하는 예방접종은?

① 백일해　　　　　　　② 파상풍
③ 홍역　　　　　　　　④ 결핵

17

만성 감염병과 비교할 때 급성 감염병의 역학적 특성은?

① 발생률은 낮고 유병률은 높다.
② 발생률은 높고 유병률은 낮다.
③ 발생률과 유병률이 모두 높다.
④ 발생률과 유병률이 모두 낮다.

18

식육 및 어육제품의 가공 시 첨가되는 아질산과 아민이 반응하여 생기는 발암물질은?

① 벤조피렌(Benzopyrene)
② PCB(Polychlorinated Biphenyl)
③ 엔－니트로사민(N－Nitrosamine)
④ 말론알데히드(Malonaldehyde)

19

육류의 사후경직에 대한 설명으로 옳지 않은 것은?

① 동물 도살 후 산소 공급이 중지되어 당질의 호기적 분해가 일어나지 않는 것을 말한다.
② 고기의 종류와 상관 없이 최대 경직 시간은 10시간이다.
③ 근육의 글리코젠이 젖산이 된다.
④ 해당 과정으로 생성된 산에 의해 pH가 낮아진다.

20

「식품위생법」상 기구로 분류되지 않는 것은?

① 도마　　　　　　　　② 수저
③ 탈곡기　　　　　　　④ 도시락 통

21

작업장의 장비에 대한 안전관리 방법으로 옳지 않은 것은?

① 젖은 손으로 장비 스위치를 조작하지 않는다.
② 장비의 흔들림이 없도록 작업대 바닥면과 고정 상태를 확인하고 수평을 유지한다.
③ 장비의 정지시간이 짧을 경우에도 반드시 전원 스위치를 끈다.
④ 작업장은 낮은 조도로 눈의 피로감이 없어야 한다.

22

조리장비 및 도구의 점검 방법으로 옳지 않은 것은?

① 식기세척기의 배수로나 필터는 주기적으로 세척한다.
② 육절기는 조립한 채로 중성세제와 미온수로 세척한다.
③ 튀김기는 세척 후 마른 행주로 물기를 완전히 제거한다.
④ 음식 절단기는 작업 전 칼날의 상태와 이물질 등이 없는지 확인한다.

23

조리작업장의 미끄럼 사고의 발생 원인으로 옳지 않은 것은?

① 주름이 없는 매트가 깔려 있을 경우
② 굽이 있는 신발
③ 바닥쪽으로 노출된 배관이나 전선
④ 기름이 있는 바닥

24
캔 따기 작업에 대한 설명으로 옳지 않은 것은?

① 고무장갑 등의 보호장비를 사용한다.
② 전용 오프너를 사용하여 개봉한다.
③ 캔의 윗부분을 잡고 한 번에 개봉한다.
④ 캔의 아랫부분을 잡고 천천히 개봉한다.

25
위험도 경감 원칙의 목적으로 옳은 것은?

① 위험요인 제거
② 위험 발생 경감
③ 사고 피해 경감
④ 사고 발생 예방

26
산과 알칼리에 파괴되지 않고 쉽게 변색되지 않는 색소를 주로 함유한 식품은?

① 검정콩　　② 당근
③ 가지　　④ 옥수수

27
산성식품이 아닌 것은?

① 달걀　　② 육류
③ 어류　　④ 고구마

28
아미노산인 트립토판을 전구체로 하여 만들어지는 수용성 비타민은?

① 비오틴(Biotin)
② 엽산(Folic acid)
③ 나이아신(Niacin)
④ 리보플라빈(Riboflavin)

29
어류에 대한 설명으로 옳지 않은 것은?

① 적색육에는 히스티딘(Histidine), 백색육에는 글리신(Glycine)과 알라닌(Alanine)이 풍부하다.
② 비린내의 주성분은 TMAO(Trimethylamine Oxide)이다.
③ 붉은살 생선이 흰살 생선보다 사후강직이 빨리 시작된다.
④ 안구는 신선도 저하에 따라 혼탁과 내부 침하가 진행된다.

30
유지의 특징에 대한 설명으로 옳지 않은 것은?

① 필수지방산의 공급원이 된다.
② 지용성 비타민의 흡수에 도움을 준다.
③ 식품의 향, 색, 입안의 감촉 등을 증진시킨다.
④ 동물성 유지는 불포화지방산을, 식물성 유지는 포화지방산을 많이 함유한다.

31
유지의 산패에 영향을 끼치는 요인이 아닌 것은?

① 빛　　② 온도
③ 금속류　　④ 탄수화물

32
교질용액에 대한 설명으로 옳은 것은?

① 분산되어 있는 물질로 물에 용해되지 않고 가라앉는다.
② 용액을 저어주면 분산 상태이지만 그대로 두면 중력에 의해 가라앉는다.
③ 어떤 물질이 다른 한 물질 속에 용해되었을 때 균질 상태를 형성하는 것이다.
④ 분산질 크기가 커서 용해되거나 침전되지 않고 분산되어 있는 상태이다.

33
독성이 매우 강하여 면실유 정제 시 반드시 제거해야 하는 독소는?

① 세사몰(Sesamol)
② 구아 검(Guar Gum)
③ 고시폴(Gossypol)
④ 갈산(Gallic Acid)

34
식물성 식품에 들어 있는 카로틴이 바뀐 비타민으로, 피부의 상피세포를 보호하고 눈의 기능을 좋게 하는 것은?

① 비타민 A　　② 비타민 B_1
③ 비타민 C　　④ 비타민 D

35
수중유적형(O/W) 유화액(Emulsion)에 해당하지 않는 식품은?

① 우유　　② 마가린
③ 마요네즈　　④ 생크림

36

수산식품자원으로서 동물성 자원이 아닌 것은?

① 어류
② 갑각류
③ 연체동물류
④ 해조류

37

달걀의 구조에 해당하지 않는 것은?

① 난각
② 난황
③ 난백
④ 기공

38

원가의 구성으로 옳은 것은?

① 판매가격 = 이익 + 제조원가
② 직접원가 = 직접재료비 + 직접노무비 + 직접경비
③ 총원가 = 제조간접비 + 직접원가
④ 제조원가 = 판매경비 + 일반관리비 + 제조간접비

39

조리 표준 레시피를 만들 때 포함되어야 할 사항이 아닌 것은?

① 메뉴명
② 조리 시간
③ 1일 단가
④ 조리 방법

40

재고회전율이 표준치보다 낮은 경우에 대한 설명으로 옳지 않은 것은?

① 긴급 구매로 비용 발생이 우려된다.
② 종업원들이 심리적으로 부주의하게 식품을 사용하여 낭비가 심해진다.
③ 부정 유출이 우려된다.
④ 저장 기간이 길어지고 식품 손실이 커지는 등 많은 자본이 들어가 이익이 줄어든다.

41

가식부율이 70%인 식품의 출고계수는?

① 1.25
② 1.43
③ 1.64
④ 2.00

42

김치를 만드는 데 배추 50kg이 필요하다. 배추 1kg의 값은 1,500원이고 가식부율은 90%일 때 배추 구입 비용은 약 얼마인가?

① 67,500원
② 75,000원
③ 82,500원
④ 83,400원

43

밀가루 제품의 품질에 가장 크게 영향을 주는 것은?

① 글루텐의 함량
② 빛깔, 맛, 향기
③ 비타민 함유량
④ 원산지

44

잼의 완성 판정법에 대한 설명으로 옳지 않은 것은?

① 스푼법은 숟가락으로 떠서 떨어뜨려 퍼짐성을 관찰하는 방법이다.
② 컵법은 숟가락으로 떠서 흘러 내렸을 때의 흩어짐을 관찰하는 방법이다.
③ 스푼법에 따르면 묽은 상태로 떨어지지 않고 일부가 스푼에 붙어 얇게 퍼지고 젤리 모양으로 굳으면 완성되었다고 판정한다.
④ 컵법에 따르면 물에 떨어뜨렸을 때 퍼지고 그대로 가라앉으면 완성되었다고 판정한다.

45

쓰레기 처리 방법에 대한 설명으로 옳지 않은 것은?

① 매립법은 쓰레기를 땅속에 묻는 방법이다.
② 매립법의 적당한 복토의 두께는 90cm ~ 2m 정도이다.
③ 비료화법은 유기물이 많은 쓰레기를 발효시켜 비료로 이용하는 방법이다.
④ 소각법은 가장 위생적이지만 대기오염의 원인 물질인 다이옥신이 발생한다.

46

육류의 사후경직이 완료되었을 때의 pH는?

① pH 7.4 정도
② pH 6.4 정도
③ pH 5.4 정도
④ pH 4.4 정도

47
제조 시 균질화(Homogenization) 과정을 거치지 않는 것은?

① 시유 ② 버터
③ 무당연유 ④ 아이스크림

48
유화제(Emulsifying Agent)에 대한 설명으로 옳지 않은 것은?

① 친수성과 소수성을 모두 지닌다.
② 천연 유화제는 복합지질들이 많다.
③ 유화액의 형태에 영향을 준다.
④ 가공식품의 산화를 방지하는 식품첨가물이다.

49
간장이나 된장을 만들 때 누룩곰팡이에 의해 가수분해되는 주된 물질은?

① 무기질 ② 단백질
③ 지방질 ④ 비타민

50
대두의 성분 중 거품을 내며 용혈 작용을 하는 것은?

① 사포닌 ② 레닌
③ 아비딘 ④ 청산배당체

51
곡류를 엿기름으로 당화시켜 푹 끓여 걸쭉하게 만든 감미료는?

① 꿀 ② 시럽
③ 조청 ④ 흑설탕

52
유지의 산패에 대한 설명으로 옳지 않은 것은?

① 수분이 많으면 촉매 작용이 강해진다.
② 불포화지방산의 함량이 높을수록 유지의 산패가 촉진된다.
③ 온도가 낮을수록 반응 속도가 증가한다.
④ 금속류는 유지의 산화를 촉진한다.

53
물엿의 점성에 기여하는 대표적인 물질은?

① 과당 ② 덱스트린
③ 유당 ④ 전분

54
갑오징어나 오징어를 볶거나 데쳐서 숙회로 낼 때 큼직하게 모양을 내어 써는 방법은?

① 저며 썰기 ② 밀어 썰기
③ 돌려 깎기 ④ 솔방울 썰기

55
고명으로 사용하지 않는 재료는?

① 마늘 ② 석이버섯
③ 미나리초대 ④ 달걀 지단

56
김치 양념 재료로 쓰이는 생강의 주성분으로 옳은 것은?

① 알리신 ② 진저롤
③ 캡사이신 ④ 시니그린

57
초장, 초고추장 등을 담는 그릇은?

① 바리 ② 대접
③ 종지 ④ 조치보

58
제철에 나는 재료를 사용한 음식은?

① 일상식 ② 의례음식
③ 절식 ④ 시식

59
고추장을 이용하여 조미한 찌개의 명칭은?

① 감정 ② 미음
③ 조치 ④ 지짐이

60
한국 음식의 오방색 중 검은색으로 쓰이는 대표적인 식재료는?

① 미나리 ② 석이버섯
③ 달걀 흰자 ④ 당근

에듀윌이
너를
지지할게

ENERGY

이미 끝나버린 일을 후회하기보다는
하고 싶었던 일들을 하지 못한 것을 후회하라.

– 탈무드(Talmud)

05회 기출복원 모의고사

01

세균의 장독소(Enterotoxin)에 의해 유발되는 식중독은?

① 황색포도상구균 식중독
② 살모넬라 식중독
③ 복어 식중독
④ 장염비브리오 식중독

02

기생충과 중간숙주의 연결이 옳지 않은 것은?

① 간흡충 – 쇠우렁이, 참붕어
② 요코가와충 – 다슬기, 은어
③ 폐흡충 – 다슬기, 게
④ 광절열두조충 – 돼지고기, 소고기

03

발아한 감자와 청색 감자에 많이 함유된 독성분은?

① 리신
② 엔테로톡신
③ 무스카린
④ 솔라닌

04

질병 발생의 원인과 종류의 연결이 옳지 않은 것은?

① 부적합한 식습관 – 비만증, 심장질환, 고혈압, 당뇨병
② 공해 – 진폐증, 규폐증
③ 양친에게서 감염되거나 유전 – 혈우병, 색맹
④ 조명 불량 – 안정피로, 근시, 안구진탕증

05

식품의 부패 과정에서 생성되는 불쾌한 냄새와 관련이 없는 물질은?

① 암모니아
② 포르말린
③ 황화수소
④ 인돌

06

어패류를 통해 감염되는 기생충과 중간숙주의 연결이 옳지 않은 것은?

① 간흡충 – 왜우렁이
② 고래회충 – 바다갑각류
③ 폐흡충 – 가재, 민물게
④ 광절열두조충 – 다슬기류

07

곰팡이와 효모의 최적 수소이온농도(pH)는?

① pH 4~6
② pH 6~9
③ pH 9~11
④ pH 11~13

08

황색포도상구균에 대한 설명으로 옳지 않은 것은?

① 균체가 열에 강하다.
② 독소형 식중독을 유발한다.
③ 화농성 질환의 원인균이다.
④ 엔테로톡신(Enterotoxin)을 생성한다.

09

식품취급자가 손을 씻는 방법으로 적합하지 않은 것은?

① 많이 더러운 손을 씻을 때에는 역성비누만을 사용한다.
② 팔꿈치에서 손까지 깨끗하게 씻는다.
③ 손을 씻은 후 비눗물을 흐르는 물에 충분히 씻는다.
④ 음식을 조리하기 전에 반드시 손을 씻는다.

10

중간숙주의 단계가 하나인 기생충은?

① 간디스토마
② 폐디스토마
③ 무구조충
④ 광절열두조충

11

「식품위생법」상 집단급식소는 상시 1회 몇 명 이상에게 식사를 제공하는 급식소인가?

① 20명　　　　　　　② 40명
③ 50명　　　　　　　④ 100명

12

일산화탄소(CO)에 대한 설명으로 옳지 않은 것은?

① 무색, 무취이다.
② 물체의 불완전 연소 시 발생한다.
③ 자극성이 없는 기체이다.
④ 이상 고기압에서 발생하는 잠함병과 관련 있다.

13

기호성과 관능을 만족시키는 산미료로 적당하지 않은 것은?

① 주석산
② 구연산
③ 젖산
④ 이노신산나트륨

14

인공능동면역을 위한 백신 중 생균백신에 해당하는 것을 모두 고른 것은?

㉠ 홍역	㉡ 결핵	㉢ 황열
㉣ 콜레라	㉤ 장티푸스	㉥ 일본뇌염

① ㉠, ㉡, ㉢　　　　　② ㉠, ㉣, ㉤
③ ㉡, ㉢, ㉥　　　　　④ ㉣, ㉤, ㉥

15

어패류 매개 기생충 질환의 예방법으로 가장 확실한 것은?

① 개인위생관리를 철저하게 한다.
② 가열 조리 후 섭취한다.
③ 위생동물에 의한 오염을 방지한다.
④ 음식물을 조금씩 덜어서 보관한다.

16

각 환경요소와 수치의 연결이 옳지 않은 것은?

① 이산화탄소(CO_2)의 서한량 – 5%
② 실내의 쾌감습도 – 40~70%
③ 일산화탄소(CO)의 서한량 – 0.01%
④ 실내 쾌감기류 – 0.2~0.3m/sec

17

어육의 초기 부패 시 나타나는 휘발성 염기질소의 양(식품 100g당 기준)은?

① 5~10mg%　　　　　② 15~25mg%
③ 30~40mg%　　　　　④ 50mg% 이상

18

HACCP에 대한 설명으로 옳지 않은 것은?

① 어떤 위해를 미리 예측하여 그 위해 요인을 사전에 파악하는 것이다.
② 위해 방지를 위한 사전 예방적 식품안전관리체계를 말한다.
③ 미국, 일본, 유럽연합, 국제기구(CODEX, WHO) 등에서도 모든 식품에 HACCP를 적용할 것을 권장하고 있다.
④ HACCP 12절차의 첫 번째 단계는 위해 요소 분석이다.

19

쌀뜨물 같은 설사, 탈수, 구역, 구토 등을 유발하는 경구전염병의 원인균은?

① 살모넬라균　　　　　② 포도상구균
③ 장염비브리오균　　　④ 콜레라균

20

탄수화물에 대한 설명으로 옳지 않은 것은?

① 부족 시 산 중독증을 유발한다.
② 과잉 섭취 시 간과 근육에 글리코젠으로, 나머지는 피하지방으로 저장된다.
③ 에너지의 공급원으로 1g당 9kcal의 에너지를 발생시킨다.
④ 인체 내의 소화 흡수율이 98%이다.

21
주요 작업별 기기와 기구의 연결이 옳은 것은?

① 세척 – 손소독기, 냉장고
② 전처리 – 저울, 절단기
③ 검수 – 운반차, 탈피기
④ 조리 – 오븐, 가열기기

22
다음에서 설명하는 주방기기는?

> 가루 반죽을 혼합하는 기기이다.

① 연육기
② 분쇄기
③ 믹싱기
④ 슬라이스 머신

23
주방에서 가장 많이 일어나는 사고의 원인 물질로 옳지 않은 것은?

① 칼
② 유리파편
③ 통조림뚜껑
④ 무거운 물건

24
조리장비의 성능에 대한 설명으로 가장 옳지 않은 것은?

① 조작이 용이해야 한다.
② 비용은 장비 사용 기간과 관련이 없다.
③ 청소가 용이해야 한다.
④ 안전성이 확보되어야 한다.

25
작업 중 화재사고 예방 조치로 적절하지 않은 것은?

① 화기나 가열기 주변은 정기적으로 점검한다.
② 화재 발생 위험 요소가 있는 기기 근처에는 가지 않는다.
③ 지속적인 화재사고 예방교육을 실시한다.
④ 전기선을 노출시키지 않는다.

26
각 전분의 특성으로 옳지 않은 것은?

① 옥수수 전분 – 아밀로오스보다 아밀로펙틴의 함량이 많다.
② 감자 전분 – 쌀의 전분 입자 크기보다 크다.
③ 밀가루 전분 – 아밀로오스와 아밀로펙틴의 비율이 25 : 75이다.
④ 타피오카 전분 – 아밀로오스로만 구성되어 있다.

27
냉동 방법에 대한 설명으로 옳지 않은 것은?

① 채소류는 데친 후 동결시킨다.
② 모든 식품은 밀폐하여 냉동한다.
③ 해동 후 남은 재료는 재냉동한다.
④ 냉동 날짜와 식품명을 표시한다.

28
빵류의 해동 방법으로 가장 적합한 것은?

① 상온에서 해동시키거나 오븐을 사용하여 해동시킨다.
② 강한 송풍을 이용하여 해동시킨다.
③ 냉동실에서 냉각시킨다.
④ 수분방사 방식을 실시한다.

29
무기질에 대한 설명으로 옳지 않은 것은?

① 나트륨은 결핍증이 없으며 소금, 육류 등에 많다.
② 마그네슘 부족 시 결핍증은 근육약화, 경련 등이며 생선, 견과류 등에 많다.
③ 철은 결핍 시 빈혈 증상이 나타나며 공급원은 간, 달걀 노른자, 녹황색 채소류 등이다.
④ 아이오딘 결핍 시에는 갑상선에 문제가 생기며 공급원은 해조류이다.

30

된장의 제조에 사용되는 대표적인 균종으로 황국균이라고 하는 곰팡이의 명칭은?

① Aspergillus Oryzae
② Aspergillus Niger
③ Aspergillus Flavus
④ Aspergillus Fumigatus

31

단백질의 소화, 흡수에 대한 설명으로 옳지 않은 것은?

① 단백질은 췌장에서 분비된 트립신에 의해 작게 분해된다.
② 펩신은 단백질의 일부를 폴리펩타이드로 분해한다.
③ 단백질은 위에서부터 소화되기 시작한다.
④ 소장에서는 단백질이 완전히 분해되지 않는다.

32

맛의 대비 현상의 예로 옳은 것은?

① 설탕 용액에 소량의 소금을 넣으면 단맛이 증가한다.
② 커피에 설탕을 가하면 쓴맛이 억제된다.
③ 식염에 유기산을 가하면 짠맛이 감소한다.
④ 신맛이 강한 과일에 설탕을 가하면 신맛이 억제된다.

33

헤닝(Henning)의 냄새 프리즘에 해당하지 않는 것은?

① 썩은 냄새(Putrid)
② 수지 냄새(Resinous)
③ 매운 냄새(Spicy)
④ 메스꺼운 냄새(Nauseous)

34

호화 전분의 노화를 억제하는 방법으로 적절하지 않은 것은?

① 수분을 15% 이하로 줄인다.
② pH를 낮춘다.
③ 설탕을 첨가한다.
④ 냉동고에 보관한다.

35

다음은 식품의 갈변 현상의 예이다. 빈칸에 들어갈 성분으로 옳은 것은?

오이피클을 담글 때 오이가 갈색으로 변하는 이유는 엽록소의 마그네슘(Mg)이 (   ) 성분으로 치환되어 페오피틴(Pheophytin)이 형성되기 때문이다.

① Fe^{2+}
② Cu^{2+}
③ H^+
④ OH^-

36

마요네즈 제조 시 유화 상태를 결정하는 조건으로 가장 거리가 먼 것은?

① 유화제의 성질
② 물과 기름의 비율
③ 유화액의 방치 시간
④ 물과 기름의 첨가 순서

37

식품 구입 시 식품의 감별 방법으로 옳지 않은 것은?

① 육가공품인 소시지의 색은 담홍색이며 탄력성이 없어야 한다.
② 밀가루는 잘 건조되고 덩어리가 없으며 냄새가 없어야 한다.
③ 감자는 굵고 상처가 없으며 발아되지 않아야 한다.
④ 생선은 탄력이 있으며 아가미는 선홍색이고 눈알이 맑아야 한다.

38

식품원가율을 40%로 정하고 햄버거의 1인당 식품단가를 1,000원으로 할 때 햄버거의 적정 판매가격은?

① 4,000원
② 2,500원
③ 2,250원
④ 1,250원

39

밥을 상온에 방치하였을 때 생쌀과 같이 굳어지는 현상은?

① 호화
② 호정화
③ 노화
④ 캐러멜화

40
사업소 급식에서 식당과 조리실의 면적이 바르게 연결된 것은?

	식당	조리실
①	0.5m²/1식	0.3m²/1식
②	0.5m²/1식	0.5m²/1식
③	1m²/1식	0.3m²/1식
④	1m²/1식	0.5m²/1식

41
구매관리의 목적이 아닌 것은?
① 필요한 물품과 용역을 지속적으로 공급한다.
② 표준화, 전문화, 단순화를 실현한다.
③ 품질, 가격, 제반 서비스 등을 최적의 상태로 유지한다.
④ 재고를 제로(0)로 유지한다.

42
단체급식의 특징으로 옳은 것은?
① 불특정 다수인을 대상으로 한다.
② 영리를 목적으로 하는 상업시설을 포함한다.
③ 특정 다수인에게 계속적으로 식사를 제공하는 것이다.
④ 대중음식점의 급식시설을 뜻한다.

43
소고기 값이 비싸져서 돼지고기로 대체하려고 한다. 소고기 300g을 대체하기 위해 돼지고기 몇 g이 필요한가? (단, 식품분석표상 단백질 함량의 경우 소고기는 20g, 돼지고기는 15g이다.)
① 200g   ② 360g
③ 400g   ④ 460g

44
육류의 사후경직 후 글리코젠과 젖산의 변화로 옳은 것은?
① 글리코젠 증가, 젖산 증가
② 글리코젠 감소, 젖산 감소
③ 글리코젠 증가, 젖산 감소
④ 글리코젠 감소, 젖산 증가

45
감미도의 순서가 높은 순으로 바르게 나열된 것은?
① 설탕 > 과당 > 맥아당 > 젖당
② 맥아당 > 젖당 > 설탕 > 과당
③ 과당 > 설탕 > 맥아당 > 젖당
④ 젖당 > 맥아당 > 과당 > 설탕

46
불포화지방산의 특징으로 옳지 않은 것은?
① 불포화지방산은 이중결합이 없다.
② 대부분 탄소수가 짝수이다.
③ 융점이 낮아 상온에서 액체로 존재한다.
④ 혈관벽에 쌓여 있는 콜레스테롤을 제거하는 역할을 한다.

47
젤라틴에 대한 설명으로 옳지 않은 것은?
① 젤라틴 농도가 낮으면 겔화되는 시간이 길다.
② 가열하면 겔(Gel)이 되고 냉각하면 졸(Sol)을 형성한다.
③ 염류는 젤라틴을 단단하게 한다.
④ 단백질 분해 효소는 젤라틴의 응고력을 약하게 한다.

48
매운맛 성분 중 하나인 진저롤을 함유하고 있는 식재료는?
① 마늘   ② 생강
③ 고추   ④ 후추

49
두류 가공품 중 소화율이 가장 높은 것은?
① 된장   ② 두부
③ 납두   ④ 미소된장

50

지질의 화학적 성질에 대한 설명으로 옳지 않은 것은?

① 저급 지방산이 많을수록 비누화가 잘 된다.
② 글리세롤과 지방산염이 생성된다.
③ 산가는 유지의 산패도를 알아내는 방법이다.
④ 아이오딘가가 높다는 것은 지방산 중 포화지방산이 많다는 것을 의미한다.

51

과일의 숙성 시 조직이 연해지는 이유로 옳은 것은?

① 전분질이 가수분해되기 때문이다.
② 펙틴(Pectin)질이 분해되기 때문이다.
③ 색이 변하기 때문이다.
④ 단백질이 가수분해되기 때문이다.

52

세균성 식중독 중 감염형이 아닌 것은?

① 살모넬라 식중독
② 황색포도상구균 식중독
③ 장염비브리오 식중독
④ 병원성 대장균 식중독

53

잼 제조 시 겔(Gel)화의 조건으로 적절한 것은?

① 당 60~65%
② 펙틴 2.0~2.5%
③ 산도 0.5%
④ pH 5.0

54

튀김유를 보관하는 방법으로 옳지 않은 것은?

① 공기와의 접촉을 차단한다.
② 튀김 찌꺼기를 제거한 후 보관한다.
③ 광선의 접촉을 차단한다.
④ 사용한 철제 팬의 뚜껑을 덮어 보관한다.

55

추석에 주로 먹는 음식으로 옳은 것은?

① 토란탕
② 화전
③ 떡국
④ 팥죽

56

고춧가루를 사용해 오늘날과 같은 김치로 발전된 시기로 옳은 것은?

① 삼국시대
② 고려시대
③ 통일신라
④ 조선 후기

57

우리나라 반상 차림 중 3첩 반상에 포함되지 않는 음식은?

① 숙채
② 구이
③ 회
④ 생채

58

한국 음식의 특징으로 옳은 것은?

① 시간전개형이다.
② 단백질 중심이다.
③ 김치, 젓갈, 장아찌, 장, 술 등의 발효식품이 발달했다.
④ 식재료 본연의 맛을 중요시 한다.

59

교자상에 대한 설명으로 옳지 않은 것은?

① 명절이나 축하연, 회식 등 많은 사람이 함께 식사할 때 차리는 상차림이다.
② 국수장국을 주식으로 한다.
③ 건교자와 식교자가 합쳐진 열교자가 있다.
④ 주안상 형식의 건교자와 밥상 형식의 식교자가 있다.

60

한국의 상차림으로 품상이라고 하며 접대용의 요리상은?

① 3첩 이상
② 5첩 이상
③ 7첩 이상
④ 9첩 이상

06회 기출복원 모의고사

SELF CHECK · 제한시간 | 60분 00초 · 소요시간 | 분 초 · 전체 문항 수 | 60문항 · 맞힌 문항 수 | 문항

01
질병과 원인이 되는 위생동물의 연결이 옳지 않은 것은?
① 말라리아 – 모기
② 와일씨병 – 쥐
③ 발진열 – 벼룩
④ 쯔쯔가무시증 – 파리

02
M. M. R. 예방접종과 관련 없는 감염병은?
① 홍역   ② 백일해
③ 볼거리 ④ 풍진

03
직업병의 원인과 질병의 연결이 옳지 않은 것은?
① 고열환경 – 참호족염
② 저온환경 – 동상
③ 고압환경 – 잠함병
④ 저압환경 – 고산병

04
육류에서 감염되는 기생충과 중간숙주의 연결이 옳지 않은 것은?
① 무구조충(민촌충) – 소
② 유구조충(갈고리촌충) – 돼지
③ 선모충 – 돼지, 개
④ 톡소플라즈마 – 뱀, 개구리

05
폐기물 소각처리 시 가장 큰 문제점은?
① 악취가 발생하며 수질이 오염된다.
② 다이옥신이 발생한다.
③ 처리 방법이 불쾌하다.
④ 지반이 약화되어 균열이 생길 수 있다.

06
다음은 한 국가의 보건 수준을 나타내는 지표인 영아사망률의 계산식이다. 이에 대한 의미로 옳은 것은?

> 연간 영아 사망 수 ÷ 연간 출생아 수 × 1,000

① 1년간 출생아 수 1,000명당 생후 7일 미만의 사망아 수
② 1년간 출생아 수 1,000명당 생후 1개월 미만의 사망아 수
③ 1년간 출생아 수 1,000명당 생후 1년 미만의 사망아 수
④ 1년간 출생아 수 1,000명당 전체 사망아 수

07
독미나리에 함유된 유독 성분은?
① 무스카린(Muscarine)   ② 솔라닌(Solanine)
③ 아트로핀(Atropine)   ④ 시큐톡신(Cicutoxin)

08
세균 번식이 잘 되는 식품과 가장 거리가 먼 것은?
① 온도가 적당한 식품   ② 수분을 함유한 식품
③ 영양분이 많은 식품   ④ 산이 많은 식품

09
이타이이타이병과 관련 있는 중금속 물질은?
① 수은(Hg)   ② 카드뮴(Cd)
③ 크롬(Cr)   ④ 납(Pb)

10
호흡기계 감염병이 아닌 것은?
① 폴리오   ② 홍역
③ 백일해   ④ 디프테리아

11
제2급 법정감염병에 해당하지 않는 것은?
① A형간염   ② B형간염
③ 풍진   ④ 백일해

12

바이러스(Virus)에 의해 발병되지 않는 것은?

① 돈단독증
② 유행성 간염
③ 급성회백수염
④ 감염성 설사증

13

영업을 하려는 자가 받아야 하는 식품위생에 관한 교육 시간으로 옳은 것은?

① 식품제조·가공업 – 36시간
② 식품운반업 – 12시간
③ 단란주점영업 – 6시간
④ 용기·포장류제조업 – 8시간

14

클로스트리디움 퍼프린젠스 식중독의 잠복기는 몇 시간인가?

① 10~18시간(평균 12시간)
② 8~22시간(평균 12시간)
③ 10~30시간(평균 13시간)
④ 12~24시간(평균 18시간)

15

채소로 감염되는 기생충이 아닌 것은?

① 편충
② 회충
③ 동양모양선충
④ 사상충

16

대기오염 중 2차 오염물질로만 짝지어진 것은?

① 먼지, 탄화수소
② 오존, 알데히드
③ 연무, 일산화탄소
④ 일산화탄소, 이산화탄소

17

소음의 측정 단위인 dB(Decibel)이 나타내는 것은?

① 음압
② 음속
③ 음파
④ 음역

18

카드뮴 만성 중독의 주요 3대 증상이 아닌 것은?

① 빈혈
② 폐기종
③ 신장기능장애
④ 단백뇨

19

우유의 소독에 이용하는 초고온순간살균법에 가장 적합한 가열 온도와 시간은?

① 200℃에서 2초간
② 162℃에서 5초간
③ 150℃에서 5초간
④ 132℃에서 2초간

20

인구연령별 구성 형태 중 개발도상국에서 나타나는 유형으로, 출생률과 사망률이 모두 높은 형태는?

① 종형
② 항아리형
③ 표주박형
④ 피라미드형

21

주방 바닥 관리에 대한 설명으로 옳지 않은 것은?

① 작업 도중 미끄러지지 않도록 한다.
② 항상 약간의 수분이 있는 상태로 유지한다.
③ 바닥은 항상 청결해야 한다.
④ 바닥은 건조한 상태로 유지한다.

22

작업장 작업환경 측정의 목표로 적절하지 않은 것은?

① 작업환경의 개선
② 근로자 건강 보호
③ 이익의 극대화
④ 생산성 향상

23

작업장 작업개선의 목표가 아닌 것은?

① 신속성
② 경제성
③ 정확성
④ 전문성

24

생선 비늘 또는 오징어 껍질을 벗길 때 사용하는 기구는?

① 민서기(Mincer)
② 베지터블 커터(Vegetable Cutter)
③ 회 탈피기
④ 슬라이서(Slicer)

25
주방 내 안전사고 요인 중 정서적 요인에 해당하는 것은?
① 미숙한 작업 방법 ② 불완전한 동작
③ 점검 소홀 ④ 지식 및 기능의 부족

26
직접 가열하는 급속 해동법이 많이 이용되는 식품은?
① 어류 ② 육류
③ 반조리 식품 ④ 계육

27
냉동화상(Freezer Burn)에 대한 설명으로 옳지 않은 것은?
① 동결된 식품의 표면이 공기와 접촉하여 발생한다.
② 다공질의 건조층이 생긴다.
③ 색깔, 조직, 향미, 영양가는 변화가 없다.
④ 냉동 육류의 저장에서 많이 발생한다.

28
유지의 산패도를 나타내는 값이 아닌 것은?
① 과산화물가 ② TBA
③ 아이오딘가 ④ 산가

29
효소와 그 작용기질의 연결이 옳지 않은 것은?
① α-아밀레이스 - 전분
② β-아밀레이스 - 섬유소
③ 트립신 - 단백질
④ 라이페이스 - 지방

30
단체급식에서 생길 수 있는 문제점과 거리가 먼 것은?
① 심리면에서 가정식에 대한 향수를 느낄 수 있다.
② 불특정인을 대상으로 하므로 영양관리가 안 된다.
③ 청결하지 않게 관리할 경우 위생상의 사고 위험이 있다.
④ 비용면에서 물가 상승 시 재료비가 충분하지 않을 수 있다.

31
영양소 중 체내 대사 과정을 조절해 주는 영양소가 아닌 것은?
① 탄수화물 ② 비타민
③ 무기질 ④ 물

32
오이김치가 숙성되면서 갈변되는 원인은?
① 오이 중에 함유된 무기질과 엽록소가 결합하기 때문이다.
② 발효 때 엽록소와 구리가 결합하기 때문이다.
③ 발효 때 생성된 초산과 젖산으로부터 유래한 수소이온이 엽록소에 작용하기 때문이다.
④ 발효 때 생성된 탄산가스 때문이다.

33
쌀밥의 영양 성분 함량이 탄수화물 80%, 단백질 9%, 지방 1%, 비타민 B 12mg%일 때 쌀밥 100g의 열량은 몇 kcal인가? (단, 생리적 열량가로 계산한다.)
① 360kcal ② 365kcal
③ 405kcal ④ 410kcal

34
지용성 비타민 A에 대한 설명으로 옳지 않은 것은?
① 광선, 열에 비교적 안정하다.
② 산화에 의해 파괴된다.
③ 부족 시 야맹증에 걸릴 수 있다.
④ 다량 섭취해도 배설되기 때문에 문제되지 않는다.

35
필수아미노산이 아닌 것은?
① 아이소류신 ② 발린
③ 라이신 ④ 타우린

36
식용유지 중 대표적인 경화유는?
① 올리브오일 ② 쇼트닝
③ 면실유 ④ 옥수수유

37

소비기한을 설정하기 위한 고려사항으로 옳지 않은 것은?

① 포장재질
② 보존 조건
③ 원료의 생산지
④ 유통 실정

38

시간의 변동에 따라 물가가 인상되는 상황에서 재고가를 높게 책정하고자 할 때 사용할 수 있는 방법은?

① 최종구매가법
② 후입선출법
③ 선입선출법
④ 총평균값

39

효소적 갈변 반응 생성 시 필요한 요소가 아닌 것은?

① 효소
② 기질
③ 열
④ 산소

40

구매계약 방법 중 수의계약이란?

① 신문, 관보, 게시 등을 이용하여 계약하는 방법
② 자격 있는 특정인과 단독계약을 체결하는 방법
③ 자격 있는 자들을 선정하여 경쟁 입찰시켜 계약을 체결하는 방법
④ 몇몇 업자를 지명하여 계약 문건을 제시한 후 맞으면 입찰시키는 방법

41

표준 조리 방법을 작성할 때 반드시 기록해야 하는 것은?

① 재료의 분량, 폐기율, 영양가 산출, 조리 방법
② 구매 장소, 1일 배식량, 조리기기, 조리원 수
③ 식단가, 조리 방법, 조리 시간, 급식 인원
④ 식재료 모양, 감별법, 배식 규정, 구매량

42

일일 식자재 구매 요청서(Market List)에 포함되지 않는 식자재는?

① 달걀
② 소고기
③ 생선류
④ 주스류

43

전분의 호화와 점성에 대한 설명으로 옳지 않은 것은?

① 산 첨가는 가수분해를 일으켜 호화를 촉진시킨다.
② 전분의 입자가 클수록 빨리 호화된다.
③ 소금은 전분의 호화와 점도를 억제한다.
④ 곡류는 서류보다 호화온도가 높다.

44

전분의 노화 현상에 관한 설명으로 옳은 것은?

① β화된 전분을 실온에 두었을 때 α화 전분으로 변하는 현상
② α화된 전분을 실온에 두었을 때 β화되는 현상
③ 전분을 실온에 두었을 때 α전분은 β화되고, β전분은 α전분이 되는 현상
④ 전분이 미생물 혹은 효소에 의해 변질된 현상

45

육류의 사후경직 현상에 대한 설명으로 옳지 않은 것은?

① 근육이 굳어져 수축된다.
② 식육의 pH가 낮아진다.
③ 젖산이 생성된다.
④ 단백질의 가수분해로 자기소화가 나타난다.

46

일반적으로 사망률이 가장 높은 식중독은?

① 살모넬라 식중독
② 장염비브리오 식중독
③ 클로스트리디움 보툴리눔 식중독
④ 포도상구균 식중독

47

식품 자체의 식감과 맛을 느끼기 위한 조리 방법으로 조직이 부드러워야 하고 불미 성분이 없어야 하는 것은?

① 복합 조리
② 가열 조리
③ 습열 조리
④ 생식 조리

48

캐러멜화(Caramelization)가 식품에 미치는 영향은?

① 영양가를 높여준다.
② 비타민의 함량을 증가시킨다.
③ 열량을 높여준다.
④ 식품의 조리 가공 시 색깔과 풍미를 준다.

49
조리 방법 중 불리기의 장점이 아닌 것은?
① 염분의 용출
② 식품의 팽윤
③ 식재료 조직의 균질화
④ 조리 시간 단축

50
생식품 조리의 장점으로 옳은 것은?
① 위생적으로 안전하다.
② 영양소 손실이 적다.
③ 식품의 풍미가 향상된다.
④ 식품이 연화된다.

51
글루텐 형성에 영향을 주는 요인이 아닌 것은?
① 글루텐 형성 속도는 연질밀이 경질밀보다 빠르게 형성된다.
② 반죽을 많이 치댈수록 글루텐이 형성된다.
③ 밀가루 입자의 크기가 클수록 글루텐 형성이 용이하다.
④ 온도가 높아지면 글루텐의 형성 속도가 빨라진다.

52
설탕의 기능으로 옳지 않은 것은?
① 육류 연화 작용
② 방부 작용
③ 글루텐 형성 촉진
④ 저장성 증가

53
시금치에 함유된 산으로 칼슘의 흡수를 방해하는 유기산은?
① 수산			② 초산
③ 염산			④ 호박산

54
식물성 색소가 아닌 것은?
① 카로틴			② 플라보노이드
③ 안토시안		④ 아스타잔틴

55
김치의 산패 원인이 아닌 것은?
① 김치 주재료 및 부재료가 청결하지 못한 경우
② 김치의 저장 온도가 높거나 소금 농도가 낮은 경우
③ 김치 발효 마지막에 곰팡이나 효모에 오염된 경우
④ 그늘지고 서늘한 곳에 보관한 경우

56
생채 조리용으로 적절하지 않은 채소는?
① 숙주			② 무
③ 오이			④ 더덕

57
가지에 대한 설명으로 옳지 않은 것은?
① 안토시아닌계 색소가 함유되어 있다.
② 꼭지에 가시가 많고 싱싱한 것을 고른다.
③ 냉국, 볶음, 나물 등에 다양하게 이용된다.
④ 콜레스테롤을 낮춘다.

58
소금에 절였다 기름에 볶는 채소류가 아닌 것은?
① 콩나물			② 애호박
③ 오이			④ 도라지

59
전이나 적에 적당하지 않은 식재료는?
① 동태			② 고등어
③ 민어			④ 대구

60
여름에 주로 먹는 국의 재료로 적절하지 않은 것은?
① 우거지			② 근대
③ 닭			④ 오이

07회 기출복원 모의고사

SELF CHECK

• 제한시간 | 60분 00초 ・소요시간 | 분 초 ・전체 문항 수 | 60문항 ・맞힌 문항 수 | 문항

01
「식품위생법」상 식품위생의 대상은?

① 식품, 약품, 기구, 용기, 포장
② 조리법, 조리시설, 기구, 용기, 포장
③ 조리법, 단체급식, 기구, 용기, 포장
④ 식품, 식품첨가물, 기구, 용기, 포장

02
우리나라에서 「식품위생법」 등 식품위생 행정업무를 담당하고 있는 기관은?

① 환경부
② 고용노동부
③ 보건복지부
④ 식품의약품안전처

03
빈칸에 들어갈 말로 알맞은 것은?

> 트리메틸아민(TMA)은 어류의 신선도 검사로 (   )mg%이면 초기 부패로 판정한다.

① 1~2
② 3~4
③ 5~6
④ 7~8

04
화학성 식중독의 원인이 아닌 것은?

① 설사성 패류 중독
② 환경오염에 기인하는 식품 유독 성분 중독
③ 중금속에 의한 중독
④ 유해성 식품첨가물에 의한 중독

05
섭조개에서 문제를 일으킬 수 있는 독소 성분은?

① 테트로도톡신(Tetrodotoxin)
② 셉신(Sepsine)
③ 베네루핀(Venerupin)
④ 삭시톡신(Saxitoxin)

06
해산어류를 통해 많이 발생하는 식중독은?

① 살모넬라균 식중독
② 클로스트리디움 보툴리눔균 식중독
③ 황색포도상구균 식중독
④ 장염비브리오균 식중독

07
HACCP의 7가지 원칙에 해당하지 않는 것은?

① 위해 요소 분석
② 중요관리점(CCP) 결정
③ 개선 조치 방법 수립
④ 회수 명령의 기준 설정

08
경구감염병과 비교하여 세균성 식중독의 일반적인 특징은?

① 소량의 균으로도 발병한다.
② 잠복기가 짧다.
③ 2차 발병률이 매우 높다.
④ 예방이 불가능하다.

09
고열장애로 인한 직업병이 아닌 것은?

① 열경련
② 일사병
③ 열쇠약
④ 참호족

10
기생충과 중간숙주의 연결이 옳지 않은 것은?

① 십이지장충 - 모기
② 만손열두조충 - 뱀, 개구리
③ 선모충 - 돼지, 개
④ 무구조충 - 소

11
사람이 평생 동안 매일 화학물질을 섭취하여도 아무런 장애가 일어나지 않는 최대량으로, 1일 체중 kg당 mg 수로 표시하는 것은?

① 최대 무작용량(NOEL)
② 1일 섭취허용량(ADI)
③ 50% 치사량(LD50)
④ 50% 유효량(ED50)

12
곰팡이 독소(Mycotoxin)에 대한 설명으로 옳지 않은 것은?

① 곰팡이가 생산하는 2차 대사산물로 사람과 가축에 질병이나 이상생리작용을 유발하는 물질이다.
② 온도 24~35℃, 수분 7% 이상의 환경조건에서는 발생하지 않는다.
③ 곡류, 견과류와 곰팡이가 번식하기 쉬운 식품에서 주로 발생한다.
④ 아플라톡신(Aflatoxin)은 간암을 유발하는 곰팡이 독소이다.

13
음식물로 매개될 수 있는 감염병이 아닌 것은?

① 유행성 감염
② 폴리오
③ 일본뇌염
④ 콜레라

14
알레르기성 식중독과 관련 있는 원인 물질과 균은?

① 아세토인(Acetoin), 살모넬라균
② 지방(Fat), 장염비브리오균
③ 엔테로톡신(Enterotoxin), 포도상구균
④ 히스타민(Histamine), 모르가니균

15
독버섯을 감별하는 방법으로 옳지 않은 것은?

① 표면에 점액이 없다.
② 줄기 부분이 거칠다.
③ 악취가 난다.
④ 색이 선명하고 화려하다.

16
소음으로 인한 피해와 거리가 먼 것은?

① 불쾌감 및 수면 장애
② 작업능률 저하
③ 위장 기능 저하
④ 맥박과 혈압의 저하

17
질병을 매개하는 위생해충과 그 질병의 연결이 옳지 않은 것은?

① 모기 - 사상충증, 말라리아
② 이 - 페스트, 재귀열
③ 진드기 - 유행성 출혈열, 쯔쯔가무시증
④ 파리 - 장티푸스, 콜레라

18
식물성 자연독 성분이 아닌 것은?

① 무스카린(Muscarine)
② 테트로도톡신(Tetrodotoxin)
③ 솔라닌(Solanine)
④ 고시폴(Gossypol)

19
감염병 관리상 예방접종의 의미로 적절한 것은?

① 병원소의 제거
② 감염원의 제거
③ 환경의 관리
④ 감수성 숙주의 관리

20
고기를 부드럽게 가공하기 위하여 납작하게 썬 뒤 집어 넣으면 회전 칼날을 통과하여 세로 방향으로 칼집을 넣어 주는 기기는?

① 분쇄기
② 연육기
③ 골절기
④ 슬라이스 머신

21

응급상황 시 행동 단계로 옳지 않은 것은?

① 현장조사
② 의료기관에 신고
③ 처치 및 도움
④ 화장실 방문

22

안전교육에 있어 안전관리자의 역할로 적절하지 않은 것은?

① 위험 관리, 사고 조사, 안전성과 안전 감독을 관리·측정한다.
② 부하 직원에 대한 역할 모델이 된다.
③ 안전 방침을 개발한다.
④ 안전 정보를 관리하고 의사소통한다.

23

주방 내 사고 발생 시 대처 방법으로 옳지 않은 것은?

① 급하므로 보고보다는 독단적으로 신속하게 처리한다.
② 출혈이 있는 경우 상처 부위를 눌러 지혈시킨다.
③ 출혈이 있는 경우 출혈 부위를 심장보다 높게 한다.
④ 환자가 움직일 수 있는 상황이면, 사고가 발생한 조리 장소로부터 격리한다.

24

카드뮴이나 수은 등의 중금속 오염 가능성이 가장 큰 식품은?

① 육류   ② 어패류
③ 식용유   ④ 통조림

25

훈연 시 육류의 보전성과 풍미 향상에 가장 많이 관여하는 것은?

① 유기산   ② 숯 성분
③ 탄소   ④ 페놀류

26

주로 고기압에서 정상기압으로 변화하는 환경에서 작업 시 발생하는 질환은?

① 잠함병   ② 고산병
③ 항공병   ④ 일산화탄소 중독

27

조리사 면허취소에 해당하지 않는 것은?

① 면허를 타인에게 대여하여 사용하게 한 경우
② 식중독이나 그 밖의 위생과 관련한 중대한 사고 발생에 직무상의 책임이 있는 경우
③ 조리사가 마약이나 그 밖의 약물에 중독이 된 경우
④ 조리사 면허의 취소처분을 받고 그 취소된 날부터 2년이 지나지 아니한 경우

28

바지락 속에 들어 있는 독성분은?

① 베네루핀(Venerupin)
② 옥살산(Oxalic Acid)
③ 팔린(Phalline)
④ 아마니타톡신(Amanitatoxin)

29

김치 저장 중 김치 조직의 연부 현상이 일어나는 이유로 적절하지 않은 것은?

① 조직을 구성하고 있는 펙틴질이 분해되기 때문이다.
② 미생물이 펙틴 분해 효소를 생성하기 때문이다.
③ 용기에 꼭 눌러 담지 않아 내부에 공기가 존재하여 호기성 미생물이 성장·번식하기 때문이다.
④ 김치가 국물에 잠겨 수분을 흡수하기 때문이다.

30

우유의 카세인을 응고시킬 수 있는 것으로 바르게 짝지어진 것은?

① 탄닌 – 레닌 – 설탕
② 식초 – 레닌 – 탄닌
③ 레닌 – 설탕 – 소금
④ 소금 – 설탕 – 식초

31
고기를 연화시키기 위해 첨가하는 식품과 단백질 분해 효소가 바르게 연결된 것은?

① 배 – 파파인(Papain)
② 키위 – 피신(Ficin)
③ 무화과 – 액티니딘(Actinidin)
④ 파인애플 – 브로멜린(Bromelin)

32
육류를 가열할 때 일어나는 변화로 옳지 않은 것은?

① 중량 증가
② 풍미의 생성
③ 비타민의 손실
④ 단백질의 응고

33
사용 목적별 식품첨가물의 연결이 옳지 않은 것은?

① 호료 – 알긴산나트륨
② 소포제 – 초산비닐수지
③ 표백제 – 메타중아황산칼륨
④ 감미료 – 사카린나트륨

34
비트를 채 썰어 물에 장시간 담가 두면 탈색되는 현상의 원인이 되는 색소와 그 성질은?

① 안토시아닌계 색소 – 수용성
② 플라보노이드계 색소 – 지용성
③ 헴계 색소 – 수용성
④ 클로로필계 색소 – 지용성

35
우유의 살균 방법 중 저온살균법에 대한 설명으로 옳은 것은?

① 120℃에서 20분간 실시한다.
② 100℃에서 20분간 실시한다.
③ 65℃에서 30분간 실시한다.
④ 50℃에서 30분간 실시한다.

36
열량을 내지 않는 영양소로만 짝지어진 것은?

① 단백질, 당질
② 당질, 지질
③ 비타민, 무기질
④ 지질, 단백질

37
원가 분석과 관련된 식으로 옳지 않은 것은?

① 품목별 비율(%) = 품목별 식재료비 ÷ 품목별 메뉴 가격 × 100
② 감가상각비 = (구입 가격 – 잔존 가격) ÷ 내용연수
③ 인건비 비율(%) = 인건비 ÷ 총매출액 × 100
④ 식재료비 비율(%) = 식재료비 ÷ 총재료비 × 100

38
물품을 검수하고 저장하는 곳에서 꼭 필요한 집기류는?

① 칼과 도마
② 대형그릇
③ 저울과 온도계
④ 계량컵과 계량스푼

39
식품 검수 방법에 대한 설명으로 옳지 않은 것은?

① 화학적 방법 – 영양소의 분석, 첨가물, 유해 성분 등을 검출하는 방법
② 검경적 방법 – 식품의 중량, 부피, 크기 등을 측정하는 방법
③ 물리학적 방법 – 식품의 비중, 경도, 점도, 빙점 등을 측정하는 방법
④ 생화학적 방법 – 효소 반응, 효소 활성도, 수소이온농도 등을 측정하는 방법

40
녹색 채소를 데칠 때 색을 선명하게 하기 위한 조리 방법으로 적절하지 않은 것은?

① 휘발성 유기산을 휘발시키기 위해 뚜껑을 열고 끓는 물에 데친다.
② 산을 희석시키기 위해 조리수를 다량 사용하여 데친다.
③ 섬유소가 알맞게 연해지면 가열을 중지하고 냉수에 헹군다.
④ 조리수의 양을 최소로 하여 색소의 유출을 막는다.

41

김치공장에서 포기김치를 만든 원가 자료가 다음과 같다면 포기김치의 판매가격은 총 얼마인가?

구분	금액
직접재료비	60,000원
간접재료비	19,000원
직접노무비	150,000원
간접노무비	25,000원
직접제조경비	20,000원
간접제조경비	15,000원
판매비와 관리비	제조원가의 20%
기대이익	판매원가의 20%

① 59,000원　　　　② 230,000원
③ 346,800원　　　　④ 416,160원

42

갈비구이를 조리하는 데 사용되는 양념 중 육질의 연화 작용을 돕는 재료는?

① 참기름, 후춧가루　　② 배, 설탕
③ 양파, 청주　　　　④ 간장, 마늘

43

생선 조리 방법에 대한 설명으로 옳지 않은 것은?

① 생강과 술은 비린내를 없애는 용도로 사용한다.
② 처음에 가열할 때 수 분간은 뚜껑을 약간 열어 비린내를 휘발시킨다.
③ 모양을 유지하고 맛 성분이 밖으로 유출되지 않도록 양념간장이 끓을 때 생선을 넣기도 한다.
④ 신선도가 떨어진 생선은 조미를 비교적 약하게 하여 뚜껑을 덮고 짧은 시간 내에 끓인다.

44

돼지고기 편육을 할 때 고기를 삶는 방법으로 가장 적절한 것은?

① 한 번 삶아서 찬물에 식혔다가 다시 삶는다.
② 물이 끓으면 고기를 넣어서 삶는다.
③ 찬물에 고기를 넣어서 삶는다.
④ 생강은 처음부터 같이 넣어야 탈취 효과가 크다.

45

생선 조리 시 적당량의 식초를 넣을 때에 대한 설명으로 옳지 않은 것은?

① 생선의 가시를 연하게 해 준다.
② 어취를 제거한다.
③ 살을 연하게 하여 맛을 좋게 한다.
④ 살균 효과가 있다.

46

생선 조리 방법으로 적절하지 않은 것은?

① 탕을 끓일 경우 국물을 먼저 끓인 후에 생선을 넣는다.
② 생강은 처음부터 넣어야 어취 제거에 효과적이다.
③ 생선 조림은 양념장을 끓이다가 생선을 넣는다.
④ 생선 표면을 물로 씻으면 어취가 감소된다.

47

감자는 껍질을 벗겨 두면 색이 변하게 되는데, 이를 막기 위한 방법은?

① 물에 담근다.
② 냉장고에 보관한다.
③ 냉동시킨다.
④ 공기 중에 방치한다.

48

베이컨류는 돼지고기의 어느 부위를 가공한 것인가?

① 볼기 부위　　　　② 안심
③ 복부육　　　　　④ 다리살

49

메주를 만들 때 대두를 단시간에 연하고 색이 곱게 삶는 방법으로 적절하지 않은 것은?

① 소금물에 담갔다가 그 물로 삶는다.
② 콩을 불릴 때 연수를 사용한다.
③ 설탕물을 섞어 주면서 삶는다.
④ 중조($NaHCO_3$) 등 알칼리성 물질을 섞어 삶는다.

50
유지 중에 존재하는 유리 수산기(-OH)의 함량을 나타내는 것은?

① 아세틸가(Acetyl Value)
② 폴렌스케가(Polenske Value)
③ 헤너가(Hehner Value)
④ 라이켈 – 마이슬가(Reichert – Meissl Value)

51
콩이나 콩나물을 삶을 때 뚜껑을 닫으면 콩 비린내가 나는 것을 방지할 수 있는데, 그 이유로 적절한 것은?

① 건조를 방지하기 때문이다.
② 산소를 차단하기 때문이다.
③ 색의 변화를 차단하기 때문이다.
④ 오래 삶을 수 있기 때문이다.

52
단팥죽에 설탕 외에 약간의 소금을 넣으면 단맛이 더 크게 느껴지는데, 이와 관련 있는 맛의 변화 현상은?

① 대비 현상
② 상쇄 현상
③ 상승 현상
④ 변조 현상

53
차와 과자류를 차려 놓은 상차림으로, 주로 손님 접대 시 사용하는 상차림은?

① 입맷상
② 교자상
③ 다과상
④ 수라상

54
한식에서 첩수를 나누는 기준은?

① 국
② 김치
③ 초간장
④ 반찬

55
집에서 담근 간장으로, 담근 지 1년이 된 맑은 간장은?

① 국간장
② 조선간장
③ 청장
④ 집간장

56
죽 상차림과 어울리지 않는 반찬은?

① 장조림
② 갈비찜
③ 나박김치
④ 북어 보푸라기

57
사골 육수에 대한 설명으로 옳지 않은 것은?

① 사골은 흐르는 물에 1~2시간 두면 핏물이 잘 빠진다.
② 사골 육수를 끓일 때에는 뚜껑을 닫고 푹 끓여야 진한 국물이 우러난다.
③ 뼈를 물에 오랫동안 담가두면 삼투압 작용으로 누린내가 난다.
④ 잡뼈나 도가니 등을 섞어 끓이면 맛은 더 진해지지만 육수가 탁해진다.

58
다음에서 설명하는 음식은?

> 토장국에 해당되며, 무, 애호박, 양파, 두부 등을 넣고 끓이는 찌개이다. 육수로는 쌀뜨물, 소고기, 멸치를 많이 사용한다.

① 순두부찌개
② 된장찌개
③ 육개장
④ 김치찌개

59
오이나 호박씨를 제거하기 위해 사용하는 방법으로, 길이로 반을 갈라 가운데 씨를 제거한 후 어슷 써는 방법은?

① 눈썹 썰기
② 어슷 썰기
③ 편 썰기
④ 은행잎 썰기

60
달궈진 팬에서 단기간 조리 시 원하는 질감과 색, 향을 얻을 수 있으며, 소량의 기름을 이용하는 조리법은?

① 튀기기
② 볶기
③ 조리기
④ 초조리

08회 기출복원 모의고사

SELF CHECK

· 제한시간 | 60분 00초 · 소요시간 | 　분　초 · 전체 문항 수 | 60문항 · 맞힌 문항 수 | 　문항

01

학교 식중독의 조기경보시스템의 발생 보고 순서는?

① 교육청 → 식약처
② 보건소 → 교육청
③ 시장 → 식약처
④ 집단급식소 → 시장

02

노로바이러스에 대한 설명으로 옳지 않은 것은?

① 겨울에 발생 빈도가 높다.
② 손을 깨끗하게 씻어 예방한다.
③ 임산부는 유산, 조산의 위험이 있다.
④ 24~48시간 내에 구토, 설사, 복통이 발생한다.

03

세균으로 인한 식중독 원인 물질이 아닌 것은?

① 살모넬라균
② 장염비브리오균
③ 아플라톡신
④ 보툴리눔 독소

04

장염비브리오 식중독의 원인균은?

① 그람음성간균
② 살모넬라균
③ 보툴리누스균
④ 웰치균

05

식품의 부패 시 생성되는 물질과 거리가 먼 것은?

① 암모니아(Ammonia)
② 트리메틸아민(Trimethylamine)
③ 글리코젠(Glycogen)
④ 아민(Amine)

06

세균성 식중독의 예방 방법으로 적절하지 않은 것은?

① 시설 및 식품을 위생적으로 취급한다.
② 일단 조리한 식품은 빠른 시간 내에 섭취하도록 한다.
③ 식품을 냉동고에 보관할 때에는 덩어리째 보관하여 사용할 때마다 냉동 및 해동을 반복하여 조리한다.
④ 식기, 도마 등은 세척과 소독을 철저하게 한다.

07

「식품위생법」상 용어에 대한 정의로 옳지 않은 것은?

① '집단급식소'라 함은 영리를 목적으로 하는 급식시설을 말한다.
② '식품'이라 함은 의약으로 섭취하는 것을 제외한 모든 음식물을 말한다.
③ '위해'라 함은 식품, 식품첨가물, 기구 또는 용기·포장에 존재하는 위험요소로서 인체의 건강을 해치거나 해칠 우려가 있는 것을 말한다.
④ '용기·포장'이라 함은 식품을 넣거나 싸는 것으로서 식품을 주고받을 때 함께 건네는 물품을 말한다.

08

중금속에 관한 설명으로 옳은 것은?

① 해독에 사용되는 약을 중금속 길항약이라고 한다.
② 중금속과 결합하기 쉽고 체외로 배설하는 약은 없다.
③ 중독 증상으로 대부분 두통, 설사, 고열을 동반한다.
④ 무기중금속은 지질과 결합하여 불용성 화합물을 만들고 산화작용을 나타낸다.

09

식품첨가물의 사용 목적이 아닌 것은?

① 식품의 기호성 증대
② 식품의 유해성 입증
③ 식품의 부패와 변질을 방지
④ 식품의 제조 및 품질개량

10
오래된 과일이나 산성 채소 통조림에서 유래되는 화학성 식중독의 원인 물질은?

① 칼슘 ② 주석
③ 철분 ④ 납

11
식사 후 균에 감염되었을 때, 평균 잠복기가 짧아 가장 빨리 식중독을 유발시키는 원인균은?

① 살모넬라균 ② 리스테리아균
③ 포도상구균 ④ 장구균

12
식품을 조리 또는 가공할 때 생성되는 유해물질과 그 생성 원인의 연결이 옳지 않은 것은?

① 엔-니트로사민(N-Nitrosamine) - 육가공품의 발색제 사용으로 인한 아질산과 아민의 반응 생성물
② 다환방향족 탄화수소(Polycyclic Aromatic Hydrocarbon) - 유기물을 고온으로 가열할 때 생성되는 단백질이나 지방의 분해 생성물
③ 아크릴아미드(Acrylamide) - 전분 식품을 가열할 때 아미노산과 당의 열에 의한 결합 반응 생성물
④ 헤테로고리아민(Heterocyclic Amine) - 주류 제조 시 에탄올과 카바밀기의 반응에 의한 생성물

13
분뇨를 혐기성 방법으로 처리할 때의 장점으로 옳지 않은 것은?

① 유지·관리비가 적게 든다.
② 호기성 처리 방법에 비해 소화 속도가 빠르다.
③ 수인성 감염병의 전파를 막을 수 있다.
④ 소화가스를 모아서 열원으로 이용한다.

14
기온역전에 대한 설명으로 옳은 것은?

① 상층의 공기 온도가 높고 하층의 공기 온도가 낮은 것을 말한다.
② 대기층이 불안정하여 빛이 굴절하여 생기는 현상을 말한다.
③ 움푹하게 파인 땅이나 골짜기에 차가운 공기가 머물고 있는 경우를 말한다.
④ 도시 중심부가 교외보다 기온이 높은 것을 말한다.

15
채소류로부터 감염되는 기생충은?

① 편충 ② 무구조충
③ 선모충 ④ 유구조충

16
화염멸균법에 대한 설명으로 옳은 것은?

① 끓는 물(100℃)에서 15~30분간 처리하는 방법이다.
② 61~65℃에서 30분간 가열하는 방법이다.
③ 불꽃 속에 20초 이상 접촉하여 미생물을 사멸하는 방법이다.
④ 100℃의 유통증기에서 20~30분간 1일 1회로 3일 동안 반복하는 방법이다.

17
미나마타병의 유발 물질은?

① 수은(Hg) ② 납(Pb)
③ 칼슘(Ca) ④ 카드뮴(Cd)

18
일반적으로 복어의 독성분인 테트로도톡신이 가장 많은 부위는?

① 근육 ② 피부
③ 난소 ④ 껍질

19
조리작업장의 위치선정 조건으로 적절하지 않은 것은?

① 환기와 급·배기가 가능한 곳
② 보온을 위해 지하인 곳
③ 재료의 반입과 오물의 반출이 쉬운 곳
④ 음식의 운반과 배선이 편리한 곳

20
'예비처리 - 본처리 - 오니처리' 순서로 진행되는 것은?

① 하수 처리
② 쓰레기 처리
③ 상수도 처리
④ 지하수 처리

21

주방 내 안전사고 요인 중 정서적 요인이 아닌 것은?

① 독단적 행동
② 시력 또는 청력의 결함
③ 지식 및 기능의 부족
④ 과격한 기질 및 신경질

22

작업장에서 발생하는 작업의 흐름에 따라 시설과 기기를 배치할 때 작업의 흐름이 순서대로 연결된 것은?

> ㉠ 전처리
> ㉡ 장식·배식
> ㉢ 식기 세척·수납
> ㉣ 조리
> ㉤ 식재료의 구매·검수

① ㉤ – ㉠ – ㉣ – ㉡ – ㉢
② ㉠ – ㉡ – ㉢ – ㉣ – ㉤
③ ㉤ – ㉣ – ㉡ – ㉠ – ㉢
④ ㉢ – ㉠ – ㉣ – ㉤ – ㉡

23

전기시설물 점검 사항으로 옳지 않은 것은?

① 인입선로 – 케이블 헤드의 이상 유무, 이물질 부착 여부
② 차단기 – 과열, 변색 여부, 진동의 이상 유무
③ 콘덴서 – 외부 접촉의 변형 상태, 누전 여부
④ 발전기 – 외부와의 접촉 상태, 청소 상태, 충전, 방전 상태

24

칼 사용 방법으로 옳지 않은 것은?

① 정신을 집중하고 안정된 자세로 작업에 임한다.
② 칼을 떨어뜨렸을 경우 잡으려 하지 말고 한 걸음 물러서서 피한다.
③ 칼은 위험하므로 보이는 곳에 보관한다.
④ 칼을 물이 든 싱크대 등에 담가 놓지 않는다.

25

신선한 달걀의 특징으로 옳은 것은?

① 프라이를 하려고 깨 보니 난백이 넓게 퍼진다.
② 난황과 난백을 분리하려는데, 난황막이 터져 분리가 어렵다.
③ 삶아서 껍질을 벗겨 보니 기공이 있는 부분이 움푹 들어갔다.
④ 삶아서 반으로 잘라 보니 노른자가 가운데에 있다.

26

유지를 가열할 때 생기는 변화에 대한 설명으로 옳지 않은 것은?

① 유리지방산의 함량이 높아지므로 발연점이 낮아진다.
② 연기 성분으로 알데히드(Aldehyde), 케톤(Ketone) 등이 생성된다.
③ 아이오딘가가 높아진다.
④ 중합반응에 의해 점도가 증가된다.

27

완두콩 통조림을 가열하여도 녹색이 유지되는 것과 관련 있는 색소는?

① 클로로필
② 구리 – 클로로필
③ 페오피틴
④ 클로로필린

28

냄새 성분 중 어류와 관련 없는 것은?

① 트리메틸아민(Trimethylamine)
② 암모니아(Ammonia)
③ 피페리딘(Piperidine)
④ 디아세틸(Diacetyl)

29

비타민 C의 파괴율이 가장 적은 조리 방법을 사용한 것은?

① 시금칫국   ② 무생채
③ 고사리무침   ④ 오이지

30
과일, 채소류, 간장, 청량음료 등에 사용되는 보존료는?

① 데히드로초산
② 안식향산
③ 소르빈산
④ 프로피온산

31
시금치의 녹색을 최대한 유지시키면서 데치려고 할 때 가장 좋은 방법은?

① 100℃ 다량의 조리수에서 뚜껑을 열고 단시간에 데쳐 재빨리 헹군다.
② 100℃ 다량의 조리수에서 뚜껑을 닫고 단시간에 데쳐 재빨리 헹군다.
③ 100℃ 소량의 조리수에서 뚜껑을 열고 단시간에 데쳐 재빨리 헹군다.
④ 100℃ 소량의 조리수에서 뚜껑을 닫고 단시간에 데쳐 재빨리 헹군다.

32
유지를 가열할 때 유지 표면에서 엷은 푸른 연기가 나기 시작할 때의 온도는?

① 팽창점
② 연화점
③ 용해점
④ 발연점

33
단백질의 구성 단위는?

① 아미노산
② 지방산
③ 과당
④ 포도당

34
음식의 온도와 맛의 관계에 대한 설명으로 옳지 않은 것은?

① 국은 식을수록 짜게 느껴진다.
② 커피는 식을수록 쓰게 느껴진다.
③ 차게 먹을수록 신맛이 강하게 느껴진다.
④ 수박은 차가울수록 단맛이 강하게 느껴진다.

35
식품 조리에서 소금의 용도로 옳지 않은 것은?

① 무기질의 공급원이다.
② 방부력을 지닌 보존료의 기능을 한다.
③ 탈수작용 등 식품의 물리적 성질을 개선한다.
④ 생선 표면에 뿌리면 생선이 부드러워진다.

36
돼지의 지방조직 대용품으로 사용되는 가공품은?

① 헤드치즈
② 젤라틴
③ 라드
④ 쇼트닝

37
총원가는 제조원가에 무엇을 더한 것인가?

① 제조간접비
② 판매관리비
③ 이익
④ 판매가격

38
검수 시 유의 사항으로 적절하지 않은 것은?

① 차량의 청결 상태, 차량 내부 온도를 측정한다.
② 박스에 담겨 있는 야채는 박스째 검수한다.
③ 검수 시 식품은 검수대 바닥에서 60cm 이상 높이에서 진행한다.
④ 검수 시 맨손으로 식품을 만지거나 손으로 맛을 보지 않는다.

39
식품의 감별법으로 옳지 않은 것은?

① 감자 - 병충해, 발아, 외상, 부패 등이 없는 것
② 송이버섯 - 줄기가 단단한 것
③ 생과일 - 성숙하고 신선하며 청결한 것
④ 달걀 - 표면이 매끄럽고 광택이 있는 것

40
삼치구이를 하려고 한다. 정미중량 60g을 조리하고자 할 때 1인당 발주량은 약 얼마인가? (단, 삼치의 폐기율은 34%이다.)

① 43g
② 67g
③ 91g
④ 110g

41

비린내가 심한 어류의 조리 방법으로 적절하지 않은 것은?

① 정종이나 포도주를 첨가하여 조리한다.
② 물에 씻을수록 비린내가 많이 나므로 재빨리 씻어 조리한다.
③ 식초와 레몬즙 등의 신맛을 내는 조미료를 사용하여 조리한다.
④ 황화합물을 함유한 마늘, 파 및 양파를 양념으로 첨가하여 조리한다.

42

빈칸에 들어갈 내용으로 옳은 것은?

두부를 새우젓국에 끓이면 물에 끓이는 것보다 더 (   )

① 단단해진다.
② 부드러워진다.
③ 구멍이 많이 생긴다.
④ 색깔이 하얗게 된다.

43

썰기 방법에 대한 설명으로 옳지 않은 것은?

① 막대 썰기는 재료를 원하는 길이로 토막 낸 후 일정한 굵기의 막대 모양으로 써는 방법이다.
② 골패 썰기는 무, 당근 등의 둥근 가장자리를 잘라내어 직사각형으로 만든 후에 얇게 써는 방법이다.
③ 깍둑 썰기는 가로와 세로 길이가 비슷한 사각형으로 반듯하고 얇게 써는 방법이다.
④ 편 썰기는 재료를 원하는 길이로 자른 후에 원하는 두께로 고르고 얇게 써는 방법이다.

44

육류를 끓여 국물을 만드는 방법에 대한 설명으로 옳은 것은?

① 육류를 오래 끓이면 근육조직인 젤라틴이 콜라겐으로 용출되어 맛있는 국물을 만들 수 있다.
② 육류를 찬물에 넣어 끓이면 맛 성분의 용출이 잘 되어 맛있는 국물을 만들 수 있다.
③ 육류를 끓는 물에 넣고 설탕을 넣어 끓이면 맛 성분의 용출이 잘 되어 맛있는 국물을 만들 수 있다.
④ 육류를 오래 끓이면 질긴 지방 조직인 콜라겐이 젤라틴화되어 맛있는 국물을 만들 수 있다.

45

조미료의 첨가 순서로 옳은 것은?

① 설탕 → 소금 → 식초 → 간장
② 설탕 → 식초 → 간장 → 소금
③ 소금 → 식초 → 간장 → 설탕
④ 간장 → 설탕 → 식초 → 소금

46

한천의 용도가 아닌 것은?

① 훈연제품의 산화방지제
② 푸딩, 양갱의 겔화제
③ 유제품, 청량음료 등의 안정제
④ 곰팡이, 세균 등의 배지

47

냉장고 등의 저온에서 완만 해동시키는 방법이 많이 이용되는 것은?

① 어류   ② 육류
③ 반조리식품   ④ 채소류

48

식품을 절단하는 목적으로 옳은 것은?

① 식품의 부패를 방지하기 위해서이다.
② 식품 고유의 맛과 향을 향상시키기 위해서이다.
③ 영양소의 손실을 최소화하기 위해서이다.
④ 표면적을 크게 하여 열전도율을 상승시키기 위해서이다.

49

식품을 계량하는 방법으로 옳지 않은 것은?

① 밀가루 계량은 부피보다 무게가 더 정확하다.
② 흑설탕은 계량 전에 체로 친 다음 계량한다.
③ 고체지방은 계량 후 고무주걱으로 잘 긁어 옮긴다.
④ 꿀과 같이 점성이 있는 것은 계량컵을 이용한다.

50

일반적인 잼의 설탕 함량은?

① 15 ~ 25%   ② 35 ~ 45%
③ 60 ~ 65%   ④ 90 ~ 100%

51
부드러운 살코기로서 맛이 좋으며 구이, 전골, 산적용으로 적당한 소고기 부위는?

① 양지, 사태, 목심
② 안심, 채끝, 우둔
③ 갈비, 삼겹살, 안심
④ 양지, 설도, 삼겹살

52
육류 조리에 대한 설명으로 옳지 않은 것은?

① 탕 조리 시 찬물에 고기를 넣고 끓여야 추출물이 최대한 용출된다.
② 장조림 조리 시 간장을 처음부터 넣으면 고기가 단단해지고 잘 찢기지 않는다.
③ 편육 조리 시 찬물에 넣고 끓여야 잘 익고 고기 맛이 좋다.
④ 불고기용으로는 되도록 결합 조직이 적은 부위가 적당하다.

53
건더기가 국물의 1/3 정도가 좋은 것은?

① 감정
② 국
③ 조치
④ 전골

54
쌀을 갈거나 쌀가루를 사용하여 끓인 죽은?

① 옹근죽
② 원미죽
③ 무리죽
④ 장국죽

55
유지의 저장 및 보관 방법으로 옳지 않은 것은?

① 마가린은 밀봉하여 냉장고에 보관한다.
② 버터는 실온에 두고 사용한다.
③ 올리브유는 다른 식물성유보다 소비기한이 짧아 개봉 후 빨리 사용해야 한다.
④ 쇼트닝, 식물성유는 뚜껑을 닫고 빛이 없는 실온에 보관한다.

56
중앙 중심의 대칭으로 가장 균형적인 형태이며, 안정감이 느껴지나 단순화되기 쉬운 그릇 담기 형태는?

① 비대칭
② 대축대칭
③ 회전대칭
④ 좌우대칭

57
소고기 장조림 만드는 법으로 적절하지 않은 것은?

① 물과 향신료가 끓으면 고기를 넣어 익힌 후 간장을 넣어 조린다.
② 통후추보다는 가루 후추를 사용하는 것이 좋다.
③ 사태나 홍두깨살이 장조림 고기로 좋다.
④ 핏물을 제거한 후 장조림한다.

58
편 썰기에 대한 설명으로 옳은 것은?

① 무, 감자 등을 막대 모양으로 썰어 같은 크기로 주사위처럼 써는 방법
② 마늘, 생강 등을 모양 그대로 얇게 써는 방법
③ 채 썬 것을 다시 잘게 써는 방법
④ 직사각 모양으로 납작하게 써는 방법

59
구이 조리에 대한 설명으로 옳지 않은?

① 직접 불에 굽는 직화(번 – 燔)법이 있다.
② 철판 및 도구를 이용하는 간접(적 – 炙)화법이 있다.
③ 프라이팬에 물과 고기를 넣어 익히는 음식이다.
④ 육류, 어패류, 가금류, 채소류 등의 재료를 직접 불에 구운 음식이다.

60
숙채에 대한 설명으로 옳지 않은 것은?

① 부드러운 식감을 준다.
② 삶아 사용한다.
③ 겉절이를 말한다.
④ 물에 삶거나, 찌거나, 볶아서 갖은 양념을 한 것이다.

에듀윌이
너를
지지할게
ENERGY

가장 용감한 행동은
자신을 위해 생각하고 그것을 외치는 것이다.
큰 소리로.

– 가브리엘 보뇌르 샤넬(Gabrielle Bonheur Chanel)

09회 기출복원 모의고사

01

조리장 내 개인위생수칙으로 옳지 않은 것은?

① 작업장에 들어가기 전에 보호구(모자, 작업복, 앞치마, 신발, 장갑, 마스크 등)의 청결 상태를 확인 후 착용한다.
② 손톱은 짧게 깎고, 매니큐어 및 짙은 화장은 피한다.
③ 작업장에서 사용하는 모든 설비 및 도구는 항상 청결한 상태로 유지하고, 불필요한 개인용품(음식물, 담배, 장신구 등)을 반입하지 않는다.
④ 허가를 받지 않은 자는 위생복을 갖추고 작업장에 들어가도록 한다.

02

법정 제2급 감염병에 해당하지 않는 것은?

① A형간염　　② 콜레라
③ 세균성 이질　④ 파상풍

03

생육이 가능한 최저 수분활성도(Aw)가 가장 높은 것은?

① 세균　　② 내건성 포자
③ 곰팡이　④ 효모

04

수분활성도(Aw)에 대한 설명으로 옳지 않은 것은?

① 일반식품의 수분활성도는 항상 1보다 크다.
② 수분활성도는 미생물의 생육으로 인한 화학반응에 관여하는 지표이다.
③ 수분활성도가 큰 식품일수록 미생물이 번식하기 쉬워 저장성이 낮다.
④ 수분활성도가 1인 물을 순수한 물이라고 한다.

05

윈슬로우(Winslow)가 주장한 공중보건의 3대 목적에 해당하지 않는 것은?

① 질병 예방
② 수명 연장
③ 신체적·정신적 효율 증진
④ 보건교육

06

조리사 또는 영양사 면허의 취소처분을 받고 그 취소된 날부터 얼마의 기간이 경과되어야 면허를 받을 자격이 있는가?

① 1개월　　② 3개월
③ 6개월　　④ 1년

07

무스카린, 아마니타톡신 독성분이 함유된 식품은?

① 독버섯　② 모시조개
③ 감자　　④ 복어

08

식품첨가물과 사용 목적을 표시한 것으로 옳지 않은 것은?

① 인산염류 – 품질 개량제
② 글리세린 – 피막제
③ 유동파라핀 – 이형제
④ 피페로닐부톡사이드 – 방충제

09

소음 및 진동에 대한 설명으로 옳지 않은 것은?

① 데시벨이란 사람이 들을 수 있는 음(소리)의 강도(음압) 수준을 나타내는 단위로, 소음 측정 단위는 데시벨(dB, Decibel)을 사용한다.
② 소음에 의한 장애에는 수면 방해, 불안증, 두통, 작업 방해, 식욕 감퇴, 정신적 불안정, 불쾌감, 불필요한 긴장 등이 있다.
③ 소음의 허용 기준은 1일 8시간 기준 120dB(A)을 넘어서는 안 된다.
④ 방지 대책으로 소음원의 규제, 도시계획의 합리화, 소음 방지의 지도, 계몽, 소음 확산 방지, 법적 규제 등이 필요하다.

10

알레르기를 일으키는 히스타민(Histamine) 함량이 많은 생선은?

① 넙치　　　　　　　② 가다랑어
③ 대구　　　　　　　④ 도미

11

밀가루 제품에서 밀가루를 부풀게 하기 위해 사용되는 첨가물은?

① 피막제　　　　　　② 유화제
③ 팽창제　　　　　　④ 산화방지제

12

황색포도상구균에 의한 독소형 식중독과 관련 있는 독소는?

① 간독소　　　　　　② 장독소
③ 혈독소　　　　　　④ 암독소

13

식품취급자가 손을 씻는 방법으로 적절하지 않은 것은?

① 손 씻기 전에 손톱을 깎고 시계, 반지 등을 뺀다.
② 손바닥, 손등, 손가락 사이 등 꼼꼼하게 씻는다.
③ 식품 취급 전, 취급하는 식재료가 바뀔 때마다 손을 씻는다.
④ 많이 더러운 손을 씻을 때에는 역성비누만을 사용한다.

14

호염성의 성질을 가지고 있는 식중독 세균은?

① 황색포도상구균(Staphylococcus Aureus)
② 장염비브리오(Vibrio Parahaemolyticus)
③ 병원성 대장균(E. coli O157 : H7)
④ 리스테리아 모노사이토제네스(Listeria Monocytogenes)

15

세균성 식중독의 일반적인 특징으로 옳지 않은 것은?

① 대량의 균 또는 독소에 의해 발병한다.
② 잠복기가 길다.
③ 2차 감염이 없다.
④ 식중독균에 오염된 식품을 섭취하여 발생한다.

16

마비, 호흡곤란, 사망에 이르는 메틸알코올의 섭취량은?

① 10～15mL　　　　② 15～40mL
③ 50～70mL　　　　④ 30～100mL

17

달걀의 보존 중 품질 변화에 대한 설명으로 옳지 않은 것은?

① 수분의 증발
② 농후난백의 수양화
③ 난황막의 약화
④ 산도(pH)의 감소

18

식품위생의 목적이 아닌 것은?

① 위생상의 위해 방지
② 식품산업의 발전
③ 식품영양의 질적 향상 도모
④ 국민보건의 증진

19

우리나라 간장에 사용할 수 있는 보존료(방부제)는?

① 안식향산(Benzoic Acid)
② 이초산나트륨(Sodium Diacetate)
③ 프로피온산(Propionic Acid)
④ 소르빈산(Sorbic Acid)

20
재난 원인의 4M에 해당되지 않는 것은?
① Man　　　　　　② Method
③ Machine　　　　④ Management

21
응급조치의 의미와 목적이 아닌 것은?
① 사고현장에서 부상자나 급성질환자에게 즉시 취하는 조치이다.
② 전문 의료기관(119)에 신고하는 것도 포함한다.
③ 더 이상 상태가 악화되지 않도록 방지 또는 지연시킨다.
④ 건강을 되찾을 때까지 기다려 주는 일이다.

22
주방 내 사고 발생 시 대처 방법으로 옳지 않은 것은?
① 작업을 중단하고 즉시 관리자에게 보고한다.
② 출혈이 있는 경우 출혈 부위를 심장보다 높게 한다.
③ 출혈이 있는 경우 상처 부위를 수돗물을 틀어 놓고 깨끗이 씻는다.
④ 환자가 움직일 수 있는 상황이면, 사고가 발생한 조리 장소로부터 격리한다.

23
주방 내 안전사고 요인 중 환경적 요인이 아닌 것은?
① 건축물이나 공작물의 부적절한 설계
② 고열, 먼지, 소음, 진동, 가스 누출, 누전 등
③ 미숙한 작업 방법
④ 부적절한 채광, 조명, 환기 등의 시설

24
다음 중 녹조류에 속하는 것은?
① 김　　　　② 미역
③ 파래　　　④ 다시마

25
과일의 일반적인 특성과 달리 지방 함량이 가장 높은 과일은?
① 아보카도　　② 수박
③ 바나나　　　④ 감

26
식품을 고를 때 채소류의 감별법으로 옳지 않은 것은?
① 오이는 굵기가 고르며 만졌을 때 가시가 있고 무거운 느낌이 나는 것이 좋다.
② 당근은 일정한 굵기로 통통하고 마디나 뿔이 없는 것이 좋다.
③ 양배추는 가볍고 잎이 얇으며 신선하고 광택이 있는 것이 좋다.
④ 우엉은 껍질이 매끈하고 수염뿌리가 없는 것으로 굵기가 일정한 것이 좋다.

27
고추장에 대한 설명으로 옳지 않은 것은?
① 고추장은 곡류, 메줏가루, 소금, 고춧가루, 물을 원료로 제조한다.
② 고추장의 구수한 맛은 단백질이 분해하여 생긴 맛이다.
③ 고추장은 된장보다 단맛이 약하다.
④ 고추장의 전분 원료로 찹쌀가루, 보릿가루, 밀가루를 사용한다.

28
난황에 주로 함유되어 있는 색소는?
① 클로로필　　　② 안토시아닌
③ 카로티노이드　④ 플라보노이드

29
밀가루 반죽 시 넣는 첨가물에 관한 설명으로 옳은 것은?
① 유지는 글루텐 구조 형성을 방해하여 반죽을 부드럽게 한다.
② 소금은 글루텐 단백질을 연화시켜 밀가루 반죽의 점탄성을 떨어뜨린다.
③ 설탕은 글루텐 망상구조를 치밀하게 하여 반죽을 질기고 단단하게 한다.
④ 달걀을 넣고 반죽하면 단백질의 연화 작용으로 반죽이 부드러워진다.

30
버터 대용품으로 생산되고 있는 식물성 유지는?
① 쇼트닝　　② 마가린
③ 마요네즈　④ 땅콩버터

31

전분의 노화를 억제하는 방법으로 적합하지 않은 것은?

① 수분 함량 15% 이하 또는 60% 이상
② 온도 0℃ 이하 또는 60℃ 이상
③ 설탕 첨가
④ 높은 아밀로오스 함량

32

우유 100mL에 칼슘이 180mg 정도 들어 있다면 우유 250mL에는 칼슘이 몇 mg 정도 들어 있는가?

① 450mg
② 540mg
③ 595mg
④ 650mg

33

설탕 용액이 캐러멜화되는 일반적인 온도는?

① 50∼60℃
② 70∼80℃
③ 100∼110℃
④ 180∼200℃

34

편육은 고기를 끓는 물에 넣어 익혀 내는데 그 이유로 옳은 것은?

① 고기 냄새를 없애기 위해
② 육질을 단단하게 하기 위해
③ 지방 용출을 적게 하여 고기를 부드럽게 하기 위해
④ 국물에 맛 성분이 적게 용출되도록 하기 위해

35

김에 대한 설명으로 옳은 것은?

① 붉은색으로 변한 김은 불에 잘 구우면 녹색으로 변한다.
② 건조 김은 조미 김보다 지질 함량이 높다.
③ 김은 칼슘 및 철, 칼륨이 풍부한 알칼리성 식품이다.
④ 김의 감칠맛은 단맛과 지미를 가진 Cystine, Mannit 때문이다.

36

시장조사의 목적으로 옳지 않은 것은?

① 구매 가격의 예산 결정
② 합리적인 구매 계획의 수립
③ 신제품의 설계
④ 최대한의 재고 확보

37

인분을 사용한 밭에서 특히 경피적 감염을 주의해야 하는 기생충은?

① 십이지장충
② 요충
③ 회충
④ 말레이사상충

38

식재료 검수 시 유의 사항으로 옳지 않은 것은?

① 당도계, 염도계 사용 시 식품을 파손해야 하므로 사용할 수 없다.
② 박스 안에 들어 있는 야채는 박스를 제거한 후 검수한다.
③ 얼음이나 물이 있는 식품의 경우 제거한 후 수량, 중량을 측정한다.
④ 김치류는 관능검사(맛, 냄새)를 실시하고, 배추의 원산지 증명서를 함께 받아 보관한다.

39

장조림을 만들어 팔 때 1kg을 기준으로 비용은 소고기 16,000원, 부재료비 1,500원이 소요되었다. 1인분에 200g을 사용하고, 식재료 비율을 40%로 하려고 할 때 판매가격은?

① 6,300원
② 8,750원
③ 12,500원
④ 17,750원

40

시장조사의 원칙 중 식품은 구매 활동에 변동이 많으므로 시장 변동 상황에 능동적으로 대응할 수 있어야 한다는 원칙은?

① 조사 탄력성의 원칙
② 조사 적시성의 원칙
③ 비용 경제성의 원칙
④ 조사 정확성의 원칙

41

조리의 목적으로 옳지 않은 것은?

① 영양성 - 영양소를 보존하고 파괴를 방지하며, 소화를 용이하게 하여 식품의 영양 효율을 높인다.
② 기호성 - 풍미와 질감, 외관을 좋게 하여 식욕을 증진시킨다.
③ 안전성 - 위해 성분을 제거하여 위생적으로 안전성을 증가시킨다.
④ 유행성 - 음식의 맛과 표현을 시시각각 변화시킨다.

42
음식을 제공할 때 고려해야 하는 음식의 온도가 가장 낮은 것은?
① 밥
② 국
③ 커피
④ 찌개

43
썰기에 대한 설명으로 옳지 않은 것은?
① 변색을 방지하고 조미료를 침입시키는 효과가 있다.
② 식품의 불필요한 부분을 제거하여 먹기 좋은 모양으로 만들거나, 크기를 보기 좋은 형태로 만드는 데 목적을 둔다.
③ 식재료의 표면적을 증가시켜 열 전달과 조미료 침투를 용이하게 한다.
④ 가장 많이 사용되는 조리 조작 과정이다.

44
냉동 제품을 해동할 때 가장 좋은 방법은?
① 영양소 파괴를 막기 위해 뜨거운 물에 넣어 재빨리 해동한다.
② 물속에 담가 해동한다.
③ 0℃에 가까운 온도에서 천천히 해동하여 표면과 중심부의 온도 차이를 적게 하는 것이 좋다.
④ 원래 상태로 회복하려면 급속 해동이 좋다.

45
50명이 종사하는 급식실에서 식기 필요량으로 옳은 것은?
① 50개
② 59개
③ 75개
④ 100개

46
지방(버터, 마가린, 쇼트닝)을 계량하는 방법으로 옳은 것은?
① 느슨하게 담아 평면으로 깎아 계량한다.
② 고체이므로 중간에 공기가 생길 수 있으므로 수북이 담아 계량한다.
③ 컵이나 스푼으로 계량할 경우 실온에서 반고체 상태로 컵에 빈 공간이 없도록 꾹꾹 눌러 수평으로 깎아 계량한다.
④ cm로 재서 사용한다.

47
조리장의 위치로 적절하지 않은 것은?
① 통풍과 채광이 좋고 급수와 배수가 용이한 곳이어야 한다.
② 음식을 운반하기 쉽고 객실보다 넓은 곳이어야 한다.
③ 객실 및 객석의 구분이 명확하고 식품의 구입과 반출이 용이한 곳이어야 한다.
④ 소음, 악취, 가스, 분진 등이 없는 위생적인 곳이어야 한다.

48
밥맛에 영향을 주는 요인으로 적절하지 않은 것은?
① 쌀은 수확 후 시일이 오래 지나면 지나치게 건조되어 밥맛이 좋지 않다.
② 밥물의 pH가 7~8인 경우 밥맛이 가장 좋다.
③ 소금을 0.03% 정도 넣으면 밥맛이 나빠진다.
④ 아밀로펙틴의 함량이 높을수록 점성이 많고 밥맛이 좋다.

49
전분이 70%, 단백질이 10%이며, 단백질의 주성분이 제인(Zein)인 식품은?
① 감자
② 옥수수
③ 고구마
④ 보리

50
어류의 신선도 판정법으로 옳지 않은 것은?
① 생선의 눈은 안구가 외부로 돌출되어 있고 투명한 것이 좋다.
② 비늘이 밀착되어 있고 표면은 광택이 나는 것이 좋다.
③ 신선한 생선일수록 복부의 탄력성이 좋다.
④ 아가미의 신선도가 저하되면 점액질의 분비가 많아지고 부패취가 증가하여 점차 붉은색으로 변한다.

51

수산물의 특징으로 옳지 않은 것은?

① 사후강직 현상은 8시간 이후에 이루어진다.
② 생선은 자기소화 과정 중 글루타민산(Glutamic Acid)과 IMP가 생성되어 맛이 좋아진다.
③ 콜라겐(Collagen)의 함량이 적어 식육류보다 살이 연하다.
④ 갑각류를 가열하면 회색의 아스타잔틴(Astaxanthin)이 적색의 아스타신(Astacin)으로 변한다.

52

우유를 원심분리하여 지방을 제거한 우유의 가공식품은?

① 연유
② 탈지우
③ 크림
④ 분유

53

뜨거울 때와 차가울 때 음식이 가장 맛있게 느껴지는 온도는?

	뜨거울 때	차가울 때
①	60~70℃	12~15℃
②	70~75℃	15~20℃
③	80~85℃	10~12℃
④	90~95℃	5~7℃

54

전, 적의 명칭에 대한 설명으로 옳지 않은 것은?

① 누름적 – 재료를 익혀 꼬치에 끼우기만 한 것
② 화양적 – 재료를 양념하여 익히지 않고 꼬치에 끼워 석쇠나 팬에 익힌 것
③ 지짐누름적 – 재료 하나하나를 익혀 꼬치에 끼운 후 밀가루와 달걀물을 씌워 팬에 지진 것
④ 지짐 – 밀가루 반죽에 재료들을 모두 섞어 기름에 지진 것

55

전처리 식품의 장점으로 옳지 않은 것은?

① 재고가 발생한다.
② 조리 시간을 단축할 수 있다.
③ 인력 부족에 대한 대책안을 마련할 수 있다.
④ 쓰레기 처리가 용이하고 비용을 절감할 수 있다.

56

주재료에 따라 붙여진 특별한 밥의 명칭으로 옳지 않은 것은?

① 콩나물 밥
② 돼지고기 김치밥
③ 홍국쌀 밥
④ 영양굴 밥

57

한국 음식을 담을 때 주의 사항으로 옳지 않은 것은?

① 시각적인 색의 조화를 고려하여 보기 좋고 먹음직스럽게 담는다.
② 차가운 음식은 차갑게, 따뜻한 음식은 따뜻하게 담는다.
③ 음식물이 접시를 벗어나지 않게 담는다.
④ 고명을 많이 얹어 담는다.

58

반상기 중에 가장 많은 수를 차지하는 식기는?

① 김치보
② 쟁첩
③ 종자
④ 조반기

59

진간장에 대파, 마늘, 양파, 다시마, 생강, 통후추, 건표고, 건고추 등을 넣어 끓인 후 걸러 요리에 사용하는 간장은?

① 향신간장
② 국간장
③ 양조간장
④ 청장

60

생선 육수의 냄새 제거를 위해 생강을 넣기 가장 효과적인 시점은?

① 생선과 함께 처음부터
② 요리 중간
③ 요리 마치고 불을 끈 후
④ 요리 끝내기 10분 전

10회 기출복원 모의고사

SELF CHECK · 제한시간 | 60분 00초 · 소요시간 | 분 초 · 전체 문항 수 | 60문항 · 맞힌 문항 수 | 문항

01
조리장 내 개인위생관리 방법으로 옳지 않은 것은?
① 정기적인 진단 이외에도 수시로 전염병 예방접종을 하고, 작업 중 발생하는 건강이상에 대해서는 즉시 진료를 받는다.
② 주기적으로 위생교육을 받고 교육에 대한 효과를 확인받는다.
③ 작업 전 규정된 위생복장을 점검하고 착용한다.
④ 작업장에서 음식에 혼입될 수 있는 반지, 귀걸이는 착용하지 않아야 하지만 목걸이는 상관없다.

02
위생복 관리에 대한 설명으로 옳지 않은 것은?
① 조리 시에는 항상 청결한 위생복을 착용한다.
② 최소한 두 벌을 보유하고 세척과 다림질을 습관화한다.
③ 앞치마는 오염물질이 눈에 띄지 않는 것을 착용한다.
④ 음식을 서빙할 때 기침이나 재채기를 통한 세균의 오염을 방지하기 위해 필요시 위생 마스크를 사용한다.

03
인수공통감염병 중 산토끼, 양 등의 이환가축으로 인한 감염병은?
① 탄저
② 야토병
③ 결핵
④ 렙토스피라증

04
곰팡이와 세균의 중간 크기로 출아법으로 증식하고, 통성혐기성균인 미생물은?
① 리케차
② 곰팡이
③ 바이러스
④ 효모

05
직업병 중 금속 중독 증상으로 옳지 않은 것은?
① 납(Pb) 중독 - 연연(鉛緣), 권태, 염기성 과립적혈구 수의 증가, 체중 감소, 요독증 증세
② 크롬(Cr) 중독 - 레이노드병(손가락의 말초혈관 운동장애)
③ 수은(Hg) 중독 - 피로감, 기억력 감퇴, 언어장애, 지각이상, 보행곤란 증세
④ 카드뮴(Cd) 중독 - 폐기종, 골연화, 신장기능장애, 단백뇨 증세

06
곰팡이에 의해 생성되는 독소가 아닌 것은?
① 아플라톡신(Aflatoxin)
② 엔테로톡신(Enterotoxin)
③ 시트리닌(Citrinin)
④ 파튤린(Patulin)

07
열경화성 합성수지제 용기의 용출시험에서 가장 문제가 되는 유독물질은?
① 메탄올
② 아질산염
③ 포름알데히드
④ 아질산 나트륨

08
조개류에서 나타나는 식중독 성분은?
① 아마니타톡신
② 솔라닌
③ 베네루핀
④ 시큐톡신

09

「식품위생법」상 조리사를 두어야 할 영업이 아닌 것은?

① 지방자치단체가 운영하는 집단급식소
② 식품첨가물 제조업소
③ 복어조리 판매업소
④ 병원이 운영하는 집단급식소

10

장염비브리오 식중독균의 특징으로 옳지 않은 것은?

① 그람양성균이며 아포를 생성하는 구균이다.
② 3～4%의 식염 농도에서 잘 발육한다.
③ 어패류, 해조류 및 그 가공품이 원인 식품이다.
④ 잠복기는 10～18시간(평균 12시간)이다.

11

B. C. G.(결핵 예방접종)의 접종 시기는?

① 생후 4주 이내
② 생후 2, 4, 6개월
③ 3～15세
④ 매년

12

「식품위생법」상 영업신고를 하여야 하는 업종은?

① 즉석판매제조, 가공업
② 유흥주점영업
③ 식품조사처리업
④ 단란주점영업

13

유제품 및 달걀의 섭취로 인해 발생할 수 있는 식중독은?

① 살모넬라 식중독
② 포도상구균 식중독
③ 대장균 식중독
④ 곰팡이독 식중독

14

탄소 성분의 불완전 연소로 인해 발생하는 대기오염 물질은?

① 오존(O_3)
② 질소(N)
③ 일산화탄소(CO)
④ 이산화탄소(CO_2)

15

식육 및 어육 등의 가공육 제품의 색을 안정하게 유지하기 위해 사용되는 식품첨가물은?

① 질산나트륨
② 몰식자산프로필
③ 아황산나트륨
④ 이산화염소

16

다음에서 설명하는 조리 및 가공에서 생기는 유해물질은?

> 육류나 생선을 고온으로 조리할 떠 육류나 생선에 존재하는 아미노산과 크레아틴이라는 물질이 반응하여 고리 형태로 생성되는 물질이다.

① 다환방향족 탄화수소
② 아크릴아미드
③ 헤테로고리아민
④ 엔－니트로사민

17

도마의 사용 방법에 대한 설명으로 옳지 않은 것은?

① 합성세제를 사용하여 43～45℃의 물로 씻는다.
② 염소소독, 열탕살균, 자외선살균 등을 실시한다.
③ 식재료 종류별로 전용 도마를 사용한다.
④ 세척, 소독 후에는 건조시킬 필요가 없다.

18

식품접객업소의 조리판매 등에 대한 기준 및 규격에 의한 조리용 칼·도마·식기류의 미생물 규격은? (단, 사용 중인 것은 제외한다.)

① 살모넬라균 - 음성, 대장균 - 양성
② 살모넬라균 - 음성, 대장균 - 음성
③ 황색포도상구균 - 양성, 대장균 - 음성
④ 황색포도상구균 - 음성, 대장균 - 양성

19

중온균(Mesophilic Bacteria) 증식의 최적 온도는?

① 10～12℃
② 25～37℃
③ 55～60℃
④ 65～75℃

20
응급조치 시 지켜야 할 사항으로 옳지 않은 것은?
① 응급조치는 전문 의료진이 도착할 때까지의 행동으로, 도착 전 준비된 상비약을 응급환자에게 제공한다.
② 환자에게 자신의 신분을 알린다.
③ 최초로 응급환자를 발견하고 응급조치를 시행하기 전까지 환자의 생사유무를 판정하지 않는다.
④ 현장에서 자신의 안전을 확보한다.

21
주방 내 안전사고 요인 중 행동적 요인이 아닌 것은?
① 독단적 행동
② 완전한 동작과 자세
③ 안전장치 등의 소홀한 점검
④ 결함이 있는 기계 및 기구의 사용

22
신체 부위별 장비의 종류로 안전화, 절연화, 정전화는 신체의 어느 부분을 보호하기 위한 장비인가?
① 방음 보호구
② 발 보호구
③ 호흡 보호구
④ 머리 보호구

23
주방 내 방충·방역 및 소독 방법에 대한 설명으로 옳지 않은 것은?
① 방충·방역 및 소독 방법에는 물리적, 화학적, 생물학적 방법이 있다.
② 물리적 방법은 해충의 서식지를 제거하거나 발생하지 못하도록 하는 방법이다.
③ 화학적 방법은 약제를 살포하는 방법으로, 효과가 오랫동안 지속된다는 장점이 있다.
④ 생물학적 방법은 천적생물을 이용한다.

24
황함유 아미노산으로 옳은 것은?
① 트레오닌(Threonine)
② 시스틴(Cystine)
③ 리신(Lysine)
④ 호르데인(Hordein)

25
조리와 가공 중 천연색소의 변색 요인과 거리가 먼 것은?
① 산소
② 효소
③ 질소
④ 금속

26
스파게티와 국수 등에 이용되는 문어나 오징어 먹물의 색소는?
① 타우린(Taurine)
② 멜라닌(Melanin)
③ 미오글로빈(Myoglobin)
④ 히스타민(Histamine)

27
노화가 잘 일어나는 전분에서 함량이 높은 성분은?
① 아밀로오스(Amylose)
② 아밀로펙틴(Amylopectin)
③ 글리코젠(Glycogen)
④ 한천(Agar)

28
식혜를 당화시켜 끓일 때 설탕과 함께 소금을 조금 넣어 단맛이 강하게 느껴지는 현상은?
① 미맹 현상
② 소실 현상
③ 대비 현상
④ 변조 현상

29
냄새 제거를 위한 향신료가 아닌 것은?
① 육두구(Nutmeg, 넛맥)
② 월계수 잎(Bay Leaf)
③ 마늘(Garlic)
④ 세이지(Sage)

30
다음 설명에 해당하는 조미료는?

- 수란을 뜰 때 끓는 물에 이것을 넣고 달걀을 넣으면 난백의 응고를 돕는다.
- 작은 생선을 사용할 때 이것을 소량 가하면 뼈가 부드러워진다.
- 기름기 많은 재료에 이것을 사용하면 맛이 부드럽고 산뜻해진다.

① 설탕
② 후추
③ 식초
④ 소금

31

자유수에 대한 설명으로 옳지 않은 것은?

① 식품 중에 유리 상태로 존재하는 물(보통의 물)이다.
② 미생물 번식에 이용이 가능하다.
③ 유기물로부터 간단하게 분리된다.
④ 0℃ 이하에서 얼음으로 동결되지 않는다.

32

자색 양배추, 가지 등 적색 채소를 조리할 때 색을 보존하기 위한 방법으로 옳은 것은?

① 뚜껑을 열고 다량의 조리수를 사용한다.
② 뚜껑을 열고 소량의 조리수를 사용한다.
③ 뚜껑을 덮고 다량의 조리수를 사용한다.
④ 뚜껑을 덮고 소량의 조리수를 사용한다.

33

생선을 씻을 때 주의 사항으로 옳지 않은 것은?

① 물에 10% 정도의 소금을 타서 씻는다.
② 냉수를 사용한다.
③ 체표면의 점액을 잘 씻도록 한다.
④ 어체에 칼집을 낸 후에는 씻지 않는다.

34

우유에 함유된 단백질이 아닌 것은?

① 락토오스(Lactose)
② 카세인(Casein)
③ 락트알부민(Lactalbumin)
④ 락토글로불린(Lactoglobulin)

35

유지의 산패도를 나타내는 값으로 짝지어진 것은?

① 비누화가, 아이오딘가
② 아이오딘가, 아세틸가
③ 과산화물가, 비누화가
④ 산가, 과산화물가

36

사과나 딸기 등이 잼에 이용되는 이유로 적절한 것은?

① 과숙이 잘 되어 좋은 질감을 형성하기 때문이다.
② 충분한 펙틴과 유기산을 함유하고 있기 때문이다.
③ 색이 아름다워 잼의 상품가치를 높이기 때문이다.
④ 새콤한 맛 성분이 잼 맛에 적합하기 때문이다.

37

펙틴에 대한 설명으로 옳지 않은 것은?

① 소화되지 않는 전분이다.
② 과실의 뿌리, 줄기, 잎 등에서 세포벽과 세포벽을 결합시켜 준다.
③ 겔화하는 성질 때문에 잼이나 젤리를 만드는 데 이용된다.
④ 과실류와 감귤류의 껍질에 다량 함유되어 있다.

38

가식부율이 가장 낮은 식품은?

① 우엉   ② 꽃게
③ 수박   ④ 식용유

39

검수의 기록(검수일지) 사항이 아닌 것은?

① 검수인장
② 반품서
③ 날씨 기록
④ 납품서(거래명세서)

40

소고기 무국을 끓일 때 사용하는 1인분의 양이 다음과 같다면 80인분에 필요한 재료비는?

재료	필요량(g)	가격(원/100g당)
부재료비	60	380
소고기	200	800
총조미료비		60(1인분)

① 99,200원
② 151,040원
③ 306,800원
④ 520,000원

41
기본 조리법에 대한 설명으로 옳지 않은 것은?
① 섞기 - 두 가지 이상의 재료를 서로 접촉시키면서 고르게 분산시키는 것이다.
② 젓기 - 재료가 부드러워질 때까지 젓거나 휘저어 주는 것이다.
③ 믹싱 - 서로 다른 두 개 이상의 재료를 섞어 주는 것이다.
④ 다듬기 - 가열하거나 냉각시킬 때 열의 전도를 균일하게 하기 위해 사용한다.

42
조리 방법에 따른 설명으로 옳지 않은 것은?
① 찌개는 건더기가 국물의 2/3 정도가 좋다.
② 조림은 국물 맛을 내기보다 재료에 맛을 들게 하는 조리법이다.
③ 무침 채소를 데쳐 사용할 때에는 데친 후 완전히 식혀서 무치도록 한다.
④ 튀김은 동물성 유지를 사용하는 것이 좋다.

43
순화독소(Toxoid)를 사용하는 예방접종으로 면역이 되는 질병은?
① 파상풍
② 콜레라
③ 폴리오
④ 백일해

44
채를 썰기 전에 얄팍하고 긴 띠 모양으로 써는 방법은?
① 어슷 썰기
② 돌려 깎기
③ 깎아 썰기
④ 마구 썰기

45
감자, 당근, 무, 토란 등 과일·채소의 껍질을 벗기는 기구는?
① 필러(Peeler)
② 샐러맨더(Salamander)
③ 그리들(Griddle)
④ 블렌더(Blender)

46
계량 단위가 옳지 않은 것은?
① 1C = 12TS
② 1C = 200cc
③ 1TS = 15cc
④ 1TS = 3ts

47
작업(동선) 순서에 따라 기기를 배치할 때 순서대로 나열한 것은?

| ㉠ 준비대 | ㉡ 가열대 | ㉢ 배선대 | ㉣ 조리대 | ㉤ 개수대 |

① ㉠ → ㉡ → ㉢ → ㉣ → ㉤
② ㉠ → ㉣ → ㉢ → ㉤ → ㉡
③ ㉠ → ㉤ → ㉣ → ㉡ → ㉢
④ ㉡ → ㉢ → ㉣ → ㉤ → ㉠

48
소고기 장조림 부위로 적절하지 않은 것은?
① 홍두깨
② 우둔
③ 등심
④ 대접살

49
달걀 노른자의 유화성을 이용한 식품이 아닌 것은?
① 마요네즈
② 홀랜다이즈 소스
③ 케이크 반죽
④ 버터

50
수산물의 단백질 함량으로 옳지 않은 것은?
① 어류 - 15~25%
② 문어 - 13~20%
③ 조개류 - 7~10%
④ 오징어, 낙지 - 5~10%

51
수산물의 최대 사후강직이 일어나는 시간은?
① 사후 1일 후
② 사후 1~4시간
③ 사후 5~8시간
④ 사후 바로

52

동물성 유지가 아닌 것은?

① 우지
② 라드
③ 쇼트닝
④ 어유

53

한국 음식의 특징으로 옳지 않은 것은?

① 발효식품인 김치, 젓갈, 장아찌, 장, 술 등이 발달했다.
② 밥은 상의 앞 오른쪽, 국은 밥의 왼쪽으로 배치가 정해져 있다.
③ 곡물을 이용한 음식이 발달했다.
④ 공간 전개형 상차림으로 한상에 차려놓고 먹는 식사법이다.

54

주발과 같은 모양으로 탕기보다 작은 크기의 그릇 명칭은?

① 반병두리
② 조반기
③ 밥소라
④ 조치보

55

밥 담기 요령으로 옳은 것은?

① 그릇에 예쁘게 꼭꼭 눌러 담는다.
② 그릇에 60%만 담는다.
③ 주걱으로 살살 누르지 않고 담는다.
④ 밥이 식으므로 젓지 않고 바로 담는다.

56

죽 상차림에 곁들이는 양념으로 적절하지 않은 것은?

① 초고추장
② 간장
③ 소금
④ 꿀

57

곡물의 10배의 물을 넣고 끓인 것으로, 푹 고아 체로 걸러낸 음식은?

① 응이
② 암죽
③ 미음
④ 즙

58

국, 탕의 육수를 끓일 때 소금이나 간장, 된장을 넣는 적합한 시기로 옳은 것은?

① 맨 처음
② 조금 끓였을 때
③ 국물이 우러났을 때
④ 아무 때

59

육수에 대한 설명으로 옳지 않은 것은?

① 육류 또는 가금류, 뼈, 채소류, 건어물, 향신채 등을 넣고 물에 충분히 끓여 낸 것을 말한다.
② 국물이 잘 우러나게 하기 위해 간은 나중에 한다.
③ 빨리 끓게 하기 위해 처음부터 뚜껑을 덮고 끓인다.
④ 장시간 끓이므로 두께가 두껍고 열전도가 빠른 냄비를 사용한다.

60

한식 조림에 대한 설명으로 옳지 않은 것은?

① 생선은 처음부터 넣어야 생선살이 부서지지 않고 양념이 잘 조려진다.
② 재료를 큼직하게 썬 다음 간을 하여 약한 불에서 오래 조린 음식이다.
③ 다른 조리법보다 간이 세기 때문에 저장성이 좋다.
④ 국물 맛을 내기보다 재료에 맛을 들게 하는 조리법이다.

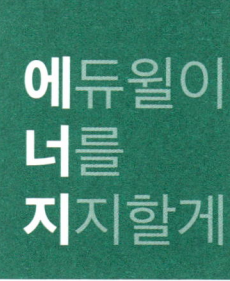

오늘의 내 기분은
행복으로 정할래.

여러분의 작은 소리
에듀윌은 크게 듣겠습니다.

본 교재에 대한 여러분의 목소리를 들려주세요.
공부하시면서 어려웠던 점, 궁금한 점,
칭찬하고 싶은 점, 개선할 점, 어떤 것이라도 좋습니다.

에듀윌은 여러분께서 나누어 주신 의견을
통해 끊임없이 발전하고 있습니다.

에듀윌 도서몰 book.eduwill.net
• 부가학습자료 및 정오표: 에듀윌 도서몰 → 도서자료실
• 교재 문의: 에듀윌 도서몰 → 문의하기 → 교재(내용.출간) / 주문 및 배송

2026 에듀윌 한식조리기능사 필기 싹쓸이 총정리문제집

발 행 일	2026년 1월 5일 초판
편 저 자	김선희 · 김자경 · 송은주
펴 낸 이	양형남
개 발	정상욱, 최하영
펴 낸 곳	(주)에듀윌
등록번호	제25100-2002-000052호
주 소	08378 서울특별시 구로구 디지털로34길 55 코오롱싸이언스밸리 2차 3층
I S B N	979-11-360-4031-2(13590)

* 이 책의 무단 인용 · 전재 · 복제를 금합니다.

www.eduwill.net
대표전화 1600-6700

오답노트가 되는
정답 및 해설

정답 및 해설

01회
P.77

01	①	02	②	03	④	04	②	05	④
06	①	07	②	08	①	09	④	10	②
11	②	12	③	13	③	14	②	15	③
16	①	17	③	18	③	19	①	20	①
21	①	22	②	23	②	24	①	25	④
26	①	27	②	28	①	29	②	30	③
31	①	32	③	33	①	34	①	35	④
36	④	37	④	38	③	39	①	40	②
41	①	42	④	43	④	44	④	45	②
46	④	47	③	48	④	49	③	50	①
51	②	52	③	53	④	54	①	55	①
56	④	57	①	58	③	59	②	60	①

01 ①

「식품위생법」 제40조 총리령에 따라 식품영업자 및 그 종업원은 매 1년마다 건강진단을 받아야 한다.

02 ②

장염비브리오균은 어패류, 해조류의 생식 시 식중독을 일으킨다.

| 오답풀이 |
① 살모넬라균: 동물의 장내에 기생하며 급성 위장염을 일으키는 병원성 세균이다.
③ 포도상구균: 화농성 질환으로, 세균성 식중독을 일으키는 세균이다.
④ 클로스트리디움 보툴리눔균: 신경마비 독소를 생성하는 식중독균으로, 시력장애, 근육마비의 증상을 일으킨다.

03 ④

호박산은 산도조절제로, 무색, 백색의 결정 또는 결정성 분말로 특이한 신맛이 난다.

| 오답풀이 |
① 삼이산화철: 합성착색제로, 인공적으로 착색시켜 천연색을 유지하는 물질이다.
② 이산화티타늄: 비타르계 색소로, 설탕, 시럽의 착색제로 사용하며 청량음료에도 일부 사용한다.
③ 명반: 팽창제로, 빵, 과자 등을 부풀려 모양을 갖추게 할 목적으로 사용한다.

04 ②

불소의 과잉증으로 반상치, 골경화증, 체중 감소, 빈혈 등이 나타난다.

| 오답풀이 |
① 붕산: 살균과 방부성이 있어 상처 소독에 사용한다. 체내에 축적되면 소화 작용 방해, 설사, 위통을 유발할 수 있다.
③ 승홍: 화학적 소독제로 주로 손 소독에 이용된다.
④ 포르말린: 중추신경 장애, 쇼크, 혼수상태를 일으키며 단백질 응고 작용으로 피부 점막을 침해한다.

05 ④

사용이 허가된 발색제에는 아질산나트륨, 질산나트륨, 질산칼륨, 황산제1철 등이 있다.

| 오답풀이 |
① 폴리아크릴산나트륨과 ② 알긴산프로필렌글리콜은 식품의 점착성을 증가시키고 유화 안정성을 증진시킨다.
③ 카르복시메틸스타치나트륨은 주로 아이스크림의 증점제로 사용한다.

06 ①

식중독이란 식품이나 물을 매개로 하여 발생하는 급성위장염 및 신경장애 등의 중독 증상을 총칭한다.

07 ②

콜레스테롤의 단위는 밀리그램(mg)으로 표시하는데, 2mg 미만은 '0'으로 표시하고, 2mg 이상 5mg 미만은 5mg으로 표시한다.

08 ①

페스트는 쥐가 전파하는 감염병이다.

> **✓ PLUS 개념** D. P. T. 예방접종
> 디프테리아(Diphtheria), 백일해(Pertussis), 파상풍(Tetanus)에 대한 접종

09 ④

역성비누는 양이온의 계면활성제이며, 자극성 및 독성이 없다. 무색, 무미, 무취하며 침투력이 강하여 과일, 야채, 식기, 손의 소독에 사용한다.

10 ②
어패류를 생식하지 않는 것이 어패류 매개 기생충 질환을 예방할 수 있는 가장 확실한 방법이다.

11 ②
마카로니 제조에는 강력분을 사용한다.

12 ③
폐기종은 유해 입자와 가스 흡입에 의해 발생하며, 분진, 흡연 등에 의한 건강장애이다.

13 ③
영아사망률은 생후 1년 미만인 영아의 사망률로, 국가의 보건 수준을 나타내는 대표적인 지표로 이용된다.

14 ②
이산화탄소는 무색, 무취의 비독성 가스로 이를 통해 전반적인 공기의 조성 상태를 알 수 있으므로 실내공기의 오염도 측정 지표로 사용된다.

15 ③
적외선은 고온물체의 복사열을 운반하므로 열선이라고도 하며 피부 온도를 상승시킨다. 적외선(열선)이 닿는 곳에는 열이 생기므로 지상에 복사열을 주어 기온을 좌우한다.

16 ①
규폐증은 유리규산의 분진 흡입으로 폐에 만성 섬유증식을 일으키는 질병이다.

17 ③
기초생활보장, 의료급여는 사회보장제도 중 공공부조에 해당한다.
| 오답풀이 |
① 고용보험, ② 건강보험, ④ 국민연금은 모두 사회보험에 해당한다.

18 ②
감각온도(체감온도)의 3요소는 기온, 기습, 기류이다.

19 ①
노로바이러스 식중독은 노로바이러스에 감염되어 일어나는 식중독이다. 위와 장에 염증을 일으키는 위장염 질환으로 주요 증상으로 메스꺼움, 구토, 설사, 복통이 나타나며 때로는 두통, 오한 및 근육통을 유발하기도 한다.

20 ①
「식품위생법」 제56조 제1항에 따라 식품의약품안전처장은 식품위생 수준 및 자질의 향상을 위하여 필요한 경우 조리사와 영양사에게 교육(조리사의 경우 보수교육을 포함)을 받을 것을 명할 수 있다. 다만, 집단급식소에 종사하는 조리사와 영양사는 1년마다 교육을 받아야 한다.

21 ④
위험도 경감의 원칙 3가지 시스템 구성 요소는 절차, 사람, 장비이다.

22 ③
개인이 함부로 이송 결정을 하지 않는다. 전문 의료기관인 119에 전화로 응급상황을 알리고 응급환자에게 필요한 응급처치를 시행하며 전문 의료진이 도착할 때까지 환자를 돌본다.

23 ②
칼을 이동할 때에는 칼끝을 정면으로 두지 않으며 지면을 향하게 하고 칼날을 뒤로 가게 한다.
| 오답풀이 |
① 칼로 캔을 따지 말고 기타 본래 목적 이외에는 사용하지 않는다.
③ 칼을 떨어뜨렸을 경우 잡으려 하지 말고 한 걸음 물러서서 피한다.
④ 칼을 사용하지 않을 때에는 안전함에 넣어서 보관한다.

24 ①
식기세척기는 식기류를 자동으로 세척하고 건조시키도록 설계된 기기이다.
| 오답풀이 |
② 제빙기: 얼음을 만드는 기계이다.
③ 튀김기: 튀김요리에 이용하는 기계이다.
④ 음식절단기: 각종 식재료를 필요한 형태로 얇게 써는 기계이다.

25 ④
식품의 수분 함량 개념으로 사용하는 것은 자유수이다.

26 ①
건강한 사람은 보통 하루에 2~3L의 물을 섭취해야 한다.

27 ②
보통 곰팡이의 수분활성도(Aw)는 0.8 이상이다.
| 오답풀이 |
① 보통 세균: Aw 0.91 이상
③ 내삼투압성 효모: Aw 0.6 이상
④ 내건성 곰팡이: Aw 0.65 이상

28 ①
단당류는 더 이상 가수분해되지 않는 가장 작은 탄수화물의 구성 단위로, 물에 녹고 일반적으로 단맛이 난다.

29 ②
이당류는 단당류 2개가 결합된 당으로, 자당, 맥아당, 젖당이 이에 해당한다.

| 오답풀이 |
① 다당류, ③ 단당류, ④ 단당류에 속하는 포도당에 대한 설명이다.

30 ③
조리장이 지하층에 위치하면 통풍, 채광 및 배수 등의 문제가 발생할 수 있다.

31 ①
✓ PLUS 개념 — 당질의 감미도
과당(120~180) > 전화당(85~130) > 설탕(100) > 포도당(70~74) > 맥아당(60) > 갈락토오스(33) > 젖당(16)

32 ②
다당류에는 전분, 글리코젠, 섬유소, 펙틴, 키틴, 이눌린, 한천, 알긴산, 올리고당이 있다.

| 오답풀이 |
① 단당류 중 육탄당의 종류이다.
③ 이당류의 종류이다.
④ 단당류 중 오탄당의 종류이다.

33 ④
비타민은 무기질, 물과 함께 조절 영양소에 해당한다.

34 ①
섬유소는 소화되지 않는 전분으로, 식물의 줄기에 포함되어 있는 당이다.

| 오답풀이 |
② 포도당: 전분이 소화되어서 가장 작은 형태로 된 것으로, 동물체에 글리코젠 형태로 저장된다.
③ 자일로스: 식물에 존재하며, 설탕의 60% 정도의 단맛을 내는 성분이다.
④ 과당: 당류 중 가장 단맛이 강하며, 과일, 벌꿀, 꽃에 유리 상태로 존재하고 물에 잘 녹는다.

35 ④
탄수화물은 탄소(C), 수소(H), 산소(O)로 구성된 유기 화합물이다. 탄소(C), 수소(H), 산소(O), 질소(N)로 구성된 것은 단백질이다.

36 ④
지질은 물에 녹지 않고, 유기용매에 녹는다.

37 ④
시장조사의 내용에는 품목, 품질, 수량, 가격, 구매 시기, 구매 거래처, 거래조건이 있다.

38 ③
과일은 산지별, 품종, 상자당 개수를 확인하고 필요에 따라 수시로 구입한다.

39 ①
식재료의 총발주량은 '정미중량 × 100 ÷ (100 − 폐기율) × 인원수'로 계산한다.

| 오답풀이 |
②는 필요 비용, ③은 출고계수, ④는 폐기율을 구하는 계산식이다.

40 ②
가식부는 식품 중에서 식용이 가능한 부분을 말하며, 가식량이라고도 한다. 곡류의 가식부율은 100이다.

41 ①
밀어 썰기는 모든 칼질의 기본이 되는 칼질법이다.

| 오답풀이 |
② 당겨 썰기: 칼끝을 도마에 대고 손잡이를 약간 들었다 당기며 눌러 써는 방법이다.
③ 칼끝 썰기: 재료를 곱게 썰거나 다질 때 많이 사용한다.
④ 작두 썰기: 배우기 쉬운 방법으로 칼이 잘 들지 않을 때 사용한다.

42 ④
샐러맨더는 가스 또는 전기를 사용하는 윗불 직화 방식의 기구로, 생선구이나 스테이크 구이용으로 사용된다.

| 오답풀이 |
① 블렌더(Blender): 식품의 혼합·교반 등에 사용된다.
② 그리들(Griddle): 두꺼운 철판 밑으로 열을 가열하여 철판 위에서 음식을 조리하는 기구이다.
③ 휘퍼(Whipper): 반죽하거나 달걀 거품을 낼 때 사용하는 기구이다.

43 ④
1큰술(TS: Tablespoon)은 15cc(mL)로, 3작은술(ts)이다. 1작은술(ts: teaspoon)은 5cc(mL)이다.

44 ④
1인당 급수량은 일반급식 5~10L, 기숙사급식 7~15L, 학교급식 4~6L, 공장급식 5~10L, 병원급식 10~20L이다.

45 ②
현미는 벼에서 왕겨만 제거한 것을 말한다.

46 ①
전분의 호정화(덱스트린화)는 전분을 160~170℃의 건열로(물을 가하지 않고) 가열하면 가용성 전분을 거쳐 덱스트린으로 분해되는 반응을 말한다.

47 ④
글루텐의 형성에 영향을 주는 요인으로 밀가루의 종류, 물을 첨가하는 방법, 반죽을 치대는 정도, 입자의 크기, 온도, 지방, 설탕, 소금, 달걀, 우유, 팽창제를 들 수 있다. 물은 조금씩 나누어 가며 치대는 것이 효과적이다.

48 ④
셀러리는 줄기를 식용하는 경채류에 해당한다.

49 ③
숙성에 의해 육류의 품질이 향상된다.

50 ①
응고 온도는 난백이 60~65℃, 난황이 65~70℃이다.

51 ②
유청 단백질은 우유 단백질의 약 20%를 차지하고 있으며, 카세인이 응고된 후에도 남아 있는 단백질로, α-락트알부민(Lactalbumin)과 β-락토글로불린(Lactoglobulin) 등이 있다.

52 ③
유지 가열 시 표면에서 푸른 연기가 나기 시작하는 때의 온도를 발연점이라고 한다.

53 ④
한국 음식은 식재료 본연의 맛보다는 향신료(파, 마늘, 생강)와 양념(간장, 된장, 고추장, 참기름 등)으로 복합적인 맛을 내려고 한다.

54 ①
한식에서 고명으로 검은색을 나타낼 때 석이버섯과 표고버섯을 사용한다.
| 오답풀이 |
② 실파와 ③ 오이는 녹색, ④ 실고추는 붉은색을 나타내는 데 사용한다.

55 ①
첩수에 들어가지 않는 음식은 밥, 국, 김치, 장류, 찌개, 전골, 찜이다.

56 ④
밥의 재료를 세척하는 이유는 불순물 및 유해물, 불미 성분을 제거하고, 촉감과 맛을 상승시키기 위해서이다.

57 ①
찌개는 국보다 건더기가 많으며, 건더기는 국물의 2/3 정도가 좋다.

58 ③
지짐은 밀가루 반죽에 재료들을 모두 섞어 기름에 지진 것으로, 빈대떡, 해물파전 등이 있다.

59 ②
숙회는 육류, 생선류, 어패류, 채소류를 끓는 물에 삶거나 데쳐서 익힌 음식을 말하며, 초고추장이나 겨자즙 등을 찍어 먹는다.
| 오답풀이 |
① 회: 어패류, 육류, 채소류를 썰어 날로 먹는 음식으로, 초간장, 초고추장, 겨자초장, 참기름장, 소금, 후추 등에 찍어 먹는다.
③ 볶음: 소량의 기름을 이용해 팬에서 익히는 조리법이다.
④ 숙채: 물에 삶기, 찌기, 볶기 등의 조리 방법으로 재료를 익힌 후 갖은 양념을 한 것으로, 보통 나물이라고 한다.

60 ①
유장을 만들 때 간장과 참기름의 비율은 1:3이 적당하다.

02회

01	②	02	③	03	④	04	②	05	②
06	②	07	③	08	①	09	②	10	②
11	④	12	①	13	③	14	①	15	④
16	②	17	③	18	①	19	②	20	④
21	②	22	④	23	②	24	①	25	③
26	③	27	②	28	③	29	③	30	④
31	②	32	③	33	④	34	③	35	④
36	①	37	③	38	②	39	①	40	①
41	②	42	③	43	②	44	①	45	②
46	④	47	②	48	③	49	④	50	①
51	④	52	④	53	②	54	④	55	③
56	①	57	④	58	①	59	②	60	④

01 ②
비누는 살균은 안 되지만 더러운 먼지를 제거하는 작용을 하며, 역성비누(양성비누)는 세척력이 약하나 살균력이 강하므로 비누로 세척한 이후 역성비누로 한 번 더 세척하는 것이 좋다.

02 ③
시계, 반지, 목걸이, 귀걸이, 팔찌 등 장신구를 착용하지 않는다.

03 ④
「식품위생법」상 영업허가를 받아야 하는 업종은 식품조사처리업, 단란주점영업, 유흥주점영업이다.

04 ②
대장균은 식품이나 수질의 분변오염지표균이다.

05 ②
폐흡충(폐디스토마)의 제1중간숙주는 다슬기류, 제2중간숙주는 가재, 민물게(참게)이다.

06 ②
| 오답풀이 |
① 염소: 채소, 식기, 과일, 음료수 등의 소독에 사용한다.
③ 에틸알코올(70%): 금속기구, 초자기구, 손 소독에 사용한다.
④ 포르말린: 변소, 하수도, 오물 소독에 사용한다.

07 ③
식중독은 소화기계로 침입하는 감염병이다.

08 ①
THM이란 트리할로메탄을 칭하는 용어로, 수돗물의 원수를 염소처리하는 과정에서 생성되는 환경오염 물질이므로 하수오염 조사 방법과는 무관하다.

| 오답풀이 |
② COD(화학적 산소요구량), ③ DO(용존산소량), ④ BOD(생화학적 산소요구량)는 하수오염 조사에 사용된다.

09 ②
식품첨가물은 식품을 제조·가공·조리 또는 보존하는 과정에서 감미, 착색, 표백 또는 산화 방지 등을 목적으로 사용되는 물질을 말한다.

| 오답풀이 |
① 식품: 의약으로 섭취하는 것을 제외한 모든 음식물을 말한다.
③ 화학적 합성품: 화학적 수단으로 원소 또는 화합물에 분해 반응 외의 화학 반응을 일으켜서 얻은 물질을 말한다.
④ 기구: 음식을 먹을 때 사용하거나 담는 것, 식품 또는 식품첨가물을 채취·제조·가공·조리·저장·소분·운반·진열할 때 사용하는 것을 말한다.

10 ②
일반음식점의 영업신고는 특별자치시장·특별자치도지사, 시장·군수·구청장에게 해야 한다.

11 ④
식품첨가물은 식품의 종류, 사용량, 사용 방법 등에 제한을 두어 건강상의 위해를 방지한다. 사용 장소에 대한 제한은 없다.

12 ①
솔라닌은 부패한 감자의 유해 성분으로 심한 중독 증상을 유발한다.

| 오답풀이 |
② 아미그달린: 청매, 살구씨, 복숭아씨 등에 들어 있는 독소이다.
③ 시큐톡신: 독미나리에 들어 있는 독소이다.
④ 마이코톡신: 곰팡이 독소이다.

13 ③
클로스트리디움속은 감염을 유발하는 세균으로, 파상풍균, 보툴리누스균 등이 이에 해당한다.

14 ①
살모넬라 식중독, 장염비브리오 식중독, 병원성 대장균 식중독은 감염형 세균성 식중독에 해당한다.

15 ④
구충은 분변을 통해 오염된 토양이나 하수로부터 경피감염, 경구감염되므로 맨발 작업을 금한다.

16 ①
맛의 변조 현상은 한 가지 맛 성분을 먹은 직후 다른 맛 성분을 먹으면 원래 식품의 맛이 다르게 느껴지는 현상을 말한다.

| 오답풀이 |
② 맛의 대비 현상: 주된 맛 성분에 소량의 다른 맛 성분을 넣어 주된 맛이 강해지는 현상
③ 맛의 상승 현상: 같은 맛 성분을 혼합하여 원래의 맛보다 더 강한 맛이 나게 되는 현상
④ 맛의 억제 현상: 서로 다른 맛 성분이 혼합되었을 때 주된 맛 성분의 맛이 약화되는 현상

17 ④
레이노드병은 굴착이나 바위를 뚫는 착암 작업 등으로 인한 진동에 노출된 근로자에게 발생하는 직업병이다.

18 ①
인쇄공에게 많이 나타나는 직업병에는 납 중독이 있다. 진폐증은 광부나 채석공에게 나타나는 직업병이다.

19 ④
멥쌀은 아밀로오스와 아밀로펙틴의 함량 비율이 20 : 80인 반면, 찹쌀은 대부분 아밀로펙틴으로 구성되어 있다. 전분의 노화는 아밀로펙틴의 함량이 높을수록 늦게 일어나므로 찹쌀떡이 더 늦게 굳는다.

20 ④
공중보건은 지역사회의 인간 집단을 대상으로 하며 개인을 대상으로 하지는 않는다.

21 ③
위험도 경감의 원칙에 있어 핵심 요소는 위험요인 제거, 위험 발생 경감, 사고 피해 경감이다.

22 ④
장비나 도구는 무리가 가지 않도록 유의하고, 전기를 사용하는 장비나 도구의 경우 사용량과 사용법을 충분히 숙지하고 정확하게 사용한다.

23 ②
조리장의 권장 조도는 50~100Lux이고, 대부분의 작업장은 백열등이나 형광등을 사용한다.

24 ①
안전관리책임자는 매년 1회 이상 정기적으로 주방 내 조리기구, 전기, 가스 등의 성능 유지 여부를 확인하고 그 결과를 기록·유지해야 한다.

25 ③
수분은 생명체 내에서 생화학 반응, 물질 운반, 삼투 현상 등에 관여하고, 신체를 구성하며 체온을 일정하게 유지시킨다. 열량 영양소는 탄수화물, 지방, 단백질이다.

26 ③
체내 수분이 정상적인 양보다 10% 이상 손실되면 발열, 경련, 혈액순환 장애가 생기며, 20% 이상 손실되면 생명이 위험하다.

27 ②
탄수화물은 탄소(C), 수소(H), 산소(O)로 구성된 유기화합물이며, 당질이라고도 불린다.

28 ③
순수한 물의 수분활성도(Aw)는 1이다. 물을 제외한 일반식품의 수분활성도(Aw)는 항상 1보다 작다.

29 ③
수분활성도(Aw)가 낮으면 미생물의 생육이 억제된다.

30 ④
전분은 여러 개의 포도당이 결합된 다당류를 말하며, 곡류, 감자류 등에 존재하고 아밀로오스와 아밀로펙틴으로 구성된다.

| 오답풀이 |
① 찹쌀과 ② 찰옥수수의 전분은 아밀로펙틴으로만 구성된다.
③ 섬유소는 소화되지 않는 전분으로, 식물의 줄기에 포함되어 있는 당이다.

31 ②
중성지방은 지방산 3분자와 글리세롤 1분자의 에스테르 결합물이다.

| 오답풀이 |
① 왁스: 고급 알코올과 고급 지방산의 에스테르 결합물이다.
③ 콜레스테롤: 프로비타민 D로 생체 내에서 자외선에 의해 비타민 D_3로 변환되는 유도 지질이다.
④ 에르고스테롤: 프로비타민 D로 자외선에 의해 비타민 D_2로 변환되는 유도 지질이다.

32 ③
스테아르산은 포화지방산에 해당한다.

33 ④
팔미틴산은 포화지방산에 해당한다.

34 ④
감자싹의 유독 성분은 솔라닌(Solanine)이며, 시큐톡신(Cicutoxin)은 독미나리의 유독 성분이다.

35 ④
비타민 K의 결핍증은 혈액 응고 지연, 잦은 출혈이다. 피부건조증, 피부염은 비타민 F의 결핍증이다.

36 ①
| 오답풀이 |
② 헤모시아닌: 문어, 오징어 등의 연체류에 포함되어 있는 파란색 색소이다.
③ 미오글로빈: 육색소라고도 하며, 가축의 종류, 연령, 근육 부위에 따라 함량이 달라진다.
④ 아스타잔틴: 피조개의 붉은 살, 새우, 게, 가재 등에 포함되어 있는 흑색 또는 청록색 색소이다.

37 ③
시장조사의 원칙에는 비용 경제성의 원칙, 조사 적시성의 원칙, 조사 탄력성의 원칙, 조사 계획성의 원칙, 조사 정확성의 원칙이 있다.

38 ②
| 오답풀이 |
① 위생관리: 음료수 처리, 쓰레기, 분뇨, 하수와 폐기물 처리, 공중위생, 접객업소와 공중이용시설 및 위생용품의 위생관리, 조리, 식품 및 식품첨가물과 이에 관련된 기구·용기 및 포장의 제조와 가공에 관한 위생 관련 업무를 말한다.
③ 시장조사: 구매 활동에 필요한 자료를 수집하고, 이를 분석 및 검토하여 결과를 구매에 적용하는 것을 말한다.
④ 재고관리: 물품의 수요 발생 시 신속하고 경제적으로 대응할 수 있도록 재고자산을 관리하는 것을 말한다.

39 ①
발주량은 '정미중량 × 100 ÷ (100 − 폐기율) × 인원수'로 계산한다. 따라서 급식인원 1,000명에 필요한 콩나물 발주량은 70g × 100 ÷ 98 × 1,000명 ≒ 71,428g ≒ 71.4kg이다.

40 ①
패류의 폐기율은 75~83%이다.
| 오답풀이 |
② 곡류의 폐기율은 0%, ③ 난류의 폐기율은 12%, ④ 과일류의 폐기율은 22~25%이다.

41 ③
일반적인 칼갈이에 많이 사용하는 숫돌은 1000#로, 이는 굵은 숫돌로 간 다음 칼의 잘리는 면을 부드럽게 하기 위해 사용한다.

42 ③
| 오답풀이 |
① 슬라이서(Slicer): 햄, 육류 등을 일정하게 써는 기구이다.
② 민서기(Mincer): 식재료를 곱게 으깨는 기구이다.
④ 베지터블 커터(Vegetable Cutter): 채소를 여러 가지 형태로 썰어 주는 기구이다.

43 ②
효율적인 작업대의 높이는 신장의 52%가량(80~85cm)이다.

44 ①
쌀의 호화는 60~65℃에서 시작되고, 100℃에서 20~30분 정도 두면 호화가 완료된다.

45 ④
pH 3.0 이하에서는 활성이 상실되므로 산 처리를 하여 갈변을 지연시켜야 한다.

46 ④
드립 현상이란 고기를 천천히 얼리면 얼음 결정이 커져서 근육의 세포를 파괴하여 해동 시 세포로부터 수분이 많이 빠져나와 고기의 맛이 없어지는 것을 말한다. 따라서 −40℃ 이하에서 급속 동결시키는 것이 좋다.

47 ②
비중법은 10%의 소금물에 달걀을 넣어 신선도를 평가하는 방법으로 달걀이 가라앉으면 신선한 것이고, 위로 뜨면 오래된 것이다.

48 ①
수산물은 육류보다 콜라겐(Collagen), 엘라스틴(Elastin)의 함량이 적어 살이 연하다.

49 ④
김은 홍조류에 해당한다.

50 ①
육색이 선홍색이고 윤택이 나며, 수분이 충분하게 함유되어 탄력성이 있는 것이어야 한다. 고기의 빛깔이 검붉은색이면 오래되었거나 늙은 고기 또는 노동을 많이 한 고기이므로 질기고 좋지 않다.

51 ④
펙틴, 산, 당은 과일류의 젤리화와 관련 있다.

> ✔ **PLUS 개념** 과일류의 젤리화 조건
> - 펙틴: 1.0~1.5%
> - 산: pH 2.8~3.4
> - 당: 60~65%

52 ④
마요네즈는 난황, 유지, 식초, 향신료를 넣고 만든 달걀의 가공품이다.

53 ①
절기에 맞춰 먹는 특별한 음식을 절식이라고 한다.

54 ④
쌀(백미) 세척 시 0.5~1% 유실되는 영양 성분은 전분, 섬유소, 지방, 수용성 단백질 등이고, 20~60% 유실되는 영양 성분은 비타민 B_1이다.

55 ③
향미가 가장 좋은 밥을 만들기 위한 뜸 들이는 시간은 15분이다.

56 ①
바리는 뚜껑에 꼭지가 있고 입구보다 몸체가 더 나와있는 형태의 여성용 밥그릇이다.

| 오답풀이 |
② 주발은 남성용 밥그릇, ③ 조치보는 찌개, 찜 그릇, ④ 조반기는 죽, 미음 그릇을 말한다.

57 ④
매운탕은 얼큰하게 끓이는 탕이다.

58 ①
방자구이는 얇게 썬 소고기에 소금을 뿌려 구운 음식이다.

59 ②
숙채 재료로는 콩나물, 고사리, 비름, 시금치 등 다양한 채소를 사용하며 달래는 생채 재료로 사용한다.

60 ④

| 오답풀이 |
① 반상: 밥을 주식으로 하는 일상식 상차림이다.
② 장국상: 국수장국을 주식으로 하는 상차림이다.
③ 다과상: 차와 과자류를 차려 놓은 상차림이다.

03회									P.87
01	③	02	①	03	①	04	②	05	③
06	④	07	④	08	②	09	①	10	①
11	①	12	①	13	①	14	②	15	①
16	④	17	④	18	②	19	①	20	①
21	③	22	①	23	②	24	④	25	④
26	③	27	③	28	③	29	②	30	④
31	②	32	③	33	②	34	④	35	②
36	②	37	①	38	①	39	②	40	③
41	②	42	①	43	④	44	④	45	③
46	②	47	②	48	②	49	②	50	②
51	①	52	②	53	②	54	④	55	①
56	②	57	①	58	④	59	④	60	②

01 ③
우리나라는 세계보건기구(WHO)에 1949년 6월에 65번째 회원국으로 가입하였다.

02 ①
청매(덜 익은 매실)의 독성분은 아미그달린(Amygdalin)이다. 베네루핀을 독성분으로 가지고 있는 식품은 모시조개, 바지락, 굴이다.

03 ①
조명 불량에 의한 질병에는 안정피로, 안구진탕증, 근시가 있다.

04 ②
베네루핀(Venerupin)은 바지락, 굴, 모시조개의 독성물질이다.

> ✔ **PLUS 개념** 식물성 독성분
> - 독버섯: 무스카린, 뉴린, 콜린, 무스카리딘, 팔린, 아마니타톡신
> - 감자: 솔라닌, 셉신
> - 청매, 살구씨, 복숭아씨: 아미그달린
> - 독미나리: 시큐톡신
> - 피마자: 리신
> - 독보리(독맥): 테무린
> - 목화씨: 고시폴
> - 미치광이풀: 아트로핀
> - 대두: 사포닌
> - 시금치: 옥살산

05 ③

세계보건기구(WHO)의 헌장에 따르면 건강이란 단순한 질병이나 허약의 부재 상태만을 의미하는 것이 아니라 육체적, 정신적, 사회적으로 완전히 안녕한 상태라고 정의하였다.

06 ④

클로스트리디움 보툴리눔 식중독의 원인 식품으로는 살균이 불충분한 통조림, 소시지, 부패된 햄, 병조림 등이 있다.

| 오답풀이 |
① 살모넬라균의 원인 식품: 살모넬라균에 오염된 육류·난류·어패류 및 그 가공품, 우유 및 유제품 등
② 대장균의 원인 식품: 대장균에 오염된 우유, 햄, 치즈, 가정에서 제조한 마요네즈 등
③ 콜레라의 원인 식품: 오염된 식수나 음식물, 과일, 채소, 연안에서 잡히는 어패류 등

07 ③

일반적으로 음료수 소독에는 염소 소독법을 사용한다. 염소 소독은 소독력이 강하고 간편하여 상수, 하수, 공업용수, 공업폐수 등의 처리에도 사용한다.

08 ②

웰치균은 산소를 필요로 하지 않는 균인 혐기성 세균으로, 산소를 절대적으로 기피하는 편성 혐기성 세균이다. 웰치균은 A, B, C, D, E, F의 유형이 있는데, A, C는 감염형, B, D, E, F는 독소형으로 분류되므로 중간형이라 구분되기도 한다.

| 오답풀이 |
① 100℃에서 1~4시간 가열하여도 사멸하지 않는다.
③ 급속 냉동하여 저온에서 보존하거나 60℃ 이상에서 보존할 수 있다.
④ 육류, 어패류 등의 동물성 단백질 식품이 원인 식품이다.

09 ①

아플라톡신은 강산이나 강알칼리에서 쉽게 분해되어 불활성화된다.

10 ①

고래회충인 아니사키스충은 어패류에서 감염되는 기생충으로, 바다갑각류(크릴새우), 해산어류, 오징어, 문어, 고래 등을 통해 감염된다.

| 오답풀이 |
② 유구조충(갈고리촌충): 돼지를 통해 감염되는 기생충증이다.
③ 동양모양선충: 채소류를 통해 감염되는 기생충증이다.
④ 선모충: 돼지, 개를 통해 감염되는 기생충증이다.

11 ①

미생물의 생육에 필요한 최저 수분활성도(Aw)는 세균(0.90~0.95) > 효모(0.88) > 곰팡이(0.65~0.80)의 순이다.

12 ①

회충은 중간숙주 없이 채소류를 통해 감염되는 기생충이다.

| 오답풀이 |
② 무구조충의 중간숙주: 소
③ 유구조충의 중간숙주: 돼지
④ 선모충의 중간숙주: 돼지, 개

13 ①

상수의 정수 과정은 '취수 → 정수 → 침전 → 여과 → 소독 → 급수'로 이루어진다.

14 ②

먹는 샘물은 샘물을 먹기에 적합하도록 물리적으로 처리하는 등의 방법으로 제조한 물을 말한다.

15 ①

납 중독의 증상에는 빈혈, 안면창백, 구토, 구역질, 복통, 사지마비, 피로, 지각상실, 시력장애 등이 있다.

| 오답풀이 |
② 수은 중독의 증상: 미나마타병, 근육경련, 언어장애
③ 카드뮴 중독의 증상: 이타이이타이병, 골연화증
④ 비소 중독의 증상: 신경계통마비, 전신경련

16 ④

규소수지는 식품 제조 시 거품 생성을 방지하기 위한 소포제로 사용된다.

17 ④

식품의약품안전처장, 시·도지사 또는 시장·군수·구청장은 식품 등의 관리와 영업질서 유지를 위해 출입·검사·수거 등의 조치를 취할 수 있다.

18 ②

무구조충(민촌충)은 소를 통해 사람에게 감염된다.

19 ①

종형은 출생률과 사망률이 모두 낮은 인구정지형으로 가장 이상적인 유형이다.

| 오답풀이 |
② 피라미드형: 인구가 증가할 잠재력을 많이 가지고 있는 유형으로 출생률과 사망률이 모두 높다.
③ 별형: 생산연령의 인구가 많이 유입되는 도시지역의 인구 구성 유형이다.
④ 표주박형: 생산층 인구가 유출되는 농촌지역의 인구 구성 유형이다.

20 ③
진드기는 발생 범위가 넓기 때문에 구제를 위해 발생지를 제거하는 것은 적절하지 않다.

21 ③
몸에 불이 붙었을 경우 제자리에서 바닥에 구르거나 옷을 제거한다.

22 ①
위생복은 조리사의 신체를 열과 가스, 전기, 주방기구, 설비 등으로부터 보호하고 음식을 만들 때 위생적으로 작업하는 것을 목적으로 한다.

| 오답풀이 |
② 안전화: 미끄러운 주방 바닥으로 인한 낙상, 찰과상, 주방기구로 인한 부상 등 잠재되어 있는 위험으로부터 보호한다.
③ 머플러: 얼굴에서 내려오는 땀을 막아 주는 역할을 하며, 주방에서 발생하는 상해의 응급조치를 할 수 있도록 한다.
④ 위생모: 머리카락과 머리의 분비물들로 인한 음식 오염을 방지한다.

23 ②
칼의 방향은 몸의 반대쪽으로 놓고 사용한다.

24 ④
신체 동작의 통제 불능은 생리적 요인에 해당한다.

25 ④
분쇄기는 마늘, 생강, 고추 등 여러 가지 야채류 및 양념을 분쇄하는 데 사용되는 기기이다.

| 오답풀이 |
① 슬라이스 머신: 부피가 크고 냉동 상태인 육류 덩어리, 조리된 육류 덩어리, 햄, 소시지 또는 부피가 크고 딱딱한 야채 등을 얇게 자르는 데 주로 사용되는 기기이다.
② 띠 톱 기계: 날이 톱니 모양으로 된 날카로운 기기로, 큰 덩어리의 고기나 뼈를 자를 때 사용하는 주방기기이다.
③ 연육기: 고기를 부드럽게 가공하기 위하여 납작하게 썬 뒤 집어 넣으면 회전 칼날을 통과하여 세로 방향으로 칼집을 넣어 주는 기기이다.

26 ③
비타민 C는 가열, 산화에 의해 파괴되기 쉬우며 잔존량을 냉동 야채의 품질 지표로 이용한다.

| 오답풀이 |
① 냉동 보관 중 당질의 변화는 거의 없다.
② 냉동에 의한 지질의 변화는 적지만, 저장 중 공기와의 직접 접촉에 의해 건조 및 지방의 산화에 의한 변색이 발생한다.
③ 냉동에 의한 단백질 변성은 다른 식품에 비해 적다.

27 ③
안토시아닌계 색소는 적색, 자색 등의 색소이며 수용성이므로 물에 장시간 담가 두면 색이 빠진다.

28 ③
전분은 식물의 저장 물질로, 곡류와 감자류가 주된 공급원이다. 동물성 탄수화물에는 글리코젠이 있다.

29 ②
라드는 돼지의 비계를 식용으로 활용하기 위해 정제한 반고체의 기름이다.

| 오답풀이 |
① 마가린: 식용유지를 경화시킨 가공유지이다.
③ 젤라틴: 동물의 결합조직을 구성하고 있는 주요 단백질인 콜라겐이 가열, 분해가 되어 수용성 성분이 용출된 것이다.
④ 쇼트닝: 동물성 지방, 식물성 기름, 경화유를 주원료로 하여 10~20% 정도의 가스(질소, 탄산가스 등)를 혼입시키면서 굳힌 것으로 라드 대용품으로 만들어졌다.

30 ④
미생물 생육의 조건으로 적당한 영양소, 수분, 온도, pH, 산소가 있다.

31 ②
밀의 주요 단백질은 글리아딘과 글루테닌의 일종인 글루텐이다. 밀가루에 수분이나 액체를 첨가하여 단백질이 수화되면 글리아딘과 글루테닌이 서로 연결되어 글루텐이 형성된다.

32 ③
버섯 등에 존재하는 에르고스테롤은 비타민 D_2이다. 비타민 E(토코페롤, Tocopherol)는 녹색 채소, 식물성유, 달걀, 견과류 등에 존재한다.

33 ②
감자의 효소적 갈변을 억제하는 방법은 물에 담가 산소와의 접촉을 막거나 아스코르브산이나 0.25%의 아황산 등 환원성 물질을 첨가하는 것이다.

34 ④
달걀의 특성에는 응고성, 녹변 현상, 기포성, 유화성이 있다.

> ✅ PLUS 개념 **달걀의 특성**
> - 응고성: 달걀은 가열에 의해 응고됨
> - 녹변 현상: 15분 이상 삶을 경우 난황 주위가 암녹색으로 변함
> - 기포성: 난백은 거품을 내면 공기와 접촉하면서 굳음
> - 유화성: 난황의 레시틴이 천연 유화제로 작용함

35 ③
설탕은 가열 시 캐러멜화 반응으로 비효소에 의한 갈변 현상이 일어난다.
| 오답풀이 |
① 사과, ② 홍차, ④ 감자는 효소에 의한 갈변이다.

> ✅ **PLUS 개념**   식품의 비효소적 갈변
> - 마이야르 반응: 간장, 된장, 식빵, 누룽지, 케이크, 쿠키, 오렌지 주스 등에서 발생
> - 캐러멜화 반응: 간장, 소스, 합성청주, 약식 및 기타 식품 가공에 이용
> - 아스코르브산 산화 반응: 감귤류의 가공품인 오렌지 주스, 농축물 등에서 발생

36 ②
육류를 냉동할 때 생성되는 얼음의 결정은 동결이 완료되는 데 걸리는 시간이 짧을수록 미세한 크기로 형성되어 식품의 조직 파괴가 적어진다. 또한 냉장고 내에서 저온 해동(완만 해동)시켜 즉시 조리하는 것이 좋다.

37 ①
포도당은 포유동물의 혈액 중에 0.1% 정도 포함되어 있으며, 당류 중 영양상·생리상 가장 중요하다. 글리코젠은 동물 체내에 저장되는 당의 형태로, 간, 근육에 많이 함유되어 있다.

38 ①
수산물은 제철 생선과 산란 1~2개월 전에는 지방 함량이 높으나, 산란 후에는 지방과 단백질 함량이 낮고 수분 함량이 증가하여 맛이 없어진다.

39 ④
원가 계산의 원칙에는 진실성의 원칙, 발생기준의 원칙, 계산 경제성의 원칙, 확실성의 원칙, 정상성의 원칙, 비교성의 원칙, 상호관리의 원칙, 객관성의 원칙, 일관성의 원칙이 있다.

40 ③
사회복지시설에서의 급식은 연령, 성별, 노동 정도에 따라 적정한 영양이 급식되므로 영양 필요량을 충족시키는 것을 목적으로 한다.

41 ②
지명경쟁입찰은 몇몇 업자들을 지명하여 계약 조건을 지시한 뒤 조건이 맞으면 입찰시키는 방법으로 규모가 큰 단체급식에서 식재료를 구매할 때 사용하는 계약 방식이다.

42 ①
쌀 100g에 대한 고구마 대치 무게(A)는 다음과 같다.
100 : 32 = A : 80
32 × A = 8,000
∴ A = 250g

43 ④
전분의 노화 방지를 위해서는 수분 함량을 15% 이하 또는 60% 이상으로 유지한다.

> ✅ **PLUS 개념**   전분의 노화가 빨라지는 조건
> - 전분의 노화는 아밀로오스(Amylose)의 함량이 높을수록 빠르다.
> - 수분이 30~60%, 온도가 0~5°C일 때 가장 일어나기 쉽다.

44 ④
우유의 주단백질인 카세인(Casein)은 산(Acid)이나 레닌(Rennin)에 의해 응고되는데, 이 응고성을 이용하여 치즈를 만든다.

45 ③
머랭을 만들 때 거품을 내는 초기에 설탕을 넣으면 거품 형성이 지체될 뿐만 아니라 질감이 나빠진다. 하지만 나중에 첨가한 설탕은 거품의 안정성을 향상시켜 주고 응집력을 높인다.

46 ②
| 오답풀이 |
① 용출 처리: 조직에서 유지를 추출하여 채유하는 방법으로, 동물성 유지는 주로 증기처리법이나 건열처리법을 이용한다.
③ 정제 처리: 용출해낸 유지 중에 유지 성분 외의 여러 가지 불순물을 제거하여 제품의 질을 좋게 하는 과정이다.
④ 경화 처리: 액체 유지를 니켈의 촉매하에 수소이온을 첨가하면 고체지방으로 변화한다. 이러한 처리를 한 경화유로 마가린과 쇼트닝이 있다.

47 ②
돼지고기의 특수 부위로는 갈매기살, 가브리살, 항정살이 있다.

48 ②
홍조류에는 김, 우뭇가사리 등이 있으며 김에는 단백질이 많이 함유되어 있다.
| 오답풀이 |
① 미역, ③ 다시마는 갈조류에 해당한다.
④ 파래는 녹조류에 해당한다.

49 ③
인플루엔자는 기침이나 재채기 등으로 감염되는 비말감염이다.

50 ④
조리 과정 중에 비타민 C는 50% 정도의 손실률이 있다.
| 오답풀이 |
① 비타민 B_1은 5%, ② 비타민 B_2는 30%, ③ 비타민 A는 3% 정도의 손실률이 있다.

51 ①
녹색 채소 조리 시 다량의 조리수에 소금을 넣고 뚜껑을 열고 데쳐야 휘발성 유기산은 휘발되고 비휘발성 유기산은 물에 희석되어 갈변을 방지할 수 있다.

52 ①
| 오답풀이 |
② 캐러멜, ③ 마시멜로, ④ 젤리는 비결정형 캔디에 해당한다.

53 ②
이스트는 단당류를 발효시켜 탄산가스와 알코올을 생성시키는데, 탄산가스는 빵을 부풀게 하고, 알코올은 빵에 향을 부여한다.

54 ④
전분 입자의 크기가 클수록 호화가 빠르다. 감자, 고구마와 같은 서류의 전분 입자가 곡류의 전분 입자보다 크므로 호화되기 쉽다.

55 ①
바퀴벌레의 습성은 군서성(집단서식), 잡식성, 야간활동성이다.

56 ②
국, 찌개의 간으로 사용하고 소금 간보다 감칠맛이 나는 조미료는 새우젓이다.

57 ①
| 오답풀이 |
② 교자상: 명절이나 축하연, 회식 등에서 많은 사람이 함께 식사할 때 차리는 상차림이다.
③ 다과상: 차와 과자류를 차려 놓은 상차림이다.
④ 수라상: 임금님의 밥상을 말한다.

58 ④
채 썬 달걀 지단은 나물, 잡채 등에 이용한다. 만둣국, 떡국, 국수 등에 이용하는 달걀 지단은 마름모 지단이다.

59 ④
수라상은 임금님의 진짓상을 높여 부르는 말이다. 일반적인 수라상은 12첩 반상 차림으로 구성된다.

60 ②
| 오답풀이 |
① 설날에는 떡국, 갈비찜, ③ 추석에는 송편, 토란국, ④ 동지에는 팥죽 등을 먹는다.

04회 P.93

01	③	02	④	03	①	04	④	05	①
06	②	07	①	08	④	09	③	10	②
11	④	12	②	13	④	14	①	15	②
16	④	17	②	18	③	19	②	20	③
21	④	22	②	23	①	24	③	25	②
26	②	27	④	28	③	29	②	30	④
31	②	32	③	33	②	34	①	35	②
36	④	37	④	38	②	39	③	40	①
41	②	42	④	43	②	44	④	45	②
46	②	47	②	48	④	49	②	50	②
51	③	52	③	53	②	54	④	55	①
56	②	57	③	58	④	59	①	60	②

01 ③
자외선은 2,500~2,800Å(250~280nm)의 파장에서 살균력이 높아 살균·소독에 사용한다.

02 ④
| 오답풀이 |
① 유화제: 서로 섞이지 않는 물과 기름을 혼합하여 잘 섞이게 하는 식품첨가물이다.
② 보존료: 부패 미생물의 증식을 막아 식품의 저장 및 신선도를 연장시킬 목적으로 사용되는 식품첨가물이다.
③ 표백제: 식품 제조 중 식품의 갈변, 착색의 변화를 억제하기 위해 사용하는 식품첨가물이다.

03 ①
데시벨(dB)은 사람이 들을 수 있는 음(소리)의 강도(음압) 수준을 나타내는 단위로, 소음의 측정 단위이다.

04 ④
| 오답풀이 |
① 50~100Lux: 조리장
② 200~750Lux: 회의실, 응접실
③ 500~1,500Lux: 학교 제도실, 도서실, 칠판

05 ①
곰팡이는 곡류, 두류 등 탄수화물이 많이 함유된 식품에서 주로 발생한다.

06 ②
토코페롤, L－아스코르브산나트륨, 아스코르브산은 천연 항산화제이다. 스테비아 추출물은 감미료이다.

07 ①
「식품위생법」 제2조에 의거하여 '식품첨가물'이란 식품을 제조·가공·조리 또는 보존하는 과정에서 감미, 착색, 표백 또는 산화 방지 등을 목적으로 식품에 사용되는 물질을 말한다.

08 ④
환경위생의 개선을 통해 소화기계 감염병의 발생을 감소시킬 수 있으며, 소화기계 감염병에는 장티푸스, 콜레라, 아메바성 이질 등이 있다. 인플루엔자는 호흡기계 감염병이다.

09 ③
진동으로 인해 나타날 수 있는 직업병은 레이노드병(손가락 말초혈관 운동장애)이다. 진폐증은 먼지가 원인인 직업병이다.

10 ②
보존료는 미생물의 발육을 억제하고 부패를 방지하여 신선도를 유지하는 데 목적이 있다.

| 오답풀이 |
①은 산미료, ③은 산화방지제, ④는 강화제의 목적이다.

11 ④
물 속에 과망가니즈산칼륨을 넣어 소비량을 측정하고, 그것으로 유기물의 양을 파악하여 오염도를 산출해 낸다.

12 ②
건강진단을 받아야 하는 영업에 종사하는 자가 건강진단을 받지 않은 경우 300만 원 이하의 과태료가 부과된다.

13 ④
메틸알코올(메탄올)에 중독되면 두통, 구토, 설사 등의 증상이 생기고, 심할 경우 시신경염증으로 인한 실명, 호흡곤란, 사망에 이르게 된다.

14 ①
쓰레기 소각은 가장 위생적이지만 대기가 오염되고 환경호르몬인 다이옥신이 발생하여 사회적으로 문제가 된다.

15 ②
혐기성 분해처리는 무산소 상태에서 균이 증식하여 유기물을 분해하는 것으로, 부패조와 임호프조를 이용하는 방법이 있다.

16 ④
결핵 예방접종(B.C.G)은 생후 4주 이내에 실시한다.

17 ②
만성 감염병과 비교할 때 급성 감염병의 역학적 특성은 발생률이 높고 유병률이 낮다는 것이다. 만성 감염병은 발생률이 낮고 유병률이 높다.

18 ③
육가공품의 발색제로 사용되는 아질산나트륨이 육류에 들어 있는 아민과 결합하면 엔－니트로사민이라는 발암물질이 생성된다.

19 ②
최대 경직 시간은 고기별로 다르다. 도살 후 일반적인 고기별 최대 경직 시간은 닭고기의 경우 6~12시간, 돼지고기의 경우 12~24시간, 소고기의 경우 24~36시간이다.

20 ③
탈곡기는 농기구에 해당한다.

21 ④
작업장의 낮은 조도는 미끄럼 사고의 원인이 된다.

22 ②
육절기는 전원을 끄고 칼날과 회전봉을 분해하여 중성세제와 미온수로 세척하고 물기를 제거한 후 원상태로 조립하여 사용한다.

23 ①
매트가 주름진 경우 미끄럼 사고의 원인이 된다.

24 ③
캔의 윗부분은 날카로워 베임 사고가 날 수 있으므로 유의해야 한다.

25 ④
위험도 경감의 원칙은 사고 발생의 예방, 피해 심각도 억제를 목적으로 한다.

| 오답풀이 |
① 위험요인 제거, ② 위험 발생 경감, ③ 사고 피해 경감은 위험도 경감 원칙의 핵심 요소이다.

26 ②
카로티노이드계 색소는 산, 알칼리, 열에 모두 안정적이므로 조리 중 성분의 손실이 거의 없다. 당근, 고구마, 토마토 등의 식품에 카로티노이드계 색소가 함유되어 있다.

27 ④
대부분의 산성식품은 동물성 단백질의 급원식품류이다.

28 ③
필수아미노산인 트립토판 60mg으로 나이아신 1mg을 생성한다. 나이아신은 필수아미노산인 트립토판으로부터 합성되고, 열에 강하며, 알칼리에 안정적이다.

29 ②
생선 비린내의 주성분은 TMA(Trimethylamine)이다.

> ✔ PLUS 개념 **어류와 관련된 냄새 성분**
> 트리메틸아민(TMA), 암모니아, 피페리딘

30 ④
동물성 유지는 포화지방산을, 식물성 유지는 불포화지방산을 많이 함유한다.

31 ④
광선 및 자외선은 산패를 촉진시키고, 온도가 높을수록 반응 속도가 증가하며, 금속류는 유지의 산화를 촉진시킨다.

32 ④
교질용액은 진용액보다 분산질 크기가 커서 용해되거나 침전되지 않고 분산되어 있는 상태이다.

| 오답풀이 |
①, ②는 현탁액, ③은 용액에 대한 설명이다.

33 ③
면실유에는 천연 폴리페놀(Polyphenol)의 일종인 고시폴이 종자뿐만 아니라 줄기와 뿌리에도 함유되어 있다.

34 ①
비타민 A는 피부의 상피 세포를 보호하고 눈의 기능을 좋게 한다.

| 오답풀이 |
② 비타민 B_1: 포도당이 분해될 때 필요하며 위액 분비를 촉진하고 식욕을 증진시킨다.
③ 비타민 C: 혈관벽을 튼튼하게 유지하고 대사 작용 관여, 철분 흡수 촉진, 피로 회복 등을 한다.
④ 비타민 D: 뼈의 성장에 필요하며 칼슘 흡수, 골격·치아의 발육을 촉진한다.

35 ②
수중유적형(Oil in Water, O/W)은 물 중에 기름이 분산되어 있는 형태로, 우유, 생크림, 마요네즈 등이 이에 해당한다. 마가린은 기름에 물이 분산되어 있는 유중수적형(W/O)에 해당한다.

36 ④
해조류는 바다에서 생산되며 엽록소에 의해 영양소를 합성하는 하등식물이다.

37 ④
달걀은 난각, 난백, 난황으로 구성되어 있다.

38 ②
직접원가는 직접재료비 + 직접노무비 + 직접경비로 계산한다.

| 오답풀이 |
① 판매가격 = 총원가 + 이익
③ 총원가 = 제조원가 + 판매관리비
④ 제조원가 = 직접원가 + 제조간접비(간접재료비 + 간접노무비 + 간접경비)

39 ③
조리 표준 레시피 작성 시 메뉴명, 조리 방법, 조리 시간이 포함되어야 한다.

40 ①
재고회전율이 표준치보다 낮다는 것은 재고가 많다는 것을 의미한다. 따라서 과다 재고 보유 시 물품의 손실을 초래하거나 투자비가 재고에 묶여 자금 운용상 불리(현금화가 안 됨)하게 되는 등의 문제점이 발생할 수 있다.

41 ②
식품의 출고계수는 '100 ÷ 가식부율(%)'로 구할 수 있다. 따라서 가식부율이 70%인 식품의 출고계수는 100 ÷ 70 = 1.428 ≒ 1.43이다.

42 ④
필요 비용은 '필요량 × 100 ÷ 가식부율 × 1kg당 단가'로 구할 수 있다. 즉, 배추 구입 비용은 50 × 100 ÷ 90 × 1,500원 = 7,500,000원 ÷ 90 = 83,333원 ≒ 83,400원이다.

43 ①
밀가루는 글루텐의 함량에 따라 강력분, 중력분, 박력분으로 분류된다.

> ✔ PLUS 개념 **밀가루의 분류**
> • 강력분: 글루텐 13% 이상, 식빵, 하드롤, 파스타, 피자, 마카로니
> • 중력분: 글루텐 10% 초과 13% 미만, 소면, 우동 등의 면류, 크래커
> • 박력분: 글루텐 10% 이하, 케이크, 과자, 튀김옷

44 ④
컵법에 따르면 흩어지지 않고 한 번에 흘러 내리거나 물에 떨어뜨렸을 때 퍼지지 않고 그대로 가라앉으면 잼이 완성되었다고 판정한다.

45 ②
매립법의 복토 두께는 60cm~1m 정도가 적당하다.

46 ②
근육의 pH는 7.0~7.2인데 pH 6.5 이하가 되면 ATPase가 활성화되어 ATP가 신속하게 분해되면서 미오신과 액틴이 결합하여 수축과 경직 상태의 액토미오신이 되므로 사후경직 중의 식육은 질기고 맛이 없다.

47 ②
균질화는 우유에 압력을 가해 작은 구멍으로 분출시키면 지방구가 1㎛ 전후로 분쇄되어 균질하게 처리되는 현상으로 유지방이 고루 분산되어 우유의 촉감이 부드러워지며 더욱 고소하게 된다. 버터는 우유를 가열, 살균, 발효, 가염, 냉장시킨 유중수적형의 유가공 식품이다.

48 ④
유화제는 물과 유지를 혼합시킬 때 첨가하는 물질로, 친수성과 친유성(소수성)을 모두 지닌다.

49 ②
메주 속의 곰팡이와 효소에 의해 콩 단백질이 서서히 가수분해되어 간장이나 된장의 맛을 낸다.

50 ①
대두를 삶을 때 거품이 생기는 것은 사포닌 때문이다. 대두는 가열에 의해 기포성과 용혈 작용이 있는 사포닌의 기능과 독성물질을 상실한다.

51 ③
조청은 곡류를 엿기름으로 당화시켜 푹 끓여 걸쭉하게 만든 감미료로, 한과, 밑반찬, 떡, 과자 등에 사용한다.

52 ③
온도가 높을수록 반응 속도가 증가한다.

53 ②
덱스트린은 전분의 가수분해 중간 산물로 용해성이 있고 강한 점착력을 지닌다.

54 ④
솔방울 썰기는 안쪽에 사선으로 칼집을 넣고 다시 엇갈려 비스듬히 칼집을 넣는 방법이다.

55 ①
고명으로는 달걀 지단, 미나리초대, 고추, 실파, 버섯 등이 사용된다.

56 ②
| 오답풀이 |
① 알리신: 마늘
③ 캡사이신: 고춧가루
④ 시니그린: 겨자

57 ③
종지는 간장, 초장, 초고추장, 꿀 등을 담는 그릇이다.
| 오답풀이 |
① 바리: 여성용 밥그릇이다.
② 대접: 숭늉이나 면, 국수를 담는 그릇이다.
④ 조치보: 주발과 같은 모양으로 탕기보다 작은 크기의 그릇이다.

58 ④
제철에 나는 재료를 사용한 음식을 시식이라고 한다.
| 오답풀이 |
① 일상식: 매일 먹는 식사를 말한다.
② 의례음식: 통과의례에 먹는 음식을 말한다.
③ 절식: 절기에 맞춰 먹는 특별한 음식을 말한다.

59 ①
감정은 국물이 적고 고추장으로 간을 한 찌개로, 오이감정, 게감정 등이 있다.
| 오답풀이 |
② 미음: 곡물의 10배의 물을 넣어 푹 고아 체로 걸러낸 음식이다.
③ 조치: 궁중에서 찌개를 일컫는 말이다.
④ 지짐이: 국보다 국물을 조금 넣어 짜게 끓인 음식이다.

60 ②
검은색으로 쓰이는 식재료에는 석이버섯, 표고버섯이 있다.
| 오답풀이 |
① 미나리: 녹색
③ 달걀 흰자: 흰색
④ 당근: 붉은색

> **PLUS 개념** 한식의 고명
> - 흰색: 달걀 흰자
> - 노란색: 달걀 노른자
> - 붉은색: 홍고추, 당근, 실고추, 대추
> - 녹색: 미나리, 실파, 호박, 오이, 풋고추
> - 검은색: 석이버섯, 표고버섯

에듀윌이 너를 지지할게

ENERGY

작은 문제를 해결해 나가면
큰 문제는 저절로 해결될 것이다.

– 디어도어 루빈

05회   P.99

01	①	02	④	03	④	04	②	05	②
06	④	07	①	08	①	09	①	10	③
11	③	12	④	13	④	14	①	15	②
16	①	17	③	18	④	19	④	20	③
21	④	22	③	23	④	24	②	25	②
26	④	27	③	28	①	29	③	30	①
31	④	32	①	33	④	34	②	35	③
36	③	37	①	38	②	39	③	40	③
41	④	42	③	43	③	44	③	45	③
46	①	47	②	48	②	49	③	50	④
51	②	52	②	53	①	54	④	55	①
56	④	57	③	58	③	59	②	60	②

01 ①
식품에 황색포도상구균이 증식하여 장독소인 엔테로톡신을 생성한다.

02 ④
광절열두조충의 제1중간숙주는 물벼룩, 제2중간숙주는 민물고기(농어, 연어 등)이다.

03 ④
| 오답풀이 |
① 리신은 피마자, ③ 무스카린은 독버섯의 독성분이다.
② 엔테로톡신은 황색포도상구균 식중독의 원인 독소이다.

04 ②
공해로 발생하는 질병에는 미나마타병(수은), 이타이이타이병(카드뮴), 만성 기관지염 및 기관지천식 혹은 폐기종(SO_2에 의한 대기오염)이 있다. 진폐증과 규폐증은 작업장 내 분진에 의한 질병이다.

05 ②
부패는 단백질 식품이 혐기성 미생물에 의해 분해, 변질되는 것으로, 트리메틸아민류 등의 암모니아, 황화수소, 인돌, 아민류, 알데히드 등의 유해 물질이 생성되어 악취가 난다. 포르말린은 방부제이다.

06 ④
광절열두조충의 제1중간숙주는 물벼룩, 제2중간숙주는 민물고기(송어, 연어, 숭어, 농어), 종말숙주는 사람, 개, 고양이, 여우이다. 다슬기류를 중간숙주로 하는 기생충은 폐흡충과 요코가와흡충이다.

07 ①
곰팡이와 효모는 pH 4~6의 약산성에서 활발하게 생육한다.

08 ①
황색포도상구균은 독소형 식중독균으로, 균체는 내열성이 약하나 생성된 독소인 엔테로톡신은 120℃에서 20분간 처리해도 파괴되지 않을 정도로 내열성이 강하다.

09 ①
역성비누는 세척력이 약하므로 많이 더러운 손을 씻을 때에는 비누로 세척 후 역성비누를 사용하는 것이 가장 좋다.

10 ③
무구조충은 소를 중간숙주로 하며, 중간숙주의 단계가 하나이다.

11 ③
집단급식소는 1회 50명 이상에게 식사를 제공하는 비영리 급식소를 말한다.

12 ④
잠함병은 수압이 높은 바다에 들어갔다가 수면 위로 올라오면 체내에 녹아 있던 질소가 기포를 만들어 몸에 통증을 일으키는 현상이다.

13 ④
이노신산나트륨은 핵산계 조미료이다.

14 ①
생균백신에는 홍역, 결핵, 황열, 폴리오(소아마비), 탄저병이 있고, 사균백신에는 콜레라, 백일해, 장티푸스, 파라티푸스, 일본뇌염, 폴리오가 있다.

15 ②
어패류 매개 기생충 질환의 가장 확실한 예방법은 가열 조리 후 섭취하는 것이다.

16 ①
이산화탄소(CO_2)는 실내공기의 오염도를 화학적으로 측정하는 지표로 활용되며, 위생학적 허용 한계는 0.1%(= 1,000ppm)이다.

17 ③
어육의 초기 부패를 판정하는 휘발성 염기질소의 양은 식품 100g당 30~40mg%이다.

18 ④
HACCP 12절차의 첫 번째 단계는 HACCP 팀 구성이다. 위해 요소 분석은 HACCP의 7원칙 중 1원칙이다.

19 ④
콜레라는 제2급 법정감염병으로, 쌀뜨물 같은 형태의 심한 설사 및 구토를 유발한다.

20 ③
탄수화물은 1g당 4kcal의 에너지를 발생시킨다. 1g당 9kcal의 에너지를 발생시키는 것은 지방이다.

21 ④
| 오답풀이 |
① 세척: 손소독기, 식기세척기
② 전처리: 탈피기, 절단기, 싱크대
③ 검수: 운반차, 온도계

22 ③
믹싱기는 가루 반죽을 혼합하는 기계로, 금속의 훅이나 휘퍼가 회전하는 기기이다.

| 오답풀이 |
① 연육기: 고기를 부드럽게 가공하기 위하여 칼집을 넣어주는 기기이다.
② 분쇄기: 마늘, 생강, 고추 등 여러 가지 야채류 및 양념을 분쇄하는 데 사용되는 기기이다.
④ 슬라이스 머신: 육류 덩어리, 햄 또는 부피가 크고 딱딱한 야채 등을 얇게 자르는 데 주로 사용되는 기기이다.

23 ④
주방에서 가장 많이 일어나는 사고는 절단, 찔림과 베임으로 칼, 유리파편, 통조림뚜껑 등 날카로운 물질이 원인이 된다.

24 ②
조리장비의 성능으로 조작의 용이성, 분해, 조립, 청소의 용이성, 간편성, 사용 기간에 부합되는 비용인지를 고려해야 한다.

25 ②
화재 발생 위험 요소가 있는 기기는 정기적으로 점검한다.

26 ④
타피오카 전분은 아밀로오스와 아밀로펙틴으로 구성되어 있다.

27 ③
해동 후 재냉동을 하지 않는다.

28 ①
빵류는 실내에서 서서히 해동시켜야 표면이 마르지 않으며 모양을 유지할 수 있고, 오븐을 사용하여 해동시킬 수 있다.

29 ①
나트륨의 결핍 증상은 근육 경련, 식욕 감퇴, 저혈압이다.

30 ①
개량 메주는 곰팡이의 일종인 황국균(Apergillus Oryzae)을 쌀에 미리 길러 콩과 섞어 만든다. 황국균은 당화력과 단백질 분해력이 강하며, 향기와 맛을 향상시킨다.

31 ④
소장에서는 대부분의 영양소가 분해되어 흡수된다.

32 ①
맛의 대비 현상이란 주된 맛에 소량의 다른 맛 성분을 넣어 주된 맛이 강해지는 현상이다.

> **PLUS 개념** 맛의 변화
> - 맛의 대비 현상: 주된 맛 성분에 소량의 다른 맛 성분을 넣어 주된 맛이 강해지는 현상
> - 맛의 상승 현상: 같은 맛 성분을 혼합하여 원래의 맛보다 더 강한 맛이 나게 되는 현상
> - 맛의 억제 현상: 서로 다른 맛 성분이 혼합되었을 때 주된 맛 성분의 맛이 약화되는 현상
> - 맛의 변조 현상: 한 가지 맛 성분을 먹은 직후 다른 맛 성분을 먹으면 원래 식품의 맛이 다르게 느껴지는 현상
> - 맛의 상쇄 현상: 서로 다른 맛 성분이 혼합되었을 때 각각의 고유한 맛을 내지 못하고 약해지거나 없어지는 현상
> - 맛의 피로 현상: 같은 맛을 계속 섭취하면 미각이 둔해져 그 맛을 알 수 없게 되거나 다르게 느끼는 현상

33 ④
메스꺼운 냄새는 헤닝의 냄새 프리즘에 해당하지 않는다.

> **PLUS 개념** 헤닝(Henning)의 냄새 프리즘
> - 과일향(Ethereal): 사과, 레몬
> - 꽃향기(Fragrant): 장미, 매화, 백합
> - 수지향(Resinous): 테르펜유, 송정유
> - 매운향(Spicy): 마늘, 생강, 후추
> - 부패한 냄새(Putrid): 부패육
> - 탄 냄새(Burnt): 캐러멜류, 커피, 타르

34 ②
pH가 낮을수록 노화가 빨라진다.

> **✔ PLUS 개념** 　전분 노화 방지법
> - 온도를 0℃ 이하 또는 60℃ 이상으로 조절한다.
> - 수분 함량을 15% 이하 또는 60% 이상으로 조절한다.
> - 아밀로오스 함량을 낮추고, 아밀로펙틴 함량을 높인다.
> - 설탕, 지방, 유화제를 첨가한다.

35 ③
클로로필을 산성 용액에 방치하면 클로로필에 결합되어 있는 마그네슘(Mg)이 빠져나오고 수소이온(H^+)으로 치환되어 페오피틴(Pheophytin)을 형성한다.

36 ③
유화액의 방치 시간은 유화와 관련이 적다.

37 ①
소시지는 담홍색이며 탄력성이 있는 것이 선도가 좋은 것이다.

38 ②
식품 판매가격 × (40 ÷ 100) = 1,000원
∴ 판매가격: 1,000 × 100 ÷ 40 = 2,500원

39 ③
호화된 전분을 공기 중에 방치하면 호화되면서 흐트러졌던 미셀구조가 규칙적으로 재배열되고 생전분의 구조와 같은 물질로 되돌아가는데 이러한 현상을 노화라고 한다.

40 ③
식당 면적은 취식자 1인당 1m², 조리장 면적은 식당의 1/3이 기준이다.

41 ④
구매관리는 재고와 저장관리 시 발생할 수 있는 손실을 최소화하는 데 목적을 둔다.

42 ③
단체급식이란 공장, 사업장, 학교, 병원, 기숙사와 같은 곳에서 집단으로 생활하는 특정의 여러 사람들을 대상으로 상시 1회 50인 이상에게 계속적으로 식사를 공급하는 비영리 시설의 급식 방법이다.

43 ③
대체 식품량은 '원래 식품의 양 × 원래 식품의 해당 성분의 수치 ÷ 대체하고자 하는 식품의 해당 성분의 수치'로 계산한다. 따라서 300g × 20g ÷ 15g = 400g이다.

44 ④
도살 과정을 거친 후 혈액순환이 정지되어 산소 공급이 중단되면 근육 조직의 글리코젠이 혐기적 해당 과정을 거쳐 젖산을 생성한다.

45 ③
당질의 감미도는 '과당(120~180) > 전화당(85~130) > 설탕(서당)(100) > 포도당(70~74) > 맥아당(엿당)(60) > 갈락토오스(33) > 젖당(유당)(16)' 순으로 높다.

46 ①
불포화지방산은 탄소와 탄소 사이의 결합에 1개 이상의 이중결합이 있는 지방산이다.

47 ②
젤라틴은 동물의 가죽, 뼈에 다량 존재하는 콜라겐을 가수분해하여 얻어진 유도 단백질이다. 식품에 허용되는 젤라틴의 농도는 3~4% 정도이고, 가열하면 졸(Sol)이 되고, 냉각하면 겔(Gel)을 형성한다.

48 ②
진저롤은 생강의 매운맛 성분이다.

> **✔ PLUS 개념** 　매운맛 성분의 종류
> - 캡사이신(Capsaicin): 고추
> - 피페린(Piperine), 차비신(Chavicine): 후추
> - 쇼가올(Shogaols), 진저론(Zingerone), 진저롤(Gingerol): 생강
> - 시니그린(Sinigrin): 겨자
> - 알리신(Allicin): 마늘, 양파
> - 커큐민(Curcumin): 강황
> - 신남알데히드(Cinnamic aldehyde): 계피
> - 유황화합물(Sulfur compound): 양파

49 ②
두부는 두류 가공 식품으로, 콩의 소화율은 65%이지만 두부의 소화율은 95%로 높다.

50 ④
아이오딘가가 높다는 것은 지방산 중 불포화지방산이 많다는 것을 의미한다.

51 ②
과일은 숙성되면 세포벽에 존재하는 불용성의 프로토펙틴(Protopectin)이 프로토펙티나아제(Protopectinase)에 의해 펙틴(Pectin)으로 전환되면서 조직이 부드러워진다.

52 ②
황색포도상구균은 독소형 식중독균으로, 화농성 질환의 대표적인 원인균이다.

53 ①

> **✓ PLUS 개념** 잼 제조 시 겔(Gel)화의 조건
> - 펙틴 1.0~1.5%
> - pH 2.8~3.4
> - 당 60~65%

54 ④
금속류 특히 구리나 철은 강력한 산화촉진제이므로 튀김용기로 철이나 구리 재질을 피한다.

> **✓ PLUS 개념** 유지의 산패에 영향을 끼치는 요인
> - 온도가 높을수록 반응 속도가 증가한다.
> - 광선 및 자외선은 산패를 촉진시킨다.
> - 수분이 많으면 촉매 작용이 강해진다.
> - 금속류는 유지의 산화를 촉진시킨다.
> - 불포화지방산의 함량이 높을수록 유지의 산패가 촉진된다.

55 ①
추석에는 토란탕, 햅쌀밥, 송편, 햇과일 등을 주로 먹는다.

| 오답풀이 |
② 화전은 삼짇날, ③ 떡국은 설날, ④ 팥죽은 동지에 주로 먹는다.

56 ④
조선 후기에 고추가 유입되고 통배추를 사용하면서 오늘날과 같은 김치로 발전하였다.

57 ③
회는 7첩 반상부터 포함된다.

58 ③
| 오답풀이 |
① 한국 음식은 공간전개형이다.
② 곡물을 중시해 곡물 음식이 다양하다.
④ 식재료 본연의 맛보다는 향신료(파, 마늘, 생강)와 양념(간장, 된장, 고추장, 참기름 등)의 복합적인 맛을 즐긴다.

59 ②
국수장국을 주식으로 하는 상차림은 장국상이다.

60 ②
5첩 이상의 반상을 품상이라고 하며, 접대용 요리상에 해당한다.

06회 P.105

01	④	02	②	03	①	04	④	05	②
06	③	07	④	08	④	09	②	10	①
11	②	12	①	13	③	14	③	15	④
16	②	17	①	18	①	19	④	20	④
21	②	22	③	23	④	24	③	25	④
26	③	27	③	28	③	29	③	30	④
31	①	32	③	33	③	34	④	35	④
36	②	37	③	38	③	39	③	40	②
41	①	42	①	43	①	44	③	45	④
46	③	47	④	48	③	49	③	50	②
51	③	52	③	53	①	54	④	55	④
56	①	57	③	58	①	59	②	60	①

01 ④
쯔쯔가무시증은 쥐에 의해 발생하는 질병이다.

✓ PLUS 개념 — 위생동물별 질병
- 파리, 바퀴벌레: 세균성 소화기감염증(장티푸스, 파라티푸스, 세균성 이질, 세균성 식중독, 소아마비, 결핵, 콜레라)
- 쥐: 세균성 식중독, 페스트, 유행성 출혈열, 쯔쯔가무시증, 와일씨병
- 진드기: 유행성 출혈열, 재귀열, 양충병
- 벼룩: 페스트, 발진열, 재귀열
- 이: 발진티푸스, 재귀열, 참호열
- 모기: 말라리아, 일본뇌염, 황열, 사상충증(토고숲모기), 뎅기열

02 ②
M. M. R은 홍역(Measles), 볼거리(Mumps), 풍진(Rubella)을 예방하기 위한 백신이다.

03 ①
고열환경에서 발생하는 직업병은 열중증(열경련, 열허탈증, 열사병)이다. 참호족염은 저온환경에서 나타날 수 있는 직업병으로, 오랜 시간 습기가 높고 비위생적인 상태로 방치하는 경우 발생한다.

✓ PLUS 개념 — 직업병
- 고열환경(이상고온): 열중증(열경련, 열허탈증, 열사병)
- 저온환경(이상저온): 참호족염, 동상, 동창
- 고압환경(이상고기압): 잠함병(잠수병)
- 저압환경(이상저기압): 고산병
- 분진: 진폐증(먼지), 규폐증(유리규산), 석면폐증(석면), 활석폐증(활석)
- 소음: 직업성 난청, 두통, 불면증
- 조명 불량: 안정피로, 근시, 안구진탕증
- 진동: 레이노드병(손가락의 말초혈관 운동장애)
- 방사선: 조혈기능장애, 백혈병, 피부 점막의 궤양과 암, 생식기 장애, 백내장

04 ④
톡소플라즈마는 돼지, 개, 고양이 등에 의해 감염된다. 뱀, 개구리에 의해 감염되는 기생충은 만손열두조충이다.

05 ②
폐기물 소각처리는 처리 방법이 가장 위생적이지만 대기오염을 일으키는 다이옥신이 발생한다는 문제점이 있다.

06 ③
영아사망률은 생후 1년 미만인 영아의 사망률로, 1,000명을 기준으로 계산한다.

07 ④
독미나리에 함유된 유독 성분은 시큐톡신(Cicutoxin)이다.

| 오답풀이 |
① 무스카린(Muscarine): 독버섯
② 솔라닌(Solanine): 감자의 녹색 부위와 발아 부위
③ 아트로핀(Atropine): 미치광이풀

08 ④
미생물 증식에 필요한 조건은 온도, 수분, 영양소, 산소이며, 산이 많은 식품은 세균의 번식이 어렵다.

09 ②
카드뮴에 중독되면 이타이이타이병이 발생할 수 있으며, 증상에는 신장장애, 골연화증, 골다공증 등이 있다.

10 ①
폴리오(소아마비)는 소화기계 감염병에 해당한다.

11 ②
B형간염은 제3급 법정감염병에 해당한다.

✓ PLUS 개념 — 제2급 감염병
- 결핵
- 홍역
- 장티푸스
- 세균성 이질
- A형간염
- 유행성 이하선염
- 폴리오
- 수두
- 콜레라
- 파라티푸스
- 장출혈성 대장균감염증
- 백일해
- 풍진

12 ①
돈단독증(Swine Erysipelas)은 세균성 인수공통감염병으로, 대표적으로 돼지를 통해 감염되어 피부염, 패혈증 등을 일으키는 감염병이다.

13 ③
식품접객업(휴게음식점영업, 일반음식점영업, 단란주점영업, 유흥주점영업, 위탁급식영업, 제과점영업)을 하려는 자는 6시간의 교육을 받아야 한다.

| 오답풀이 |
① 식품제조·가공업은 8시간의 교육을 받아야 한다.
② 식품운반업, ④ 용기·포장류제조업은 4시간의 교육을 받아야 한다.

14 ②

☑ PLUS 개념   클로스트리디움 퍼프린젠스 식중독
- 원인균: 웰치균(이전에는 웰치균 식중독이라 불림)
- 잠복기: 8~22시간(평균 12시간)
- 증상: 복통, 설사, 구토
- 원인 식품: 육류, 어패류 및 그 가공품, 튀김두부
- 감염 경로: 사람·동물의 분변, 식품의 오염 증식으로 발생
- 예방 대책: 분변의 오염 방지, 조리된 식품은 저온·냉동 보관, 재가열 섭취 금지 등

15 ④
채소류를 통해 감염되는 기생충으로는 편충, 회충, 동양모양선충, 구충(십이지장충), 요충 등이 있다.

16 ②
대기오염의 2차 오염물질에는 오존, PAN, 알데히드, 스모그 등이 있다.

17 ①
데시벨(dB)은 사람이 들을 수 있는 음(소리)의 강도(음압) 수준을 나타내는 단위이다.

18 ①
카드뮴 만성 중독의 주요 3대 증상으로는 폐기종, 신장기능장애, 단백뇨가 있다.

19 ④
초고온순간살균법은 130~140℃에서 2초간 살균하는 방법으로, 영양 손실이 적고 완전멸균이 가능하다.

20 ④
| 오답풀이 |
① 종형: 출생률과 사망률이 모두 낮은 인구정지형으로, 가장 이상적인 유형이다.
② 항아리형: 출생률이 사망률보다 낮은 인구감소형으로, 선진국에서 나타난다.
③ 표주박형: 노년층의 비율이 높고 생산층 인구가 전체 인구의 1/2 미만인 인구유출형으로, 농촌에서 나타난다.

21 ②
바닥에 수분이 있는 경우 조리작업장에서 미끄럼 사고가 발생할 수 있다.

22 ③
작업장 작업환경 측정의 목표는 작업 시 발생하는 소음, 분진, 유해화학물질 등의 유해 인자에 근로자가 얼마나 노출되는지를 측정, 평가한 후 시설과 설비 등의 적절한 개선을 통하여 깨끗한 작업환경을 조성함으로써 근로자의 건강보호 및 생산성 향상에 기여하는 데 있다.

23 ④
작업장 작업개선의 목표는 신속성, 경제성, 정확성, 용이성이다.

24 ③
회 탈피기는 생선 또는 오징어의 껍질을 자동으로 손쉽게 벗길 수 있는 기기이다.

| 오답풀이 |
① 민서기(Mincer): 식재료를 곱게 으깨는 기구이다.
② 베지터블 커터(Vegetable Cutter): 채소를 여러 가지 형태로 써는 기구이다.
④ 슬라이서(Slicer): 햄, 육류 등을 일정하게 써는 기구이다.

25 ④
정서적 요인에는 과격한 기질 및 신경질, 지식 및 기능의 부족, 근골박약, 중독증 등 각종질환, 시력 또는 청력의 결함이 있다.

26 ③
해동 방법에는 급속 해동과 완만 해동이 있다. 급속 해동은 반조리 또는 조리된 상태에서 전자레인지를 이용하거나 가열하여 해동하는 방법이며, 완만 해동은 냉장고나 물, 실온의 서늘한 곳에서 천천히 해동하는 방법으로 어육류에 주로 이용된다.

27 ③
냉동화상 시 색깔, 조직, 향미, 영양가 등이 변질될 수 있다.

28 ③
유지의 산패도를 나타내는 값에는 산가, 과산화물가, TBA(Thiobarbituric Acid Value) 등이 있다.

29 ②
β-아밀레이스는 전분의 가수분해 효소이다. 섬유소의 분해 효소는 셀룰레이스(Cellulase)이다.

30 ②
단체급식은 특정인(병원, 학교, 기관 등)을 대상으로 한다.

31 ①
탄수화물은 열량 영양소이다.

32 ③
녹색 색소인 엽록소(Chlorophyll)의 클로로필이 발효 때 생성된 산에 의해 녹갈색의 페오피틴(Phaeophytin)을 형성하기 때문이다.

33 ②
(100g × 80% × 4kcal) + (100g × 9% × 4kcal) + (100g × 1% × 9kcal)
= 365kcal

34 ④
비타민 A는 지용성 비타민이므로 과잉 섭취 시 체내에 저장되어 과잉증 또는 독성이 나타날 수 있다.

35 ④
필수아미노산은 발린, 류신, 아이소류신, 트레오닌, 페닐알라닌, 트립토판, 메티오닌, 라이신(성인에게 필요한 8가지)과 히스티딘, 아르기닌(성장기 어린이나 회복기 환자 등에 필요한 2가지)으로 총 10가지이다.

36 ②
경화란 불포화지방산의 액체유에 니켈, 백금 등을 촉매로 수소를 첨가하면 포화지방산이 되어 고체가 되는 과정을 말한다. 경화유에는 마가린, 쇼트닝 등이 있다.

37 ③
제품의 제조자가 제품의 특성(포장재질, 보존 조건, 제조 방법, 원료배합 비율 등)과 기타 유통 실정(냉장 또는 냉동 보존 등)을 고려하여 위해 방지 및 품질 보장이 가능하도록 유통기간 설정을 위한 실험을 실시해야 한다. 유통기간이 설정되면 유통조건을 고려하여 안정성과 품질을 보장할 수 있도록 소비기한을 설정한다.

38 ③
선입선출법은 먼저 입고되었던 식재료부터 순서대로 출고하는 방법이다. 즉, 나중에 구입한 것이 재고로 남기 때문에 물가 상승 시 재고가가 높게 책정된다.

39 ③
열은 효소를 불활성화시켜 갈변을 방지하는 요소이다.

40 ②
수의계약이란 경쟁이나 입찰의 방법을 쓰지 않고 임의로 업체를 골라 체결하는 계약을 말한다.

41 ①
표준 조리 방법을 작성할 때 재료의 분량, 폐기율, 영양가 산출, 조리 방법, 식단가 등을 명시해야 한다.

42 ④
일일 구매 식자재는 신선 식품류이다.

43 ①
전분에 산을 가하면 전분이 가수분해되어 호화가 잘 일어나지 않으며 점도도 낮아진다. 따라서 전분에 산을 첨가하는 음식을 조리할 때에는 전분의 호화가 이루어진 이후에 산을 섞는 것이 좋다.

44 ②
전분의 노화란 호화(α화)된 전분을 공기 중에 방치하면 호화되어 흐트러졌던 미셀구조가 규칙적으로 재배열되면서 생전분의 구조와 같은 물질로 되돌아가는 현상으로 전분의 β화이다.

45 ④
동물은 도살 직후 근육이 단단해지는 사후경직이 일어나고 이후 최대 강직 상태를 지나 체내 효소에 의해 자기소화 현상(숙성)이 일어난다.

46 ③
클로스트리디움 보툴리눔 식중독은 세균성 식중독 중 가장 높은 사망률(40%)을 보이며, 신경마비 증상을 나타낸다.

47 ④
생식 조리는 식품을 가열하지 않고, 있는 그대로를 섭취하는 방법이다.

48 ④
캐러멜화(Caramelization)는 식품 조리 가공 시 색깔과 풍미를 준다.

49 ③
불리기의 장점은 염분의 용출, 식품의 팽윤, 조리 시간의 단축, 소화의 용이성 향상이다.

50 ②

> ✅ **PLUS 개념**　생식품 조리의 장점
> - 영양분의 손실이 적다.
> - 조리법이 간단하다.
> - 식품 본래의 향과 색의 손실이 적다.
> - 식품 자체의 풍미를 살릴 수 있다.

51 ③
밀가루 입자의 크기가 작을수록 글루텐 형성이 용이하다.

52 ③
설탕은 글루텐의 형성을 방해한다.

53 ①
시금치는 수산을 풍부하게 함유하고 있으며, 수산은 체내의 칼슘과 결합하여 칼슘의 이용률을 감소시킨다.

54 ④
아스타잔틴은 산소에 존재 시 새우나 게에서 회색, 청색 등을 나타내는 색소로, 가열 하면 붉은색 아스타신이 된다.

55 ④
김치를 그늘지고 서늘한 곳에 보관한 경우 산패를 지연시킨다.

56 ①
숙주는 끓는 물에 데친 후 무친다.

57 ②
가지는 꼭지에 가시가 없고, 상처가 없으며 보라색이 선명하고 싱싱한 것을 고른다.

58 ①
콩나물은 끓는 물에 데친 후 무친다.

59 ②
전이나 적을 만들 때에는 흰살 생선을 사용한다. 고등어는 붉은살 생선이므로 전이나 적 조리에 적합하지 않다.

60 ①
우거지는 주로 겨울에 먹는 국의 재료이다.

07회　　　　　　　　　　　　　　　　P.110

01	④	02	④	03	②	04	①	05	④
06	④	07	④	08	②	09	④	10	①
11	②	12	②	13	③	14	④	15	①
16	④	17	②	18	②	19	④	20	②
21	④	22	②	23	①	24	②	25	④
26	①	27	④	28	①	29	④	30	②
31	④	32	①	33	②	34	①	35	③
36	③	37	④	38	③	39	②	40	④
41	④	42	②	43	④	44	②	45	③
46	②	47	①	48	③	49	②	50	①
51	②	52	①	53	③	54	④	55	③
56	②	57	②	58	②	59	①	60	②

01 ④
「식품위생법」상 식품위생의 대상은 식품(의약품 제외), 식품첨가물, 기구 또는 용기·포장 등 음식에 관한 전반적인 것을 말한다.

02 ④
식품의약품안전처는 식품위생 행정업무를 총괄·관장·지휘·감독한다.

03 ②
트리메틸아민(TMA)은 어류의 신선도 검사로 3~4mg%이면 초기 부패로 판정한다.

04 ①
설사성 패류 중독은 유독성 플랑크톤을 섭취한 패류를 섭취한 경우 발생하며, 설사, 복통 등 소화기계 이상 증상을 일으키는 자연독 식중독에 해당한다.

05 ④
삭시톡신은 섭조개(홍합)나 대합에서 발견되는 마비성 패독으로, 열을 가해도 쉽게 파괴되지 않는다.

| 오답풀이 |
① 테트로도톡신: 복어의 독성분으로, 신경을 마비시키는 신경독이며 우리나라에서 발생하는 대표적인 동물성 식중독 사고의 원인 물질이다.
② 솔라닌: 부패한 감자에서 생성되는 독성물질이다.
③ 베네루핀: 모시조개, 바지락, 굴 등 이매패의 중장선에 축적되는 독소이며, 치사율은 40~50%이다.

06 ④
장염비브리오균 식중독은 어패류가 주된 발생 원인인 식중독이다.

| 오답풀이 |
① 살모넬라균 식중독의 발생 원인은 육류 및 그 가공품 등이다.
② 클로스트리디움 보툴리눔균 식중독의 발생 원인은 살균이 불충분한 통조림, 병조림의 부패 등이다.
③ 황색포도상구균 식중독의 발생 원인은 균에 오염된 유가공품 등이다.

07 ④
회수 명령의 기준 설정은 HACCP의 7원칙에 해당하지 않는다.

✔ PLUS 개념 HACCP의 7원칙
- 원칙 1: 위해 요소 분석
- 원칙 2: 중요관리점(CCP) 결정
- 원칙 3: 중요관리점에 대한 한계 기준 설정
- 원칙 4: 중요관리점 모니터링 체계 확립
- 원칙 5: 개선 조치 방법 수립
- 원칙 6: 검증 절차 및 방법 수립
- 원칙 7: 문서화, 기록 유지 방법 설정

08 ②
세균성 식중독은 경구감염병에 비해 비교적 잠복기가 짧다.

| 오답풀이 |
① 많은 양의 균에 의해 발생한다.
③ 살모넬라 외에는 2차 감염이 없다.
④ 식품 중 균의 증식을 억제하여 예방할 수 있다.

09 ④
참호족염은 저온환경(이상저온)이 원인이 되어 발생하는 직업병이다.

10 ①
십이지장충의 감염 형태는 경피감염, 경구감염으로 나누어지며 유충이 부착된 채소 취급 또는 흙 묻은 손, 맨발에 의해 피부로 침입하여 발생한다.

11 ②
1일 섭취허용량(ADI)은 사람이 평생 동안 매일 섭취하더라도 장애가 나타나지 않는다고 생각되는 화학물질의 1일 섭취량(mg/kg, 체중/1일)을 의미한다.

| 오답풀이 |
① 최대무작용량(NOEL): 식품첨가물의 사용 기준을 정하기 위한 각종 독성시험에서 유해 작용이 전혀 확인되지 않은 양을 말한다.
③ 50% 치사량(LD50): 독성의 정도를 나타내는 지표로 널리 사용되며, 일정한 조건하에서 실험동물의 50%를 사망시키는 물질의 양을 말한다.
④ 50% 유효량(ED50): 약물의 효과에 대해 어떤 특정 반응이 동물에 나타나는지의 여부를 기준으로 판정하는 경우. 실험동물 50%에 양성반응을 일으킬 수 있는 물질의 양을 말한다.

12 ②
곰팡이류의 생육 최적 온도는 30℃ 정도이며, 곰팡이 발생을 막기 위한 수분량은 13% 이하이다.

13 ③
일본뇌염은 뇌에 염증을 일으키는 질환으로, 모기에 의해 매개된다.

14 ④
히스타민은 알레르기성 식중독의 원인 독소이며, 원인균은 모르가니균이다.

15 ①
독버섯은 표면에 점액이 있다.

16 ④
소음으로 인한 피해로 맥박과 혈압이 상승한다.

17 ②
재귀열은 이가 매개하는 질병이 맞으나, 페스트는 벼룩을 매개로 하여 설치동물(쥐)을 통해 감염되는 질병이다.

✔ PLUS 개념 위생해충에 의한 감염
- 벼룩: 페스트, 발진열, 재귀열
- 모기: 말라리아, 일본뇌염, 황열, 사상충증(토고숲모기), 뎅기열
- 파리: 콜레라, 파라티푸스, 이질, 장티푸스, 결핵, 디프테리아
- 바퀴벌레: 이질, 콜레라, 장티푸스, 폴리오, 살모넬라
- 쥐: 페스트, 와일씨병, 서교증, 살모넬라, 발진열, 바이러스 질병
- 개: 광견병
- 진드기: 쯔쯔가무시증(양충병), 유행성 출혈열

18 ②
테트로도톡신은 복어 중독의 원인 독소로, 동물성 자연독 성분이다.

| 오답풀이 |
① 무스카린은 독버섯, ③ 솔라닌은 감자, ④ 고시폴은 목화씨의 독성분이다.

19 ④
감염병의 예방 대책에는 감수성 숙주의 관리(예방접종 실시), 감염경로 및 환경위생의 개선(감염 경로 차단), 감염원의 격리 및 예방(환자의 조기 발견, 격리)이 있다.

20 ②
연육기는 고기를 부드럽게 가공하기 위하여 납작하게 썬 뒤 집어 넣으면 회전 칼날을 통과하여 세로 방향으로 칼집을 넣어 주는 기기이다.

| 오답풀이 |
① 분쇄기: 마늘, 생강, 고추 등 여러 가지 야채류 및 양념을 분쇄하는 데 사용되는 기기이다.
③ 골절기: 큰 덩어리의 고기나 뼈를 자를 때 사용하며, 날이 톱니 모양으로 된 날카로운 기기이다.
④ 슬라이스 머신: 부피가 크고 냉동 상태인 육류 덩어리, 조리된 육류 덩어리, 햄, 소시지 또는 부피가 크고 딱딱한 야채 등을 얇게 자르는 데 주로 사용되는 기기이다.

21 ④

화장실 방문은 응급상황 시 행동 단계에 해당하지 않는다.

PLUS 개념 응급상황 시 행동 단계
- 현장조사: 행동하기 전에 무엇을 해야 할지에 대한 행동 계획 세우기
- 의료기관에 신고: 현장 상황을 파악한 후 전문 의료기관(119)에 전화로 응급상황을 알리기
- 처치 및 도움: 신고 후 응급환자에게 필요한 응급처치를 시행하고 전문 의료진이 도착할 때까지 환자 돌보기

22 ②

부하 직원에 대한 역할 모델이 되는 것은 선임관리자의 역할이다.

23 ①

주방 내 사고 발생 시 작업을 중단하고 즉시 관리자에게 보고한다.

24 ②

카드뮴이나 수은 등의 중금속 중독은 공장폐수 등에 섞인 카드뮴이나 수은과 같은 중금속에 오염된 어패류를 섭취한 결과, 그 중금속이 체내에 축적되어 발생한다.

25 ④

락톤류, 에테르류, 에스테르류, 지방산류, 페놀류는 착향료로, 훈연 시 육류의 보존성과 풍미 향상에 가장 많이 관여한다.

26 ①

잠함병이란 수압이 높은 바다에 들어갔다가 수면 위로 올라오면서 체내에 녹아 있던 질소가 갑작스럽게 기포를 만들면서 혈액 속을 돌아다녀 몸에 통증을 유발하는 증상이다.

27 ④

「식품위생법」 제54조에 의거하여 조리사 면허의 취소처분을 받고 그 취소된 날부터 1년이 지나지 아니한 자는 조리사 면허를 받을 수 없다.

28 ①

베네루핀은 모시조개, 바지락, 굴 등에 들어 있는 독성분이다.

| 오답풀이 |
② 옥살산은 시금치에, ③ 팔린, ④ 아마니타톡신은 독버섯에 들어 있는 독성분이다.

29 ④

김치의 연부 현상이란 무나 배추의 조직이 펙틴 분해 효소에 의해 분해되어 김치가 물러지는 현상을 말한다. 이 효소는 호기성 미생물에 의해 생성되므로 김치 내부에 공기가 들어가지 않도록 하고 김치가 국물에 잠기도록 해야 한다.

30 ②

카세인은 우유 단백질의 80%를 차지한다. 카세인을 응고시키기 위해서는 산이나 레닌을 첨가하면 되는데, 이러한 성질을 이용하여 요구르트, 치즈와 같은 유제품을 만든다. 채소나 과일에 포함된 탄닌 또한 카세인을 응고시키므로 채소에 우유를 넣어서 요리하면 응고물이 생기기도 한다.

31 ④

파인애플의 단백질 분해 효소는 브로멜린(Bromelain)이다.

| 오답풀이 |
① 배의 단백질 분해 효소: 프로테아스(Protease)
② 키위의 단백질 분해 효소: 액티니딘(Actinidin)
③ 무화과의 단백질 분해 효소: 피신(Ficin)

32 ①

육류 가열 시 온도가 높고 가열시간이 길수록 근육 섬유가 수축되고 수분이 많이 유출되어 중량이 감소한다.

33 ②

소포제로는 규소수지가 사용되며, 초산비닐수지는 피막제로 사용된다.

34 ①

안토시아닌계 색소는 적색, 자색 등의 색소이며 수용성의 성질이 있어 물에 장시간 담가 두면 색이 빠진다.

| 오답풀이 |
② 플라보노이드계 색소: 황색 계통의 수용성 색소
③ 헴계 색소: 헤모글로빈의 색소 성분으로 육류의 색을 나타내는 적색 색소
④ 클로로필계 색소: 식물의 잎이나 줄기에 있는 녹색 색소

35 ③

저온살균법은 61~65℃에서 약 30분간 가열하여 살균하는 방법이다.

36 ③
열량을 내는 3대 영양소는 탄수화물, 단백질, 지방이다.

37 ④
식재료비 비율(%) = 식재료비 ÷ 총매출액 × 100

38 ③
물품 검수 시 올바른 계량을 위한 저울과 저장(보관)을 위한 온도계가 필요하다.

39 ②
검경적 방법이란 현미경을 이용하여 식품의 세포나 조직의 모양, 불순물, 병원균, 기생충의 존재를 검사하는 방법이다.

40 ④
녹색 채소를 데칠 때에는 조리수의 양을 많이 하여 재빨리 데쳐 색소의 유출을 최소화해야 한다.

41 ④
- 직접원가: 직접재료비 60,000원 + 직접노무비 150,000원 + 직접제조경비 20,000원 = 230,000원
- 제조간접비: 간접재료비 19,000원 + 간접노무비 25,000원 + 간접제조경비 15,000원 = 59,000원
- 제조원가: 직접원가 230,000원 + 제조간접비 59,000원 = 289,000원
- 총원가: 제조원가 289,000원 + 판매비와 관리비 57,800(289,000원 × 20%) = 346,800원
- 판매가격: 총원가 346,800원 + 기대이익 69,360원(346,800원 × 20%) = 416,160원

42 ②
배의 프로테이스와 설탕은 육질의 연화 작용을 돕는다.

43 ④
신선도가 떨어진 생선을 조리할 때에는 조미를 비교적 강하게 하여 뚜껑을 열고 양념이 배도록 끓인다.

44 ②
편육을 만들 때에는 고기를 끓는 물에 넣어야 근육 단백질이 먼저 응고되어 수용성 단백질과 맛 성분이 용출되는 것을 방지할 수 있다.

45 ③
식초나 레몬즙과 같은 산성 물질은 단백질을 응고시켜 살을 단단하게 한다.

46 ②
생강은 단백질이 익은 후에 넣는 것이 어취 제거에 효과적이다.

47 ①
껍질을 벗긴 감자나 우엉 등은 물에 담그거나 진공처리를 하여 산소와의 접촉을 차단하면 색의 변화를 막을 수 있다.

48 ③
베이컨류는 돼지고기의 삼겹살 부위(복부육)를 가공한 것이다.

| 오답풀이 |
① 볼기 부위: 조림, 편육
② 안심: 구이, 찜, 돈가스
④ 다리살: 불고기, 찌개

49 ③
1%의 소금물을 사용하거나 연수·중조($NaHCO_3$)를 사용함으로써 대두를 단시간에 연하고 색이 곱게 삶을 수 있다.

50 ①
아세틸가는 유지 속에 존재하는 수산기(−OH)를 가진 지방산의 함량을 나타내는 수단으로 사용된다.

51 ②
콩이나 콩나물을 삶을 때 뚜껑을 닫아 산소를 차단함으로써 콩 비린내를 방지할 수 있다. 이는 콩 비린내 성분의 일부가 불포화지방산의 산화 과정을 돕지 못하기 때문이다.

52 ①
맛의 대비 현상(강화)은 주된 맛 성분에 소량의 다른 맛 성분을 넣어 주면 주된 맛이 강해지는 현상을 말한다. 단팥죽에 약간의 소금을 첨가하여 단맛을 더 크게 하는 것을 예로 들 수 있다.

53 ③
다과상은 차와 과자류를 차려 놓은 상차림으로, 주로 손님 접대 시 사용하는 상차림이다. 과거에는 집에 귀한 손님이 왔을 때 바깥손님의 경우 주안상을, 안손님의 경우 다과상을 차려 냈다.

| 오답풀이 |
① 입맷상: 잔치 때 큰상을 받기 전에 먼저 간단히 차려 대접하는 상차림으로, 주로 장국상으로 차린다.
② 교자상: 명절이나 축하연, 회식 등 많은 사람이 함께 식사할 때 차리는 상차림이다.
④ 수라상: 임금님의 밥상이다.

54 ④

한식에서는 밥, 국(탕), 김치, 장 외의 반찬의 수에 따라 첩수를 나눈다.

55 ③

청장은 담근 지 1년이 된 맑은 간장이다.

| 오답풀이 |
국간장은 콩으로 메주를 만들어 발효 후 메주에 소금물을 넣어 만든 것으로, 집간장 또는 조선간장이라고 한다.

56 ②

죽 상차림의 반찬으로는 동치미 또는 나박김치, 젓국조치, 마른 찬(북어보푸라기 등), 장조림 등 간이 약한 것이 어울린다.

57 ②

사골 육수를 끓일 때 뚜껑을 닫고 끓이면 누린내 및 잡냄새가 많이 나므로 국물이 끓고 난 후 뚜껑을 닫고 끓여야 한다.

58 ②

토장국으로 무, 애호박, 양파, 두부 등을 넣고 끓이는 찌개이며 육수로 쌀뜨물, 소고기, 멸치를 많이 사용하는 음식은 된장찌개이다.

59 ①

눈썹 썰기는 오이나 호박씨를 제거하기 위해 사용하는 방법으로, 세로로 반을 갈라 가운데 씨를 제거한 후 어슷 써는 방법이다. 월과채, 호박나물, 오이나물 등에 사용한다.

60 ②

볶음 조리는 달궈진 팬에서 단기간 조리 시 원하는 질감과 색, 향을 얻을 수 있고 소량의 기름을 이용하는 조리법이다.

08회 P.116

번호	답	번호	답	번호	답	번호	답	번호	답
01	①	02	③	03	③	04	①	05	③
06	③	07	①	08	①	09	②	10	②
11	③	12	④	13	②	14	①	15	①
16	③	17	①	18	③	19	②	20	①
21	①	22	①	23	④	24	③	25	④
26	③	27	②	28	④	29	②	30	②
31	①	32	④	33	①	34	③	35	④
36	④	37	②	38	②	39	④	40	③
41	②	42	②	43	③	44	②	45	①
46	①	47	②	48	④	49	②	50	③
51	②	52	③	53	②	54	③	55	②
56	④	57	②	58	②	59	③	60	③

01 ①

학교에서 식중독 발생 시 '교육청 → 식약처' 순으로 발생 보고를 한다.

02 ③

임산부의 유산 및 조산의 위험은 맥각 중독의 증상 중 하나이다.

03 ③

아플라톡신은 곰팡이 독소에 해당한다.

| 오답풀이 |
① 살모넬라균, ② 장염비브리오균은 감염형 세균성 식중독의 원인 물질이고, ④ 보툴리눔 독소는 독소형 세균성 식중독의 원인 물질이다.

04 ①

| 오답풀이 |
② 살모넬라균: 살모넬라 식중독의 원인균이다.
③ 보툴리누스균: 클로스트리디움 보툴리눔 식중독의 원인균이다.
④ 웰치균: 클로스트리디움 퍼프린젠스 식중독의 원인균이다.

05 ③

글리코젠은 동물의 간이나 근육에 존재하는 다당류이다. 식품의 부패 시 생성되는 유해물질에는 암모니아, 아민, 황화수소, 인돌, 페놀, 히스타민, 트리메틸아민 등이 있다.

06 ③
냉동과 해동을 반복하면 세균이 증식하고 품질이 저하된다. 필요한 양만큼 소포장으로 냉동하여 저장하는 것이 좋다.

07 ①
「식품위생법」상 집단급식소라 함은 영리를 목적으로 하지 않으며 특정 다수인에게 계속하여 음식물을 공급하는 급식시설을 말한다.

08 ①
중금속 중독은 각종 중금속 화합물의 섭취로 발생하는 중독으로, 소화기장애, 순환장애, 호흡마비 등의 증상을 보이며, 중금속 길항약제 투여로 해독이 가능하다.

09 ②
식품첨가물은 식품의 기호성 증진 및 관능의 만족을 위하여, 식품의 부패와 변질 방지 및 보존을 위하여, 식품의 제조·가공 시의 품질유지 및 품질개량을 위하여 사용한다.

10 ②
통조림에 철이 녹스는 것을 방지하기 위해 주석을 코팅하는데, 통조림 내용물의 산성이 강할수록 통조림 캔으로부터 주석이 용출될 수 있으며, 이로 인해 식중독이 발생할 수 있다.

11 ③
잠복기란 병원미생물이 사람 또는 동물의 체내에 침입하여 발병할 때까지의 기간을 의미한다. 포도상구균의 잠복기는 1~6시간(평균 3시간)으로 잠복기가 가장 짧다.

| 오답풀이 |
① 살모넬라균의 잠복기는 평균 18시간이다.
② 리스테리아균의 잠복기는 1~7일이다.
④ 장구균의 잠복기는 5~10시간이다.

12 ④
헤테로고리아민은 육류나 생선을 고온으로 조리할 때 육류나 생선에 존재하는 아미노산과 크레아틴이라는 물질이 반응하여 고리 형태로 생성되는 물질이다.

13 ②
혐기성 처리는 호기성 처리 방법에 비해 소화 속도가 느리다.

14 ①
기온역전이란 지표의 열이 식어 지표 근처의 공기 온도가 낮아지고 그 위의 공기가 지표면의 공기 온도보다 높아지는 현상을 말한다. 즉, 상층부로 올라갈수록 기온이 상승하는 현상이다.

15 ①
채소류로부터 감염되는 기생충에는 회충, 요충, 편충, 구충(십이지장충), 동양모양선충 등이 있다.

| 오답풀이 |
② 무구조충은 소, ③ 선모충은 돼지, 개, ④ 유구조충은 돼지로부터 감염되는 기생충이다.

16 ③
| 오답풀이 |
① 자비소독법, ② 저온살균법, ④ 간헐멸균법에 대한 설명이다.

17 ①
미나마타병은 수은(Hg) 중독으로 나타나는 병으로, 증상에는 지각이상, 언어장애, 보행곤란 등이 있다.

18 ③
복어의 독성분인 테트로도톡신의 함량은 '난소 > 간 > 피부 > 내장 > 근육' 순으로 많다.

19 ②
지하는 통풍과 채광이 좋지 않아 조리작업장의 위치로 적합하지 않다.

20 ①
하수의 처리 과정은 '예비처리 → 본처리 → 오니처리' 순으로 이루어진다.

21 ①
독단적 행동은 행동적 요인에 해당한다.

22 ①
작업의 흐름은 '식재료의 구매·검수 → 전처리(씻기, 썰기, 다듬기) → 조리 → 장식·배식 → 식기 세척·수납' 순이다.

23 ④
충전기의 경우 외부와의 접촉 상태, 청소 상태, 충전, 방전 상태를 점검해야 한다. 발전기의 점검 사항에는 연료, 윤활유, 냉각수의 이상 유무, 운전 상태, 가동 상태, 표시등의 점등 상태가 있다.

24 ③
칼을 사용하지 않을 때에는 안전함에 넣어서 보관한다.

25 ④
신선한 달걀을 삶아서 반으로 자르면 노른자가 가운데에 있다.

| 오답풀이 |
① 신선한 달걀은 농후난백으로 점도가 높아 퍼지지 않는다.
② 오래된 달걀의 난황은 주변의 수분을 흡수하여 난황의 부피가 커지면서 막이 약화되어 쉽게 터진다.
③ 오래된 달걀일수록 기공의 형성으로 달걀이 움푹 들어가 가벼워진다.

26 ③
아이오딘가(Iodine Value)는 100g의 유지가 흡수하는 아이오딘의 g 수로, 유지를 오래 가열하면 아이오딘가는 낮아지고 산가와 과산화물가는 높아진다.

27 ②
클로로필(청록색)은 구리나 철 이온과 함께 가열하면 클로로필 분자 중의 마그네슘과 치환되어 선명한 청록색의 구리(또는 철) - 클로로필이 된다. 이러한 구리 - 클로로필 안정화 효과는 완두콩 통조림 제조 시 황산구리를 넣어 가열·살균 시의 변색을 억제하는 데 이용된다.

28 ④
디아세틸은 버터의 향 성분이다.

| 오답풀이 |
① 트리메틸아민: 신선도가 저하된 어류의 특유한 비린 냄새의 본체이다.
② 암모니아: 신선도가 저하된 어류에서 발생하는 자극적인 냄새이다.
③ 피페리딘: 민물고기의 냄새 성분이다.

29 ②
비타민 C는 물에 잘 녹는 수용성 비타민이므로 열, 알칼리, 산화에 불안정하다. 즉, 열을 가하지 않는 조리법에서 비타민 C의 파괴율이 가장 적다.

30 ②
| 오답풀이 |
① 데히드로초산: 치즈(자연치즈, 가공치즈), 마가린, 버터
③ 소르빈산: 식육·어육 연제품, 잼류, 건조과실류, 토마토 케첩, 된장
④ 프로피온산: 빵, 과자, 케이크류, 자연치즈, 가공치즈

31 ①
녹색 채소 조리 시에는 다량의 조리수에 소금을 넣고 뚜껑을 열고 데쳐야 휘발성 유기산에 의한 갈변을 방지할 수 있다.

32 ④
기름을 가열하면 일정한 온도에서 열분해가 일어나 지방산과 글리세롤로 분리되고 연기가 나기 시작하는데, 이때의 온도를 발연점이라고 한다.

33 ①
단백질을 구성하고 있는 기본 단위는 20여 종의 아미노산이다.

34 ③
신맛은 온도에 영향을 받지 않는다.

35 ④
생선구이 시 생선을 소금에 절이면 생선의 살이 굳어져서 구울 때 석쇠에 붙지 않고 부스러지지 않는다. 단, 석쇠를 먼저 가열한 후 생선을 놓아야 생선이 석쇠에 붙지 않는다.

36 ④
쇼트닝은 식물성 유지에 수소를 첨가하여 원하는 경도를 낸 것으로 돼지고기의 지방조직을 가공하여 만든 라드의 대용품이다.

| 오답풀이 |
① 헤드치즈: 돼지머리를 사용하여 치즈 모양으로 만든 것이다.
② 젤라틴: 동물의 가죽, 뼈에 다량 존재하는 콜라겐이 가수분해되어 얻어진 단백질이다.
③ 라드: 돼지의 비계를 식용으로 활용하기 위해 정제한 반고체의 기름이다.

37 ②
총원가는 제조원가에 판매관리비를 더한 것이다.

38 ②
박스에 담겨져 있는 야채는 박스를 제거한 후 검수한다.

39 ④
달걀은 표면이 거칠고 광택이 없는 것이 좋다.

40 ③
'총발주량 = 정미중량 × 100 ÷ (100 - 폐기율) × 인원수'이므로 정미중량 60g을 조리하고자 할 때 1인당 발주량은 60g × 100 ÷ (100 - 34) × 1명 = 90.9g ≒ 91g이다. 따라서 1인당 발주량은 91g이다.

41 ②
생선의 비린내 성분인 트리메틸아민은 수용성이므로 물에 씻으면 비린내를 줄일 수 있다.

42 ②
두부 조리 시 물에 염분을 첨가하면 두부의 응고가 억제되어 두부가 부드러워진다.

43 ③
깍둑 썰기는 같은 크기의 주사위 모양으로 써는 방법이다. 가로와 세로 길이가 비슷한 사각형으로 반듯하고 얇게 써는 방법은 나박 썰기이다.

44 ②
육류를 찬물에 넣고 끓이면 맛있는 국물을 만들 수 있다.
| 오답풀이 |
① 육류를 오래 끓이면 근육조직인 콜라겐이 젤라틴으로 용출되어 맛있는 국물을 만들 수 있다.
③ 육류를 끓는 물에 넣고 설탕을 넣어 끓이면 고기의 맛 성분이 많이 용출되지 않아 고기의 맛이 좋아진다.
④ 육류를 오래 끓이면 질긴 단백질 조직인 콜라겐이 젤라틴화되어 맛있는 국물을 만들 수 있다.

45 ①
조미료는 분자량이 적을수록 빨리 침투하므로 분자량이 큰 순서로 첨가하는 것이 좋다. 보통, '설탕 → 술 → 소금 → 식초 → 간장 → 된장 → 고추장 → 화학 조미료' 순으로 첨가한다.

46 ①
훈연제품의 산화방지제는 아스코르브산의 용도이다.

47 ②
육류는 높은 온도에서 해동할 경우 조직이 상해 드립(Drip)이 많이 나오기 때문에 완만 해동시켜서 즉시 요리하는 것이 좋다.

48 ④
식품을 절단하는 목적은 가식 부분의 이용 효율을 높이기 위한 것으로 식품의 표면적을 넓게 함으로써 열의 전달이 쉬워지고, 조미료의 침투가 용이해진다. 또한 씹기에 연하고 입안의 느낌을 좋게 할 뿐만 아니라 외관을 아름답게 한다.

49 ②
흑설탕이나 황설탕은 모양이 유지될 정도로 계량컵에 꾹꾹 눌러 담아 컵의 위를 평면으로 깎은 후 계량한다.

50 ③
잼을 만들 때 설탕 함량은 보통 60~65% 정도이다.

51 ②
안심, 채끝, 우둔은 부드럽고 연한 부위로 구이, 전골, 산적용으로 적합하다.

52 ③
편육을 만들 때에는 고기를 찬물에 담가 핏물을 제거한 후, 끓는 물에 넣고 삶는다. 끓는 물에 고기를 넣으면 고기 표면이 응고되어 내부 성분의 용출이 덜 되기 때문에 고기의 맛이 좋아진다.

53 ②
국은 건더기가 국물의 1/3 정도인 것이 좋다.
| 오답풀이 |
① 감정은 국물이 적고 고추장으로 간을 한 찌개이며, ③ 조치, ④ 전골은 건더기가 국물의 2/3 정도인 것이 좋다.

54 ③
| 오답풀이 |
① 옹근죽: 쌀알 그대로 사용하여 끓인 죽이다.
② 원미죽: 쌀을 반으로 으깨서 사용하여 만든 죽이다.
④ 장국죽: 원미죽에 해당한다.

55 ②
버터는 밀봉하여 냉장고에 보관한다.

56 ④
| 오답풀이 |
① 비대칭: 불균형한 형태지만 시각적으로 정돈되어 있어 균형이 잡힌 배열이다.
② 대축대칭: 접시 중심에 똑같이 배분된 형태로 안정감, 화려함, 높은 완성도를 나타낸다.
③ 회전대칭: 요리 배열이 일정한 방향으로 회전하는 형태로 대칭의 안정감과 함께 움직임, 리듬, 흐름을 느낄 수 있다.

57 ②
장조림 조리 시 가루 후추보다 통후추를 사용하는 것이 시각적으로 깔끔하고 좋다.

58 ②
편 썰기는 재료를 원하는 길이로 자른 후 원하는 두께로 고르게 얇게 써는 방법으로, 마늘이나 생강 등을 모양 그대로 얇게 썰 때 이용한다.

59 ③
육류, 어패류, 가금류, 채소류 등의 재료를 불에 굽는 구이 조리법에는 직접 불에 굽는 직화법, 철판 및 도구를 이용하는 간접화법이 있다.

60 ③
숙채는 물에 삶거나, 찌거나, 볶아서 갖은 양념을 한 것으로 보통 나물이라고 한다. 겉절이는 생채 조리 방법이다.

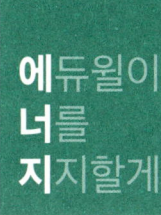

행동의 가치는 그 행동을 끝까지 이루는 데 있다.

– 칭기즈칸(Chingiz Khan)

09회 P.123

01	④	02	④	03	①	04	①	05	④
06	④	07	①	08	②	09	③	10	②
11	③	12	②	13	④	14	②	15	②
16	④	17	④	18	②	19	④	20	④
21	④	22	③	23	③	24	③	25	①
26	③	27	③	28	③	29	①	30	②
31	④	32	①	33	④	34	④	35	③
36	④	37	①	38	①	39	②	40	①
41	④	42	①	43	①	44	③	45	②
46	③	47	②	48	③	49	②	50	④
51	①	52	②	53	①	54	②	55	①
56	③	57	④	58	②	59	①	60	④

01 ④
허가를 받지 않은 자는 작업장에 출입하지 않도록 한다.

02 ④
제2급 감염병에는 콜레라, 장티푸스, 파라티푸스, 세균성 이질, 장출혈성 대장균 감염증, A형간염 등이 있다. 파상풍은 제3급 감염병이다.

03 ①
식품의 수분활성도(Aw)는 임의의 온도에서 식품이 나타내는 수증기압(P)을 그 온도에서 순수한 물의 최대 수증기압(P_0)으로 나눈 것을 말한다. 미생물 생육에 필요한 최저 수분활성도(Aw)는 세균(0.90~0.95) > 효모(0.88) > 곰팡이(0.65~0.80) 순으로 높다.

✅ PLUS 개념	미생물 생육에 필요한 수분활성도(Aw)
• 보통 세균: 0.91 이상	• 내건성 곰팡이: 0.65 이상
• 보통 효모: 0.88 이상	• 내삼투압성 효모: 0.60 이상
• 보통 곰팡이: 0.80 이상	

04 ①
일반식품에는 수분 외에 탄수화물, 단백질 등 가용성 영양소들이 포함되어 있으므로 수분활성도가 항상 1보다 작다.

05 ④
윈슬로우(Winslow)가 주장한 공중보건의 3대 목적은 질병 예방, 수명 연장, 신체적·정신적 효율 증진이다.

06 ④
조리사 또는 영양사 면허의 취소처분을 받고 그 취소된 날부터 1년이 지나야 면허를 받을 자격이 있다.

07 ①
무스카린, 아마니타톡신은 독버섯의 원인 독소이다.

| 오답풀이 |
② 모시조개의 독성분: 베네루핀
③ 감자의 독성분: 솔라닌
④ 복어의 독성분: 테트로도톡신

08 ②
글리세린은 용제이다. 피막제에는 초산비닐수지가 있다.

09 ③
소음의 허용 기준은 1일 8시간 기준 90dB(A)을 넘어서는 안 된다.

10 ②
가다랑어, 삼치, 꽁치, 고등어 등의 등푸른 생선에는 전반적으로 히스타민 함량이 많다.

11 ③
팽창제는 빵, 과자 등의 식품을 부풀게 하여 조직을 연하게 하는 식품첨가물이다.

12 ②
황색포도상구균의 원인 독소인 엔테로톡신(Enterotoxin)은 장독소로 구토, 복통, 설사 등의 증상을 나타낸다.

13 ④
역성비누는 냄새가 없고 독성이 적은 대신 세척력이 약하므로 많이 더러운 손을 씻을 때에는 비누로 세척한 후 역성비누를 사용하는 것이 좋다.

14 ②
호염성세균은 바닷물이나 소금에 절인 식품에서 자란다. 장염비브리오는 3~4%의 식염농도에서도 잘 자라는 호염성세균이다.

15 ②
세균성 식중독은 잠복기가 비교적 짧다.

16 ④

메틸알코올은 공업용제로 사용되는 유기용매로, 인체 흡수 시 포름알데히드로 변환되어 치명적인 영향을 미치는 물질이다. 30~100mL 섭취 시 마비, 호흡곤란, 사망에 이르게 된다.

> **✓ PLUS 개념** 메틸알코올의 섭취량에 따른 증상
> - 10~15mL 섭취 시: 두통, 현기증, 구토, 복통, 설사, 시신경염증으로 실명
> - 30~100mL 섭취 시: 마비, 호흡곤란, 사망

17 ④

신선한 난백은 pH 7.6 정도이나, CO_2의 증발로 2~3일 내 pH 9~9.7이 된다.

18 ②

식품위생은 식품으로 인하여 생기는 위생상의 위해를 방지하고 식품영양의 질적 향상을 도모하며 식품에 관한 올바른 정보를 제공하여 국민보건의 증진에 이바지함을 목적으로 한다.

19 ①

안식향산, 안식향산나트륨은 과실, 채소류, 청량음료, 간장, 알로에즙 등에 사용할 수 있는 보존료(방부제)이다.

20 ②

재난의 직접 원인이 불안전한 상태나 행동에 있다고 볼 때 안전관리 점검표를 작성하여 원인을 파악한다. 사람이 일을 하는 경우 발생하는 재난 원인은 4개의 M으로 구분하며 사람(Man), 기계(Machine), 매체(Media), 관리(Management)가 이에 해당한다.

21 ④

응급조치의 목적은 전문 의료진이 도착할 때까지 생명을 유지시키는 것이다.

22 ③

출혈이 있는 경우 상처 부위를 눌러 지혈시키고 출혈 부위를 심장보다 높게 한다.

23 ③

미숙한 작업 방법은 인적 요인 중 행동적 요인에 해당한다.

24 ③

녹조류는 클로로필의 녹색소를 가지는 파래, 청각, 매생이, 클로렐라 등이다. 미역, 다시마, 톳 등은 갈조류이고, 김, 우뭇가사리 등은 홍조류이다.

25 ①

「국가표준식품성분표 기준」에 따르면 지방 함량은 아보카도의 경우 약 18.7%, 수박의 경우 약 0.1%, 바나나의 경우 약 0%, 감의 경우 약 0.1%로, 아보카도가 다른 과일에 비해 지방 함량이 높다.

26 ③

양배추는 바깥쪽 잎이 싱싱하고 녹색이며, 단단하고 무거운 것이 속이 꽉 차서 좋은 것이다.

27 ③

고추장은 전분의 당화현상으로 인해 된장에 비해 단맛이 강하다.

28 ③

카로티노이드계 색소는 황색, 주황색, 적색 등의 색을 지니며, 난황은 카로티노이드계 색소의 일종인 크산토필계이다.

29 ①

지방은 글루텐 형성을 방해하며 제품의 연화 작용을 돕는다.

| 오답풀이 |
② 소금, ④ 달걀은 글루텐을 단단하게 하고, ③ 설탕은 수분을 흡수하여 글루텐 형성을 방해한다.

30 ②

마가린은 버터의 대용품으로 식물성 유지를 수소로 경화시켜 탈지우유, 레시틴, 소금, 물, 식품첨가물 등을 혼합하여 만들며, 80% 이상의 지방을 함유한 지방성 식품이다.

31 ④

아밀로오스 함량이 낮을수록 전분의 노화를 방지할 수 있다.

> **✓ PLUS 개념** 전분의 노화를 억제하는 방법
> - 수분 함량을 15% 이하 또는 60% 이상으로 한다.
> - 0℃ 이하에서 급속 냉동한다.
> - 설탕, 지방, 유화제를 첨가한다.

32 ①

$100 : 180 = 250 : x$
$100x = 180 \times 250 = 45,000$
$\therefore x = 45,000 \div 100 = 450$
즉, 우유 250mL에는 450mg의 칼슘이 들어 있다.

33 ④

설탕 용액이 캐러멜화되는 일반적인 온도는 180~200℃이다.

34 ④
편육은 고기를 덩어리째 익힌 다음 편으로 썬 음식으로, 반드시 끓는 물에 넣어 근육 단백질을 먼저 응고시켜 수용성 단백질과 맛 성분이 많이 용출되지 않도록 해야 부드럽다.

35 ③
김은 비타민과 무기질이 풍부한 알칼리성 식품이다.
| 오답풀이 |
① 붉은색으로 변한 김은 오래된 것이다. 빛깔이 검고 구웠을 때 청록색으로 변하는 것이 좋다.
② 기름을 발라 조미한 김의 지질 함량이 건조한 김보다 높다.
④ 김의 단맛과 지미 성분은 알라닌, 글리신, 글루타민산 등 때문이다.

36 ④
재고를 최대한 확보하는 것은 비용이 발생하므로 시장조사의 목적으로 적절하지 않다.

37 ①
십이지장충은 소장에서 기생하는 기생충으로, 경피감염과 경구감염이 가능하다. 식품을 통해 경구감염되거나 손, 발을 통해 체내에 침입하므로 분뇨처리한 흙과 접촉을 피해야 하며, 인분을 사용한 곳에서는 맨손, 맨발 작업을 피해야 한다.

38 ①
식품의 품목에 따라 당도계, 염도계 등의 기기를 사용하여 검수한다.

39 ②
1인분에 200g이므로 1인분의 비용은 (16,000원 + 1,500원) ÷ 5 = 3,500원이고, 식재료 비율이 40%이므로 판매가격은 3,500원 ÷ 40 × 100 = 8,750원이다.

40 ①
조사 탄력성의 원칙은 식품은 구매 활동에 변동이 많으므로 시장 변동 상황에 능동적으로 대응할 수 있어야 한다는 원칙을 말한다.

✅ PLUS 개념 시장조사의 원칙
- 비용 경제성의 원칙: 시장조사에 소요되는 비용과 구매의 효율성이 조화를 이루어야 한다.
- 조사 적시성의 원칙: 필요 시기에 적절하게 이루어져야 한다. (시간 소요는 비용으로 이어짐)
- 조사 탄력성의 원칙: 식품은 구매 활동에 변동이 많으므로 시장 변동 상황에 능동적으로 대응할 수 있어야 한다.
- 조사 계획성의 원칙: 구체적인 계획을 수립해야 한다.
- 조사 정확성의 원칙: 시장의 실태에 대한 정확한 정보가 필요하다.

41 ④
조리의 목적에는 영양성, 기호성, 안전성, 저장성이 있다. 유행성은 조리의 목적으로 적절하지 않다.

42 ①
밥은 40~45℃로 제공한다.
| 오답풀이 |
② 국, ③ 커피의 적정 온도는 70~75℃이다.
④ 찌개의 적정 온도는 95~98℃이다.

43 ①
변색을 방지하고 조미료를 침입시키는 효과가 있는 것은 담그기와 불리기 과정이다.

44 ③
냉동 제품을 해동할 때에는 0℃에 가까운 온도에서 천천히 해동하여 표면과 중심부의 온도 차이를 적게 하는 것이 좋다.

45 ②
식기 필요량은 '전체 이용 고객의 수 × 1.1(식수 변동률) × 1.07(식기 파손률)'로 구할 수 있다. 따라서 50명이 종사하는 급식실에서의 식기 필요량은 50명 × 1.1 × 1.07 = 58.85로 59개이다.

46 ③
저울로 계량하는 것이 가장 바람직하나, 컵이나 스푼으로 계량할 경우 실온에서 반고체 상태로 컵에 빈 공간이 없도록 꼭꼭 눌러 수평으로 깎아 계량한다.

47 ②
음식을 운반하기 쉬운 곳이어야 하고, 객실보다 넓지 않아야 한다.

48 ③
소금을 0.03% 정도 넣으면 밥맛이 좋아진다.

49 ②
옥수수는 전분이 70%, 단백질이 10%이며, 단백질의 주성분은 제인이다. 옥수수는 빵, 과자, 물엿, 포도당, 알코올 발효, 방직용 풀 등의 원료로 이용된다.

50 ④
아가미의 신선도가 저하되면 점액질의 분비가 많아지고 부패취가 증가하여 점차 회색으로 변한다.

51 ①
수산물은 사후 1~4시간에서 최대 강직 현상을 보인다.

52 ②
탈지유는 우유를 원심분리하여 지방을 제거한 것으로 유지 함유량이 0.5% 이하이다.

53 ①
뜨거울 때는 60~70℃, 차가울 때는 12~15℃에서 음식이 가장 맛있게 느껴진다.

54 ②
재료를 양념하여 익히지 않고 꼬치에 끼워 석쇠나 팬에 익힌 것은 산적이다.

55 ①
전처리 식품은 재고관리가 편리하다.

56 ③
홍국쌀 밥은 기능성 쌀을 이용한 밥이다. 홍국쌀은 붉은 빛이 도는 쌀로 혈액순환에 효과적이다.

57 ④
과도한 고명은 피하고, 깔끔하게 담는다.

58 ②
쟁첩은 전, 구이, 나물, 장아찌 등을 담는 그릇으로 반상기 중에 가장 많은 수를 차지하며 쟁첩의 숫자에 따라 한식 첩수가 결정된다.

59 ①
향신간장은 진간장을 이용한다.

| 오답풀이 |
② 국간장: 콩으로 메주를 만들어 발효 후 메주에 소금물을 넣어 만든 것으로, 보통 염도가 24%이다.
③ 양조간장: 6개월 정도 발효시킨 간장이다.
④ 청장: 담근 지 1년이 된 맑은 간장이다.

60 ④
생선 육수의 경우 요리 끝내기 10분 전에 생강을 넣는 것이 냄새 제거에 가장 효과적이다.

10회

번호	답	번호	답	번호	답	번호	답	번호	답
01	④	02	③	03	②	04	④	05	②
06	②	07	③	08	③	09	②	10	①
11	①	12	①	13	①	14	③	15	①
16	③	17	④	18	②	19	②	20	①
21	②	22	②	23	③	24	②	25	③
26	②	27	①	28	③	29	①	30	③
31	④	32	④	33	①	34	①	35	④
36	②	37	①	38	②	39	③	40	②
41	④	42	④	43	①	44	②	45	①
46	①	47	③	48	②	49	④	50	④
51	②	52	③	53	②	54	④	55	③
56	①	57	③	58	③	59	③	60	①

01 ④
작업장에서 음식에 혼입될 수 있는 것(반지, 목걸이, 귀걸이 등)은 착용하지 않는다.

02 ③
앞치마는 교차오염을 방지하기 위해 조리용, 서빙용, 세척용으로 용도에 따라 색상을 달리하거나 구분하여 사용한다.

03 ②

| 오답풀이 |
① 탄저: 소, 말, 양, 염소, 낙타
③ 결핵: 소, 산양
④ 렙토스피라증: 쥐

04 ④
효모는 곰팡이와 세균의 중간 크기로, 출아법으로 증식하며 산소의 유무에 관계없이 증식하는 통성혐기성균이다.

| 오답풀이 |
① 리케차: 세균과 바이러스의 중간 크기이고, 2분법으로 증식한다.
② 곰팡이: 포자법으로 증식하고, 건조한 상태에서도 증식이 가능하다.
③ 바이러스: 살아있는 세포에만 증식한다.

05 ②
크롬(Cr) 중독 증상에는 비염, 인두염, 기관지염 등이 있다. 레이노드병은 진동에 노출된 근로자에게 발생하는 직업병이다.

06 ②
엔테로톡신은 독소형 식중독인 포도상구균 식중독의 원인 독소이다.

07 ③
합성수지 및 화학제품 제조에서 발생하는 포름알데히드는 독성이 강해 인체에 치명적인 영향을 미친다.

08 ③
베네루핀은 모시조개, 바지락, 굴과 같은 조개류에서 나타나는 독성분이다.

| 오답풀이 |
① 아마니타톡신: 독버섯의 독성분
② 솔라닌: 감자의 독성분
④ 시큐톡신: 독미나리의 독성분

09 ②
집단급식소(국가 및 지방자치단체, 학교, 병원 및 사회복지시설 등) 운영자와 복어를 조리 · 판매하는 영업을 하는 식품접객업자는 「식품위생법」상 조리사를 두어야 한다.

> ✅ PLUS 개념   조리사를 두어야 할 영업소
> - 식품접객업 중 복어를 조리 · 판매하는 영업소
> - 집단급식소(국가 및 지방자치단체, 학교, 병원 및 사회 복지시설, 지방공사 및 지방공단, 특별법에 따라 설립된 법인이 운영하는 급식소)

10 ①
장염비브리오 식중독의 원인균은 그람음성간균으로, 아포를 형성하지 않는다.

11 ①
| 오답풀이 |
② 생후 2, 4, 6개월: 경구용 소아마비, D.P.T.
③ 3~15세: 일본뇌염
④ 매년: 유행 전 접종(독감)

12 ①
즉석판매제조, 가공업은 「식품위생법」상 영업신고를 하여야 하는 업종이다.

| 오답풀이 |
② 유흥주점영업, ③ 식품조사처리업, ④ 단란주점영업은 「식품위생법」상 영업허가를 받아야 하는 업종이다.

13 ①
살모넬라 식중독은 유제품, 달걀, 어육 제품 등을 섭취했을 때 발생한다.

14 ③
일산화탄소(CO)는 탄소 성분의 불완전 연소로 인해 발생하는 대기오염 물질이며 중독 시 중추신경계 장애를 일으킨다.

15 ①
발색제는 자체적으로는 색이 없으나, 식품 중의 색소 단백질과 반응하여 식품의 색을 안정시키고 선명하게 하는 식품첨가물이다. 육류에 사용하는 발색제는 질산나트륨이다.

| 오답풀이 |
② 몰식자산프로필은 산화방지제(항산화제), ③ 아황산나트륨, ④ 이산화염소는 표백제이다.

> ✅ PLUS 개념   발색제의 종류
> - 육류 발색제: 아질산나트륨, 질산칼륨, 질산나트륨
> - 식물 발색제(채소 · 과일의 변색 방지): 황산제1철, 황산제2철, 소명반

16 ③
헤테로고리아민은 육류나 생선을 고온으로 조리할 때 아미노산과 크레아틴이 반응하여 고리 형태로 생성되는 물질을 말한다.

| 오답풀이 |
① 다환방향족 탄화수소: 유기물을 고온으로 가열할 때 생성되는 단백질이나 지방의 분해 생성물이다.
② 아크릴아미드: 전분 식품을 가열할 때 아미노산과 당의 열에 의한 결합 반응 생성물이다.
④ 엔-니트로사민: 육가공품의 발색제 사용으로 인한 아질산과 아민의 결합 반응 생성물이다.

17 ④
도마는 세척이나 소독 후 반드시 건조시켜서 세균의 번식이 쉬운 온도 혹은 습도에 노출되지 않도록 해야 한다.

18 ②
식품접객업소에서 사용 중인 것을 제외한 조리용 칼 · 도마 · 식기류는 살모넬라균과 대장균 모두 음성이어야 한다.

19 ②
중온균 증식의 최적 온도는 25~37℃이다.

20 ①
응급조치는 전문 의료진이 도착할 때까지의 행동으로, 원칙적으로 의약품을 사용하지 않는다.

21 ②
독단적 행동, 불완전한 동작과 자세, 미숙한 작업 방법, 안전장치 등의 소홀한 점검, 결함이 있는 기계 및 기구의 사용이 행동적 요인에 해당한다.

22 ②
안전화, 절연화, 정전화는 발 보호구이다.

23 ③
화학적 방법은 단시간에 효과적이고 경제적이라는 장점이 있지만, 근본적인 이유를 제거하는 물리적, 생물학적 방법에 비해 지속이 짧다.

24 ②
황함유 아미노산에는 시스틴, 메티오닌, 시스테인 등이 있다. 트레오닌은 중성 지방족 아미노산이다.

25 ③
천연색소는 조리 중의 산소, 효소, 금속, pH의 변화에 따라 변색되거나 퇴색된다.

26 ②
오징어나 문어의 먹물 색소는 멜라닌이다.

| 오답풀이 |
① 타우린: 아미노산의 일종으로 색소가 아니다.
③ 미오글로빈: 육색소라고도 하며, 가축의 종류, 연령, 근육 부위에 따라 함량이 달라진다.
④ 히스타민: 생선류의 섭취 시 알레르기를 유발하는 원인 물질이다.

27 ①
아밀로오스의 함량이 높은 전분이 아밀로펙틴의 함량이 높은 전분보다 노화가 잘 일어난다.

28 ③
맛의 대비 현상은 서로 다른 두 가지 맛이 작용하면 주된 맛 성분이 강해지는 현상이다.

29 ①
육두구(넛맥)는 말려서 방향성 건위제, 강장제 등으로 사용하며, 서양에서는 향미료로 사용한다.

30 ③
수란 조리 시 물에 식초를 첨가하면 난백의 응고를 돕고, 작은 생선에 식초를 소량 가하면 뼈의 칼슘까지도 가용성 물질로 만들어 뼈가 부드러워지며, 기름기 많은 재료에 식초를 사용하면 산뜻한 맛을 줄 수 있다.

31 ④
자유수는 0°C 이하에서 얼음으로 동결되고, 100°C 이상에서 증발한다.

✅ PLUS 개념   자유수(유리수)
- 식품 중에 유리 상태로 존재하는 물(보통의 물)
- 식품의 수분 함량 개념으로 사용됨
- 수용성 물질을 녹여 용매로 작용함
- 미생물 번식에 이용 가능함
- 유기물로부터 간단하게 분리됨
- 0°C 이하에서 얼음으로 동결되고, 100°C 이상에서 증발함
- 4°C에서 비중이 가장 큼
- 표면 장력이 큼

32 ④
적색 채소는 물에 쉽게 용해되는 성질이 있기 때문에 뚜껑을 덮고 소량의 조리수를 사용하면 색을 보존할 수 있다.

33 ①
생선을 씻을 때 바닷물 농도의 소금물(약 3.5%)을 사용하면 생선 특유의 비린내를 없앨 수 있다.

34 ①
락토오스(유당)는 탄수화물에 해당한다.

35 ④
유지의 산패도를 나타내는 값에는 산가, 과산화물가, 카르보닐가, TBA 등이 있다.

36 ②
사과, 딸기, 자두 등의 과일에는 펙틴과 산(과일에 함유된 유기산)이 충분히 함유되어 있어 잼을 만들기에 적당하다.

37 ①
소화되지 않는 전분은 섬유소이다.

38 ②
가식부율은 먹을 수 있는 부위를 의미한다. 꽃게는 폐기율이 75~83%로 가식부율이 낮은 식품이다.

39 ③
날씨 기록은 검수의 기록 사항에 해당하지 않는다.

40 ②
소고기 무국 1인분 재료비는 (60g × 3.8원/g당) + (200g × 8원/g당) + 60원 = 1,888원이므로 소고기 무국 80인분 재료비는 1,888원 × 80명 = 151,040원이다.

41 ④
다듬기는 식재료를 조리할 수 있도록 전처리하는 과정을 말한다. 가열하거나 냉각시킬 때 열의 전도를 균일하게 하기 위해 사용하는 조리법은 섞기이다.

42 ④
튀김은 식물성 유지를 사용하는 것이 좋다.

43 ①
파상풍, 디프테리아는 순화독소를 사용하는 예방접종으로 면역이 가능한 질병이다.
| 오답풀이 |
② 콜레라와 ④ 백일해는 사균백신, ③ 폴리오는 생균백신을 사용한다.

44 ②
돌려 깎기는 채를 썰기 전에 얄팍하고 긴 띠 모양으로 써는 방법이다.

45 ①
| 오답풀이 |
② 샐러맨더: 가스 또는 전기를 사용하는 윗불 직화 방식의 기구이다.
③ 그리들: 두꺼운 철판 밑으로 열을 가열하여 철판 위에서 음식을 조리하는 기구이다.
④ 블렌더: 식품의 혼합·교반 등에 사용되고, 액체를 교반하여 동일한 성질로 만드는 기구이다.

46 ①
1컵(C)은 우리나라의 경우 미터법 200cc(mL)를 적용하고, 이는 13.3TS와 같다.

47 ③
작업(동선) 순서에 따른 기기 배치는 '준비대 → 개수대 → 조리대 → 가열대 → 배선대' 순이다.

48 ③
등심은 전골, 구이, 볶음, 스테이크용으로 사용한다.

49 ④
① 마요네즈, ② 홀랜다이즈 소스, ③ 케이크 반죽은 달걀의 유화성을 이용한 식품이다.

50 ④
문어, 오징어, 낙지 등의 연체류는 13~20%의 단백질을 함유한다.

51 ②
수산물은 사후 1~4시간 내에 최대 강직 현상을 보인다.

52 ③
쇼트닝은 식물성 가공유지에 해당한다.

53 ②
밥은 상의 앞 왼쪽, 국은 밥 옆의 오른쪽으로 배치가 정해져 있다.

54 ④
조치보는 주발과 같은 모양으로 탕기보다 작은 크기의 그릇을 말하며 찌개, 찜 등을 담는 그릇이다.
| 오답풀이 |
① 반병두리: 양푼과 비슷한 국그릇으로, 뚜껑은 없고 위는 넓고 아래는 조금 평평한 그릇이다.
② 조반기: 죽, 미음 그릇으로 사용하며, 대접처럼 운두가 낮고 뚜껑이 있는 그릇이다.
③ 밥소라: 떡국, 밥, 국수 등을 담는 그릇으로, 유기 재질에 뚜껑이 없다.

55 ③
밥을 주걱으로 골고루 살살 섞어 주고 그릇에 누르지 않고 담는다.

56 ①
죽에 적합한 양념은 간장, 소금, 설탕, 꿀 등이다.

57 ③
| 오답풀이 |
① 응이: 녹말에 물을 넣어 끓인다.
② 암죽: 밤이나 곡식 등의 가루를 밥물(밥 지을 때 끓인 물)에 타서 끓인 죽으로, 모유의 대용 식품이다.
④ 즙: 육즙, 양즙이 있다.

58 ③
국, 탕의 육수를 끓일 때 간을 하면 국물이 우러나지 않으므로 국물이 우러나면 간을 한다.

59 ③
육수를 끓일 때에는 끓기 전까지 뚜껑을 열어 놓아야 누린내와 비린내 등이 빠진다.

60 ①
국물을 끓이다가 생선을 넣고 조려야 생선살이 부서지지 않고 영양의 손실도 적다.